W0070264

Schicksalstage
der Steiermark

Bernhard Reismann

Schicksalstage der Steiermark

styria regional

Inhalt

Inhalt

Inhalt

Inhalt

Inhalt

Inhalt

Einleitung

Viele „Schicksalstage" gab es in der Steiermark, große und kleine. Tage, die den Lauf der „großen Geschichte" veränderten und Tage, die sich im ganzen Land oder in einzelnen Regionen tief in das kollektive Bewusstsein der Menschen eingeprägt haben. Wenn man ein wenig in der Geschichte des Landes zu graben beginnt, findet man für praktisch jeden Tag des Jahres ein solch prägendes Ereignis.

Nicht immer ist es große Weltgeschichte, die geschrieben wird, oft ist es auch der Geburts- oder Sterbetag eines Menschen, der prägend auf das Land und seine Menschen wirken sollte. Sei es, weil dieser Mensch in der Folge bedeutende Politik machte, sei es, weil er unvergessliche Kunstwerke oder Bücher schuf, die im kollektiven Bewusstsein der Steirerinnen und Steirer eine Rolle spielen. Manchmal sind es lediglich wenige Minuten, die über den Lauf der Geschichte entscheiden, haufig sind es aber längere Entwicklungen, die sich schließlich in den Ereignissen eines einzigen Tages zuspitzen und diesen dann mit dem Nimbus des „Schicksalstags" umgeben.

Die Auswahl der in diesem Buch wiedergegebenen steirischen Schicksalstage ist subjektiv und erhebt keineswegs den Anspruch auf Vollständigkeit oder auch darauf, nur annähernd alle wirklich wichtigen Tage erfasst zu haben. An manchen Tagen musste sich auch für ein bedeutendes Ereignis entschieden werden und ein anderes, ebenfalls wichtiges, unberücksichtigt bleiben. Dennoch versucht dieses Buch, Meilensteine der Entwicklung zu markieren und möglichst alle bedeutenden, relevanten und prägenden Teile der Landesgeschichte zu berücksichtigen.

In gewissem Sinne versteht sich dieses Buch auch als Auftrag zur Erinnerung: an freudige Ereignisse ebenso wie an Tage, die sich in dieser Form niemals wieder ereignen dürfen. Mir selbst ist es auf der Reise durch das Land, um für dieses Buch zu fotografieren, am Schauplatz eines schweren Verbrechens so ergangen, dass ich mir – der Geschehnisse an diesem Ort bewusst – geschworen habe, alles daran zu setzen, um meine beiden Söhne zu Humanisten und aufrechten Demokraten zu erziehen. Vielleicht kann auch dieses Buch einen kleinen Beitrag dazu leisten, innezuhalten, sich über große Leistungen der Vergangenheit zu freuen, aber auch zu hinterfragen, wie weit der Mensch zu gehen bereit ist. Auf jeden Fall aber möchte dieses Buch Anregungen geben und Lust darauf machen, weiterzulesen, sich noch intensiver mit der Geschichte der Steiermark und ihrer Menschen auseinanderzusetzen.

Bernhard Reismann

Gegenüberliegende Seite: In der Nacht vom 23. zum 24. Dezember 1823 wurde das Grazer „Landständische Theater" ein Raub der Flammen.

Jänner

Jänner 1585 • Die Grazer Universität wird gegründet | 4. Jänner 1974 • Die Einführung des Pickerls
eier Tag" | 6. Jänner 1497 • Die Juden werden aus der Steiermark vertrieben | 8. Jänner 1819
sikschule des „Steiermärkischen Musikvereins" wird offiziell anerkannt | 11. Jänner 1782 • Graz w
enen Stadt" erklärt | 15. Jänner 1959 • Konstituierende Versammlung des FORUM STADTPARK | 17.
1856 • Die Grazer Tagespost erscheint erstmals | 21. Jänner 1988 • Der Noricum-Skandal wird öffen
4. Jänner 1945 • Heinrich Dalla ... hingerichtet | 27. Jänner 1919 • Der „Marburger Blutson
9. Jänner 1978 • Sepp Walcher ... | 30. Jänner 2002: Die Fotografin
rath stirbt | 1. Februar 1835 • Der Domherr und Politiker Alois Karlon wird geboren | 5. Februar 19
Bombenattentat von Oberwart verändert die steirische Zeitgeschichte | 8. Februar 1924 • Die Lawin
trophe von Hieflau | 12.–14. Februar 1934 • Bürgerkrieg im Land | 15. Februar 1975 • Massenkündigu
Wirtschaftswunderland | 16. Februar 1903 • Landeshauptmann Josef Krainer senior wird geboren
ruar 1973 • Der Plabutschtunnel führt zur bürgerlichen Mehrheit in Graz | 26. Februar 1965 • Spaten
den steirischen Abschnitt der Südautobahn Graz – Gleisdorf | 1. März 1807 • Jožef Muršec wird gebo
–16. März 1848 • Die Revolution in Graz beginnt | 17. März 1689 • Erdäpfel für die Steiermark | 19.
55 • In Graz entsteht die erste Freiwillige Feuerwehr des Landes | 26. März 1983 • Großes Lipizzaner
31. März 1912 • Die offizielle Gründung des SK Sturm geht über die Bühne | 1. April 1822 • Ph
ann erwirbt das Vordernberger Radwerk | 2. April 1945 • Graz wird mit Phosphorbomben angegriffen
il 1000 • Eine Königsschenkung als Meilenstein in der Landwerdung der Steiermark | 26. April 1848
tische Verein „Slovenija" wird gegründet | 29. April 1608 • Erzherzogin Maria von Innerösterreich stirb
1890 • Feiern zum 1. Mai in der Steiermark | 2. Mai 1864 • Die „Steirische Gemeinde-Ordnung" wir
sen | 10. Mai 1834 • Der Kurort Bad Gleichenberg wird gegründet | 11. Mai 1919 • In den steiermärkis
dtag ziehen die ersten drei Frauen ein | 19. Mai 1892 • Die Pichler-Werke gehen in Betrieb | 2.
Die weltweit erste Postrakete startet vom Schöckl | 11. Juni 1872 • Die Gründung der „Welt-Schuhfa
t neue Maßstäbe | 23. Juni 1984 • In Graz kommt das erste „Retortenbaby" zur Welt | 28. Juni 1914
esschüsse von Sarajewo | 3. Juli 1929 • Das „Dachsteinlied" wird zur steirischen Landeshymne | 16
08 • Der „Schladminger Bergbrief" wird erlassen | 17. Juli 1854 • Die Semmeringbahn wird eröffnet
1905 • Sechs Kinder und Jugendliche gleichzeitig vom Blitz erschlagen | 29. Juli 1984 • S.T.S. errei
„Fürstenfeld" Platz 1 der Ö3-Hitparade | 31. Juli 1843 • Peter K. Rosegger wird geboren | 2. August 1
Kapfenberger Hexenprozesse | 14. August 1992: Das steirische Kürbiskernöl ist geschützt! | 19. Au
9 • Die Erstbesteigung des Dachsteins | 29. August 1959 • Der Schatz im Toplitzsee wird gehoben
tember 1939 • Der Zweite Weltkrieg beginnt | 5. September 1970 • Jochen Rindt verunglückt in M
2.–13. Sept. 1931 • Der „Pfrimerputsch" des „Steirischen Heimatschutzes" | 16. September 1899
zer Oper wird eröffnet | 30. September 1906 • Die erste Grazer Herbstmesse wird eröffnet | 3. Ok
73 • Die ersten Jesuiten lassen sich in Graz nieder | 12. Oktober 1910 • Die Wechselbahn wird eröff
Oktober 1625 • Die „Innerberger Hauptgewerkschaft" wird gegründet | 21. Oktober 1844 • Die Bah
rzzuschlag – Graz wird eröffnet | 1. November 1827 • Der Wallfahrtsort Mariazell brennt | 5. Novembe
08 • Der Höhepunkt der Pockenepidemie in Leoben | 10. November 1938 • Die „Reichspogromnac
Steiermark | 25. November 1894 • Die Grazer Schlossbergbahn wird eröffnet | 26. November 1811
zer Joanneum wird gegründet | 1. Dezember 1671 • Erasmus Graf Tattenbach wird in Graz hingeri
Dezember 1850: Alexander Girardi wird geboren | 8. Dezember 1866 • Der „Wunderdoktor" Höller
geboren | 9. Dezember 1905 • Oktavia Aigner-Rollett wird zur Ärztin promoviert | 14. Dezember 19
Bahnstrecke Weiz – Birkfeld wird eröffnet | 16. Dezember 1931 • Die Folgen des „Pfrimerputsches"
Steiermark | 24. Dezember 1823 • Das „Grazer Landständische Theater" brennt | 31. Dezemb

Erzherzog Karl von Innerösterreich weiß schon seit den 1550er-Jahren: Nur mit der Gründung einer eigenen, katholischen Universität in seiner Residenzstadt Graz kann er die gewaltsame Rekatholisierung des Landes langfristig absichern und der hoch angesehenen protestantischen Grazer Stiftschule im „Paradeis" Paroli bieten. Bestärkt wird der Erzherzog in dieser Ansicht von seiner streng katholischen Frau Maria, einer geborenen Wittelsbacherin, und dem Seckauer Bischof Martin Brenner, der „Ketzerhammer" genannt wird. Am 1. Jänner 1585 ist es so weit: Der Gründungsakt wird vollzogen, noch bevor die päpstliche und die kaiserliche Erlaubnis zur Errichtung dieser Universität eingeholt sind. Aber die Fakten sind damit

Ein Instrument der Rekatholisierung

geschaffen. Am 14. April 1586 beginnt der Lehrbetrieb, der erste Student wird der gerade acht Jahre alte Sohn des Erzherzogs, der spätere Kaiser Ferdinand II. Die Eröffnung der Universität findet im Beisein aller Schüler und Konviktsangehörigen des Jesuitengymnasiums sowie des Jesuitenseminars statt, dazu kommen alle Beamten und das gesamte Gefolge des Erzherzogs. Bischof Martin Brenner hält ein feierliches Hochamt, auf die Eröffnungszeremonien folgt eine drei Tage andauernde akademische Disputation.

Die Gründung Erzherzog Karls ist finanziell gut abgesichert, verfügt sie doch über ausgedehnten Grund- und Bodenbesitz in der Steiermark und in Kärnten sowie eine gut dotierte Rente aus Anteilen am Ausseer Salzbergbau. Der eigentliche Neubau des Universitätsgebäudes gegenüber dem Dom erfolgt, vermutlich nach Plänen Pietro Valnegros, in den Jahren 1607 bis 1609. Rasch wird die Grazer Universität zur viel besuchten Bildungseinrichtung der innerösterreichischen Adelssöhne. Die Studierenden kommen aber auch aus Italien, Kroatien, Ungarn, Polen, Siebenbürgen und allen anderen Gegenden der Habsburgerlande. Gemeinsam mit dem Jesuitengymnasium sind es während des 17. Jahrhunderts durchschnittlich 1.200 Schüler und Studenten, die sich unter den Fittichen des Jesuitenordens hier Bildung aneignen. 430 Jahre später hat sich die Zahl der Studierenden verdreißigfacht, das Bildungsangebot wohl ebenso. Und dennoch lässt sich diese Entwicklung auf den 1. Jänner des Jahres 1585 zurückführen.

Die alte Grazer Jesuitenuniversität gegenüber des Doms (Stich, 19. Jahrhundert)

2. Jänner 1722

Kaiser Karl VI. erlässt die „Innerösterreichische Feuerlöschordnung"

Feuerlöschordnungen sind spätestens seit dem 16. Jahrhundert Grundlage der erfolgreichen Brandbekämpfung in allen größeren Städten des Habsburgerreichs, wobei die älteste bekannte Ordnung bereits 1086 für Meran erlassen wird. Die „hohe Zeit" dieser Löschordnungen liegt aber zwischen 1600 und 1750. In der Regel sind es demnach die „Feuerarbeiter", also Bäcker, Schmiede, aber auch Kaminkehrer, „Bausachverständige" wie Zimmerleute und Maurer, die für entsprechende Ausrüstungsgegenstände zu sorgen haben und nach genauen „Einsatzplänen" im Brandfall spezifische Tätigkeiten verrichten. Die einzelnen Hausbesitzer wiederum müssen auf den Dachböden gefüllte Wasserbottiche stehen haben und Ähnliches mehr.

Nicht einheitlich geregelt ist hingegen, wer bei den Löscharbeiten zugelassen ist. Neugierige Frauen und Kinder zum Beispiel sind häufig von diesen Arbeiten fernzuhalten: *anerwogen man öfters erfahren, daß die unnütze Zuschauer bey Löschung des Feuers große Hindernuß verursacht haben, wie man dann expresse hierauf Acht tragen lassen wierdet, dergleichen untauglich – und*

Dem Feuer Herr werden

nur zusehende Jung und Mägdlein abzutreiben, wie es die Eisenerzer Feuerordnung des Jahres 1773 ausdrückt.

Im 18. Jahrhundert trachtet man seitens der absolutistischen Herrscher nach einer Vereinheitlichung dieser Löschordnungen. Den Anfang dabei macht die „Innerösterreichische Feuerlöschordnung" Karls VI. vom 2. Jänner 1722. Diese steckt noch voller skurriler Details. So sollten in den einzelnen Häusern die Küchentüren immer geschlossen sein, da es bereits öfter vorgekommen sei, dass ein Hund oder eine Katze im Fell unentdeckt Funken oder gar Glut vom Küchenherd in andere Räume geschleppt und damit einen Brand verursacht habe. Auch das Wetterläuten bei anziehenden Gewittern wird in der Ordnung des Jahres 1722 noch empfohlen, da dieses bereits öfter geholfen habe und man so zündende Blitzschläge vermeiden konne. Maria Theresia verbietet dieses Wetterläuten dann bereits als Unfug. Die Feuerlöschordnung Kaiser Karls VI. ist bis zum 20. Oktober 1792 in Kraft und wird erst dann von der neuen „Löschordnung für Steiermark, Kärnten, Krain, Görz und Gradiska" abgelöst.

Am 3. Jänner 1819 gründet Erzherzog Johann am seit 1811 bestehenden Grazer Joanneum einen eigenen Leseverein, der in Verbindung mit der seit 1812 dort bestehenden Leseanstalt steht. Johann ist überzeugt: Lesen bildet und gebildete Menschen bringen die Gesellschaft voran. Der Verbreitung nützlicher Kenntnisse und geistiger Ausbildung dient auch die bereits 1812 entstandene, zweimal wöchentlich erscheinende und von Ignaz Kollmann redigierte Beilage „Der Aufmerksame" in der *Grazer Zeitung*, die ebenso zur Bildung anregt wie die seit 1821 vom Leseverein selbst herausgegebene *Steyermärkische Zeitschrift*, die einer breiten Gruppe von Leserinnen und Lesern im ganzen Land neben historischen Abhandlungen auch Literatur und Kunstgeschehen sowie

Hort der Bildung und der Revolutionäre

neueste technische Erfindungen und Errungenschaften näherbringt. Zum Beispiel wird die Daguerreotypie, der Vorläufer der Fotografie, den Steirern durch diese Zeitschrift vorgestellt und erklärt, die bürgerliche Bildung über diese Publikationen bis in das kleinste steirische Dorf multipliziert. Und seit den 1820er-Jahren kommen aus diesen kleinen Dörfern spannende, hoch qualifizierte Beiträge für den „Aufmerksamen" zurück.

Der Leseverein am Joanneum selbst entwickelt sich rasch zum fortschrittlichen geistigen und kulturellen Mittelpunkt des Landes. Hier stehen dem Grazer Bildungsbürgertum sogar sechzehn Zeitschriften aus Westeuropa zur Verfügung, die vom Metternich'schen Polizeistaat in der Monarchie eigentlich verboten wurden. Doch die Schirmherrschaft des Erzherzogs ermöglicht es, dem Kaiser sogar ein Abonnement dieser Zeitschriften abzuringen. Unter dem Deckmantel des Vereins wird eifrig kommuniziert, diskutiert und Gedankenaustausch unter seinen Mitgliedern betrieben. So verwundert es nicht, dass es dann auch die studentischen und bürgerlichen Mitglieder des Lesevereins am Joanneum sind, die ab den Märztagen des Jahres 1848 das revolutionäre Geschehen im Land stark mitprägen und mittragen, aber auch nach 1848 zur geistigen Elite des Landes zählen. Am Ende der Entwicklung der Bibliothek dieses Vereins steht dann die Verselbstständigung dieser Bibliothek in Form der heutigen Steiermärkischen Landesbibliothek.

Das Joanneum, davor der Joanneumsgarten. Ansicht von Süden, im Hintergrund der Grazer Schlossberg

4. Jänner 1974

Die Einführung des Pickerls „autofreier Tag"

ie erste internationale Ölkrise wird anlässlich des Jom-Kippur-Kriegs (6. bis 25. Oktober 1973) ausgelöst. Die OPEC, die „Organisation erdölexportierender Länder", will über bewusst gedrosselte Fördermengen Druck auf die westlichen Länder hinsichtlich ihrer allfälligen Unterstützung Israels in diesem Krieg ausüben. Die Drosselung der Fördermenge um etwa fünf Prozent führt auch tatsächlich dazu, dass der Ölpreis pro Barrel am 17. Oktober 1973 von drei Dollar auf fünf Dollar steigt, im Lauf des Jahres 1974 sogar auf mehr als zwölf Dollar. Und tatsächlich reagiert man in Westeuropa mit unterschiedlichsten Sparmaßnahmen. In der BRD wird bereits Ende November 1973 ein allgemeines Fahrverbot an vier aufeinanderfolgenden Sonntagen verhängt, die Schweiz zieht zeitgleich mit einem Fahrverbot an drei aufeinanderfolgenden Sonntagen nach. In Österreich ist man noch viel strikter, vielleicht weil man ohnedies weiß, dass es sich die Bevölkerung „schon richten wird". Hier wird ein autofreier Tag pro Woche verordnet.

Am 4. Jänner 1974 ist es dann so weit: Die „Pickerlverordnung" für den autofreien

Die Ölkrise kommt in der Steiermark an

Tag wird auch in der Steiermark erlassen. Die Aufkleber erhält man von Versicherungen, über die beiden Autofahrerclubs, aber auch über die steirischen Zeitungen. Man kann sich den Tag, an dem das eigene Auto ruht, selbst aussuchen. Familien mit zwei Autos tun sich etwas leichter, hier wählt man einfach zwei verschiedene Tage und versucht, seine Lebensumstände und terminlichen Verpflichtungen entsprechend anzupassen. Die tatsächlichen Einsparungseffekte sind eher gering. Auch der Preis für Heizöl steigt im Winter 1973/1974 rasant an, und zwar von etwa 2,80 Schilling (20 Cent) vorübergehend auf 7 Schilling (51 Cent) pro Liter. Dieser Preis normalisiert sich rasch wieder. Der Benzinpreis bleibt aber weiterhin erhöht. Eine weitere – humoristische – Folge der Erdölkrise und des „autofreien Tags": Bei den steirischen Faschingsumzügen landauf und landab nimmt die Zahl der als arabische Ölscheichs Verkleideten 1974 sprunghaft zu.

Übrigens: Was allgemein als Spätfolge dieser ersten Ölkrise angesehen wird, ist die europaweite Einführung der Sommerzeit.

6. Jänner 1497

Die Juden werden aus der Steiermark vertrieben

Schon seit dem frühen Mittelalter entstehen in der Steiermark mehrere Ansiedlungen von jüdischen Händlern und jüdische Gemeinden, so unter anderem in den Städten Judenburg, Bruck an der Mur, Voitsberg, Graz und Radkersburg. Diese jüdischen Steirer leben vom Handel und vom Geldwechslergeschäft und vergeben ab dem 14. Jahrhundert zunehmend auch Kredite an den niederen Adel und größere Bauern im Land. Die Verschuldung des wirtschaftlich unerfahrenen Adels führt dazu, dass einige Familien schließlich ihren ganzen Besitz verlieren. Das Stift Rein lässt in den Jahren von 1489 bis 1491 das sogenannte „Reiner Judenbuch" anlegen, in dem minuziös vermerkt wird, welcher stiftische Untertan bei welchem jüdischen Geldgeber mit welcher Summe in der Kreide steht.

Ein Land schädigt sich wirtschaftlich selbst

Das Verhältnis zwischen nichtjüdischen und jüdischen Steirern ist während des Mittelalters nicht frei von Brüchen und Auseinandersetzungen: 1312, 1338 und neuerlich während der großen Pestepidemie 1348 bis 1350 werden die Juden der „Hostienschändung" und der Brunnenvergiftung beschuldigt, 1397 bildet sich der Geheimbund der „Ungenannten Judenhauer", gegen den der Landeshauptmann allerdings scharf einschreitet. Bereits 1439 verlangen die steirischen Städte und Märkte, den jüdischen Mitbürgern die „Kaufmannschaft" zu untersagen, und so bleibt ihnen bald nur noch der Weingroßhandel als Erwerbsquelle. Ein Prozess gegen den Grazer Juden Jannas, der 1493 beginnt und bis 1495 dauert, bietet schließlich den Vorwand, alle Juden aus der Steiermark zu vertreiben. Die tatsächliche Ausweisung erfolgt dann am 6. Jänner 1497. Die Folgen dieses Aktes sind verheerend. Die jüdischen Gemeinden an den außerhalb der steirischen Grenzen wachsen, der steirische Adel und die Kirche verpflichten sich, den durch die Ausweisung entstandenen jährlichen Steuerschaden von 38.000 Gulden zu übernehmen und auszugleichen. Das geschieht vor allem, indem die bäuerlichen Untertanen im Land von ihren Grundherren stärker zur Kasse gebeten werden. Die Folgen dieses Wandels im Wirtschaftsgefüge bleiben nicht aus, auch wenn sie einige Jahre auf sich warten lassen: 1515 rebellieren die untersteirischen Bauern und 1525 kommt es in weiten Teilen des Landes zu Bauernaufständen mit blutigen Kampfhandlungen. Man will das „alte Recht" und wehrt sich gegen die vom Adel verordneten Abgabensteigerungen. Erst seit dem Jahr 1864 dürfen sich jüdische Mitbürger wieder voll gleichberechtigt in der Steiermark ansiedeln.

8. Jänner 1819

Die Musikschule des „Steiermärkischen Musikvereins" wird offiziell anerkannt

Der Steiermärkische Musikverein, eigentlich „Musikverein in der Steiermark", besteht bereits seit dem Jahr 1815, auch wenn seine Statuten erst 1817 die behördliche Bestätigung und am 8. Jänner 1819 die Genehmigung der höchsten Staatsverwaltung erhalten. Der Musikverein unterhält seit 1816 eine eigene Gesangsschule, zu der sich ab 1817 mehrere Klassen für Instrumentalmusik gesellen. Mit der Anerkennung vom 8. Jänner 1819 wird diese Musikschule auch offiziell als Institution verankert. Erzherzog Johann übernimmt das Protektorat über den Verein, der in der Folge rasch aufblüht. Damit ist der Grundstein für einen umfassenden, qualitätsvollen Musikunterricht gelegt, der sich rasch weiterentwickelt. Musikdirektor und Kapellmeister führen die Aufsicht, die Schüler müssen monatlich einen Beweis über den Fortschritt ihres Könnens geben. Den notwendigen Übungssaal überlässt *ein patriotischer, in Ehren ergrauter Musikfreund (…) unentgeltlich zum Gebrauche.* Der Zweck der Schule ist es ursprünglich, die Schüler und Mitglieder in die Lage zu versetzen, bei den Aufführungen des Vereines aktiv mitzuwirken. Das Schuljahr dauert um das Jahr 1840 von Oktober bis August. Die Einnahmen aus den Aufführungen wiederum dienen dem Erhalt der Musikschule. Gustav Schreiner berichtet 1843: *Zur Verfeinerung des musikalischen Kunstsinnes, zur Vermehrung der Anzahl und höheren Ausbildung der musikalischen Kunstgenossen bestehen auf Kosten des Vereines eigene Musikschulen für den Gesang, für die Violine und für Blasinstrumente, in denen der Unterricht unentgeltlich erteilt wird.*

Vorerst ist der Unterricht also noch kostenlos, ab dem Jahr 1869 ist er mit der Entrichtung eines Entgelts verbunden. Gleichzeitig erfolgt eine Aufwertung und Entwicklung hin zum Konservatorium, seit 1899 ist die Vereinsschule in einem von der „Steiermärkischen Sparkasse" angekauften Objekt in der Griesgasse untergebracht. Seit 1920 offiziell als Konservatorium geführt, erhält die Schule unter der Leitung des Komponisten Roderich von Mojsisovics beziehungsweise unter seinem Nachfolger Hermann von Schmeidel 1935 das Recht verliehen, Staatsprüfungen abzunehmen. Der Weg zur heutigen Kunstuniversität ist damit vorgezeichnet.

Geburtsstunde der Kunstuniversität Graz

11. Jänner 1782

Graz wird zur „offenen Stadt" erklärt

Jahrhunderte hindurch ist Graz – teilweise als Haupt- und Residenzstadt des Habsburgerreichs – genötigt, für eine starke Fortifikation zu sorgen. Das hat neben dieser Rolle auch mit der Lage der Stadt in der südöstlichen Ecke der habsburgischen Länder zu tun, was eine ständige Bedrohung durch das Osmanische Reich mit sich bringt. So entstehen seit dem Mittelalter gewaltige, vom Schlossberg bekrönte Befestigungsanlagen, die vor allem im 16. Jahrhundert von wehrtechnischen Spezialisten aus Norditalien ausgebaut werden. Diese Investitionen, gutteils durch die „allgemeine Landrobot" der Steirer getragen, machen sich bezahlt. Graz wird tatsächlich niemals von den Osmanen eingenommen. Andererseits schnüren diese Befestigungsanlagen mit ihren sieben großen Stadttoren und Dutzenden Basteien die innere Stadt völlig ein, ermöglichen keine Ausbreitung und

Die Freisetzung eines bedeutenden Entwicklungspotenzials

Weiterentwicklung vom Mittelalter in die mittlerweile aufgeklärte Neuzeit.

Das erkennt auch Kaiser Joseph II. auf einer seiner Graz-Reisen und erklärt Graz am 11. Jänner 1782 zur „offenen Stadt". Nun können Festungsmauern, Basteien und Tore geschliffen werden. Nicht überall geschieht dies sofort, aber der ehemalige Stadtgraben und das Glacis werden bepflanzt und bebaut, die Grundlage für die Entstehung des Grazer Stadtparks wird gelegt. Die Stadt kann sich endlich über die engen Fesseln ihrer Festungsmauern hinaus ausdehnen und rasch entstehen an das Glacis anschließend neue Bauten; besonders in Richtung der Vororte Geidorf und St. Leonhard. Im Süden vor dem Eisernen Tor ist es der aus Italien stammende Unternehmer Jakomini, der zielgerichtet eine neue Vorstadt rund um einen zentralen Platz errichtet, der zunächst Josefsplatz genannt wird und unter anderem die neue Hauptpost beherbergt. Die Vorstadt wird bald „Jakominivorstadt" heißen. Um das Jahr 1800 beginnt man da und dort damit, die neuen Straßen zu beleuchten und zu pflastern, in den neuen Stadtvierteln wird auch fleißig kanalisiert. Die Voraussetzungen für eine gute Weiterentwicklung der Hauptstadt Graz sind gegeben, ab etwa 1860 wird die Jakominivorstadt durch die Grazer Hochschulbauten mit der Leonhardvorstadt und Geidorf zusammenwachsen. Burg- und Paulustor bleiben, ebenso wie einige Basteien, weiterhin erhalten und geben bis heute einen guten Eindruck von der ehemaligen Wehrhaftigkeit der Stadt Graz.

Das Franzensthor in Graz.

Gegenüber der Grazer Oper befand sich nördlich der ständischen Realschule um 1840 das sogenannte „Franzenstor".

15. Jänner 1959
Konstituierende Versammlung des
FORUM STADTPARK

Ende der 1950er-Jahre soll im Grazer Stadtpark ein 1876 vom Cafétier Conrad Wirth errichteter Kaffeehauspavillon wegen gravierender Baumängel abgebrochen werden. Seit 1953 existiert eine „Junge Gruppe" von Künstlern rund um den 1924 geborenen Maler Günter Waldorf, die eine eigene Zeitschrift herausgibt, sich auch im renommierten Grazer Künstlerhaus vorstellen darf, der aber die Aufnahme in die akkreditierten Vereinigungen des Künstlerhauses verwehrt bleibt.

Im August 1958 stellt diese „Junge Gruppe" daher an die Stadtgemeinde Graz das Ansuchen, das zum Abbruch vorgesehene Stadtparkcafé zu Ausstellungszwecken verwenden zu dürfen, was schließlich nach einigem Hin und Her auch gestattet wird. Dieser Kulturinitiative schließen sich rasch der „Künstler-Club Graz" und der „Steirische Schriftstellerbund" an. Am 15. Jänner 1959 kommt es im „Hotel Erzherzog Johann" zur konstituierenden Versammlung des FORUM STADTPARK, wobei an der Spitze des Aktionskomitees der Lyriker Alois Hergouth, der Maler Günter Waldorf, die Autorin Grete Scheuer,

Das von Werner Hollomey geplante, inzwischen erweiterte FORUM STADTPARK ist bis heute eines der wichtigsten kulturellen Zentren des Landes.

Eine der bedeutendsten steirischen Kulturinitiativen entsteht

der Kulturkritiker Hans Karl Haysen und der Kabarettist und Rundfunksprecher Emil Breisach stehen. Ziel der konstituierenden Versammlung ist es, dass sich die heimischen Kulturschaffenden in einer umfassenden Selbsthilfeaktion mit den Begründern des FORUM-Projekts solidarisieren, wobei über den späteren steirischen ORF-Intendanten Breisach auch die Medien das Projekt nachdrücklich unterstützen.

Mit der Gründung des Vereins FORUM STADTPARK gelingt es auch rasch, die Geldmittel für den Bau eines neuen Hauses aufzubringen. Dieses kann – nach Plänen Werner Hollomeys errichtet – bereits am 4. November 1960 eröffnet werden. Das FORUM STADTPARK entwickelt sich, von Kulturlandesrat Hanns Koren tatkräftig unterstützt, rasch zum Gegenpol des restaurativen Grazer Kulturbetriebs der Nachkriegszeit und zu einem der Zentren der neuen, teils avantgardistischen österreichischen Literatur, der Architektur, des Films und der Fotografie. Damit gelingt es, eine international beachtete Heimstatt für die Kunstschaffenden der Stadt Graz zu schaffen und gleichzeitig die Stadt zu einem Zentrum der österreichischen Avantgarde und der modernen deutschsprachigen Literatur zu machen.

23

17. Jänner 1856

Die „Grazer Tagespost" erscheint erstmals

Die steirische Zeitungslandschaft ist auch nach dem kurzen „Zeitungsboom" des Revolutionsjahres 1848 eine überschaubare. Neben der alteingesessenen *Grazer Zeitung* mit ihrem staatstragenden, halb amtlichen Charakter ist es ab dem 17. Jänner 1856 die *Grazer Tagespost* unter ihrem Chefredakteur Josef Kullnig, die, ganz im Sinne des „Demokratischen Vereines", das gemäßigte deutschliberal-bürgerliche Spektrum im Land abdecken will. Gedruckt wird die Zeitung bei „Leykam's Erben", der renommiertesten steirischen Druckerei dieser Tage.

Eine deutschliberale Tageszeitung prägt die Entwicklung im Land

Besonderen Aufschwung erfährt sie unter dem 1828 in Prag geborenen Chefredakteur Adalbert Svoboda, der 1862 die *Marburger Zeitung* gründet und noch im selben Jahr Chefredakteur der *Grazer Tagespost* wird. Er verpasst ihr rasch die erfolgreiche Blattlinie, der sie bis zum Ersten Weltkrieg treu bleibt, und gilt als der „eigentliche Entdecker" Peter K. Roseggers, dem er es im März 1864 ermöglicht, erste Gedichte in der Zeitung zu veröffentlichen. Unter Svoboda wird die *Grazer Tagespost* rasch zu einer der einflussreichsten deutschsprachigen Tageszeitungen Österreichs.

Ihre liberale, antiklerikale Blattlinie, die auch von zahlreichen über das Land verteilten Korrespondenten vertreten wird, ruft natürlich den Widerstand katholisch-konservativer Kreise hervor und so entsteht 1868 als Gegenpol das katholisch-konservative *Grazer Volksblatt*. Der Anfang für eine vielfältige steirische Zeitungslandschaft ist damit gemacht. Svoboda scheidet 1882 als Chefredakteur aus, die *Tagespost* bleibt ihrer deutschnationalen Ausrichtung auch nach 1918 treu, wird 1938 offizielles Parteiorgan der steirischen NSDAP und daher 1945 verboten. Am 26. Oktober 1945 wird sie als *Steirerblatt* mit einer moderneren bürgerlichen Ausrichtung von der ÖVP wiederbelebt, im Jänner 1951 in *Süd-Ost-Tagespost* umbenannt und firmiert unter diesem Namen bis zu ihrer Einstellung am 31. März 1987 als Parteiblatt der steirischen Volkspartei.

Die Titelseite der ersten Grazer Tagespost *vom 17. Jänner 1856*

Die in Liezen beheimatete VOEST-Tochter Noricum produziert seit den 1970er-Jahren ein Artillerieprodukt der Spitzenklasse: die rund 40 Kilometer weit tragende GHN-45-Kanone, Kaliber 155 Millimeter. Natürlich möchte man die Entwicklungskosten wieder hereinspielen, deshalb ist man in der Wahl der zu beliefernden Staaten nicht zimperlich. Österreich ist neutral und darf daher an Krieg führende Staaten keine Waffen liefern. Dennoch verkauft die VOEST, getarnt über die Empfängerländer Jordanien, Argentinien und Brasilien, zwischen 1981 und 1983 angeblich 340 dieser Geschütze an die Krieg führenden Staaten Iran und Irak. 1985 gehen verdeckte Lieferungen nach Libyen.

Anfang Juli 1985 kommt es zu einem dramatischen Zwischenfall: Der österreichische Botschafter in Griechenland Herbert Amry beobachtet bei einer internationalen Waffenmesse Noricum-Manager mit Verhandlungspartnern aus Krieg führenden Staaten und informiert daraufhin das österreichische Außenministerium. Am 12. Juli verstirbt der erst 46 Jahre alte Amry unter mysteriösen Umständen, nachdem er kurz zuvor noch seinen Presseattaché Ferdinand Hennerbichler gewarnt hat, dass man sie beide wegen der Weitergabe der Informationen an das Außenministerium ermorden wolle. Offizielle Todesursache Amrys ist Herzversagen, seine Leiche wird rasch eingeäschert. Im August 1987 verstirbt übrigens auch der in die Deals eingeweihte Ex-VOEST-Generaldirektor Heribert Apfalter – an plötzlichem Herztod.

Bereits Ende August 1985 fotografieren Reporter der Zeitschrift *BASTA* im jugoslawischen Hafen Ploče eine Ladung Noricum-Kanonen, die für den Iran bestimmt sind, und treten mit der Veröffentlichung verschiedener Informationen Anfang 1986 die „Noricum-Affäre" los. Erste Untersuchungen setzen ein, werden aber rasch unterbunden. Erst am 21. Jänner 1988 platzt die Bombe: Nun steht bewiesenermaßen fest, dass die Noricum ihre Kanonen an den Iran geliefert hat. Die Folgen sind weitreichend: Innenminister Karl Blecha tritt wegen der Lucona-Affäre und dem Noricum-Skandal im Februar 1989 zurück, ein parlamentarischer Untersuchungsausschuss wird gegen die Stimmen der SPÖ eingesetzt. Mehrere in den Skandal verwickelte Manager werden 1993 wegen Neutralitätsgefährdung verurteilt, Ex-Innenminister Blecha unter anderem wegen Urkundenunterdrückung zu neun Monten Haft auf Bewährung. Die Folgen für die Steiermark: Die Kanonenproduktion wird eingestellt, die Noricum-Werke werden geschlossen.

*Wenn „Spatzen"
Kanonen produzieren*

24. Jänner 1945

Heinrich Dalla Rosa wird hingerichtet

An der Pfarrkirche von St. Georgen bei Obdach befindet sich das Grab des Märtyrerpriesters Heinrich Dalla Rosa, geschaffen vom westeirischen Künstler Franz Weiß, 1992 unter Mitwirkung von Sepp Steurer und der Ordensschwester Antonia neu gestaltet. Heinrich Dalla Rosa wird am 16. Februar 1909 in Lassa bei Meran in Südtirol geboren und nach der Beendigung seiner theologischen Studien am 14. Juli 1935 in Graz zum Priester geweiht. Als Kaplan wirkt er in Paldau, Allerheiligen im Mürztal und Hieflau.

Im November 1939 wird Dalla Rosa von Hieflau als Pfarrer in die Pfarre St. Georgen bei Obdach versetzt und dort am 1. April 1940 installiert. Auch in St. Georgen macht er aus seiner kritischen Einstellung gegenüber dem NS-Regime kein Geheimnis. In den Predigten prangert er mit scharfen Worten die Kriegsführung an und tut seine Meinung auch in privaten Gesprächen immer offen kund, als Musikerzieher lässt er religiöse Inhalte in den Unterricht einfließen. Auslöser für seine Verfolgung ist schließlich die Tatsache, dass er im Jahr 1943 eine hochschwangere Lehrersgattin auffordert, ihren Mann

Er bezahlt seine Standhaftigkeit gegen das NS-Regime mit dem Leben

von der Arbeit für die NSDAP abzubringen, da kein vernünftiger Mensch mehr an einen deutschen Sieg glaube und nach dem verlorenen Krieg gegen ihren Mann Vergeltungsmaßnahmen getroffen würden. Dies wiederum veranlasst den betroffenen Lehrer zur Denunziation des Pfarrers.

Am 23. August 1944 wird Heinrich Dalla Rosa auf Anordnung der Gestapo von der örtlichen Gendarmerie verhaftet und in das Gefangenenhaus Leoben eingeliefert. Der Volksgerichtshof Berlin klagt ihn schließlich wegen „Wehrkraftzersetzung und Feindbegünstigung" an und am 23. November 1944 wird er in Wien wegen „Wehrkraftzersetzung" zum Tode verurteilt und am 24. Jänner 1945 um 18 Uhr durch Enthauptung hingerichtet. Altbischof Johann Weber urteilt über Dalla Rosa: „Dalla Rosa war Priester, Pfarrer und ein Mensch, der ein besonderes Auge auf die Zukunft warf. Er hatte nämlich viel gemacht, was zur damaligen Zeit nicht üblich war. Mit dem verbotenen Religionsunterricht, der Gestaltung der Kirche und der Musikerziehung ist er logischerweise an eine Mauer und an ein System geprallt, welches glaubte, dass dieses eine Zukunft besäße."

27. Jänner 1919

Der „Marburger Blutsonntag"

Marburg/Maribor ist seit dem Herbst 1918 von südslawischen Truppen unter Major Rudolf Majster besetzt. Die deutschsprachige Bevölkerung der Stadt – die die überwältigende Mehrheit der Einwohner stellt – ist mit diesem Faktum ebenso unzufrieden wie mit der drohenden Abtrennung der Untersteiermark vom Mutterland. Für Montag, den 27. Jänner 1919, ist eine Kommission aus US-amerikanischen Offizieren unter der Führung von Colonel Sherman Miles angekündigt, die sich ein Bild von der Situation vor Ort und der umstrittenen Grenzregion machen will. Die ganze Stadt ist auf den Beinen, darunter auch eine Gruppe johlender Halbwüchsiger. Ein Teil der deutschsprachigen Demonstranten zieht zur Domkirche, deren Türen jedoch verschlossen sind, während auf dem Kirchturm die deutsche Fahne weht. Diese wird von slowenischen Soldaten mit Gewalt eingeholt und durch eine slowenische Fahne ersetzt, die zuvor vom Postamtsgebäude abgenommen wurde. Die deutschsprachige Bevölkerung begrüßt die Kommission inzwischen auf dem Hauptplatz mit deutschen und österreichischen Flaggen und einem Fest. Als die Musik zu spielen beginnt, setzt ein Rummel ein: Slowenische Augenzeugen behaupten später, deutschsprachige Zivilisten hätten versucht, das Rathaus zu stürmen, wobei ein slowenischer Offizier niedergeschlagen worden sei. In dieser Situation fühlt sich die Schutztruppe Rudolf Majsters bedroht: Die slowenischen Soldaten gehen zunächst mit aufgepflanztem Bajonett gegen die Passanten vor, dann folgt der Be-

Das Massaker, das eigentlich an einem Montag stattfand

fehl „Ziel: die Kopfhöhe!" und schließlich feuern die Soldaten auf die am Marburger Hauptplatz versammelte Menge von rund 15.000 Menschen. Das Resultat dieses „Marburger Blutsonntags", der eigentlich ein „Blutmontag" ist, sind 13 Tote und 60 zum Teil schwer Verletzte. Das Massaker an der Bevölkerung der Stadt bleibt ohne Folgen. Durch die Ereignisse können die deutschsprachigen Einwohner Marburgs ihre Wünsche und Forderungen der US-Kommission nicht vortragen und unmittelbar nach dem Blutbad lässt Rudolf Majster auch die deutschsprachige *Marburger Zeitung* verbieten. Obwohl Österreich Marburg weiter für sich beansprucht, wird die Stadt – wie die gesamte Untersteiermark – im Vertrag von Saint Germain dem neuen SHS-Staat überantwortet.

Titelseite der Wiener Allgemeinen Zeitung *zum „Marburger Blutsonntag"*

Josef „Sepp" Walcher ist eines der österreichischen Ausnahme-Skitalente. Am 8. Dezember 1954 im steirischen Schladming geboren, findet er im Alter von acht Jahren zum Wintersportverein Schladming und wird 1972 erstmals österreichischer Abfahrtsmeister. Daraufhin in den Weltcupkader des ÖSV berufen, beendet er sein erstes Weltcuprennen, die Abfahrt von Val d'Isère, am 10. Dezember 1972 bereits auf dem guten zwölften Platz. Mit seinem überraschenden zweiten Platz am 11. Februar 1973 in St. Moritz steht er erstmals im Weltcup auf dem „Stockerl", kann sich aber aufgrund der starken österreichischen Abfahrtsmannschaft nicht für die Weltmeisterschaft in St. Moritz qualifizieren.

1975 muss er verletzungsbedingt die Saison vorzeitig beenden und kommt 1976 beim legendären Abfahrtsrennen vom Patscherkofel während der Olympischen Spiele von Innsbruck auf Platz neun. In der Saison 1977/1978 feiert Sepp Walcher

Ein steirischer Ausnahmeskifahrer

seine größten Erfolge: Er gewinnt beide Abfahrten von Kitzbühel und wird am 29. Jänner 1978 beim Weltmeisterschaftsabfahrtslauf in Garmisch-Partenkirchen mit sieben Hundertstel Sekunden Vorsprung auf den deutschen Rennläufer Michael Veith erster steirischer Abfahrtsweltmeister und im Abfahrtsweltcup wie im Vorjahr Zweiter hinter Franz Klammer.

Aufgrund seines Erfolges bei der Weltmeisterschaft wird er 1978 zum „österreichischen Sportler des Jahres" gewählt. Im Dezember 1978 kommt er auf der Saslong in Gröden zu Sturz, verletzt sich schwer und findet danach keinen Anschluss an die absolute Weltspitze mehr. Am Ende der Saison 1980/81 gibt er seinen Rücktritt vom aktiven Rennsport bekannt. Sepp Walchers Leben endet früh und tragisch. Der Gastronom – Ehemann und Vater von drei Kindern – verunglückt am 22. Jänner 1984 bei einem Benefiz-Skirennen in Schladming im Alter von erst 29 Jahren tödlich.

Sepp Walcher bei der Lauberhornabfahrt 1978

30. Jänner 2002

Die Fotografin Inge Morath stirbt

Am 30. Jänner 2002 verstirbt in New York die weltweit bekannte steirische Fotografin Inge Morath. Geboren am 27. Mai 1923 in Graz, erwirbt sie sich nach einem Sprachstudium in Berlin und Paris – als Bombenflüchtling nach Österreich zurückgekehrt – ab 1945 erste journalistische Sporen für eine US-amerikanische Zeitung in Salzburg und Blätter in Wien. Sie arbeitet für den Sender „Rot-Weiß-Rot" und gehört dem Kreis um Ingeborg Bachmann und Hans Weigel an. 1949 übersiedelt sie, ermuntert vom Fotografen Ernst Haas, nach Paris und erhält dort als erste Frau die Chance, für die weltweit renommierte Fotoagentur „Magnum" zu arbeiten, wobei sie zunächst Texte schreibt. Ab dem Jahr 1953 greift sie selbst zur Kamera und wird Mitglied der Fotografenvereinigung CAPA. Mit ihren Reportagen über Menschen und Länder macht sie, gefördert von Henri Cartier-Bresson, in Windeseile Karriere. Diese führt sie 1960 nach New York, wo sie während der Dreharbeiten zum Ma-

Eine steirische Bildkünstlerin von Weltrang

rilyn-Monroe-Film „Misfits" auch deren damaligen Ehemann, den Schriftsteller Arthur Miller, kennenlernt. Von 1962 bis zu ihrem Tod ist Inge Morath mit Miller als dessen dritte Ehefrau verheiratet.

Bekannt wird sie in den USA für ihre Fotoserie über Marilyn Monroe und den berühmten Schnappschuss eines Lamas in einem New Yorker Taxi. Inge Morath arbeitet in diesen Jahren auch für *Vogue, Life* und *Paris Match*.

Immer wieder besucht die Fotografin auch ihre österreichische Heimat. 1991 wird sie mit dem erstmals vergebenen „Österreichischen Staatspreis für Fotografie" ausgezeichnet. Eine ihrer letzten Arbeiten ist eine Fotoserie über die Folgen des Terrorangriffs vom 11. September 2001 auf die Twin Towers. Neben dem „Inge Morath Award", der seit 2002 jährlich von „Magnum" an Fotografinnen unter 30 Jahren vergeben wird, existiert seit 2006 auch der „Inge Morath-Preis für Wissenschaftspublizistik" des Landes Steiermark. In ihrer Geburtsstadt Graz ist im Stadtteil Andritz eine Straße nach ihr benannt.

Jänner 1585 • Die Grazer Universität wird gegründet | 4. Jänner 1974 • Die Einführung des Pickerls

eier Tag" | 6. Jänner 1497 • Die Juden werden aus der Steiermark vertrieben | 8. Jänner 1819

sikschule des „Steiermärkischen Musikvereins" wird offiziell anerkannt | 11. Jänner 1782 • Graz wir

enen Stadt" erklärt | 15. Jänner 1959 • Konstituierende Versammlung des FORUM STADTPARK | 17.

1856 • Die Grazer Tagespost erscheint erstmals | 21. Jänner 1988 • Der Noricum-Skandal wird öffe

4. Jänner 1945 • Heinrich Da   hingerichtet | 27. Jänner 1919 • Der „Marburger Blutson

9. Jänner 1978 • Sepp Walch   30. Jänner 2002: Die Fotografin

rath stirbt | 1. Februar 1835 • Der Domherr und Politiker Alois Karlon wird geboren | 5. Februar 19

s Bombenattentat von Oberwart verändert die steirische Zeitgeschichte | 8. Februar 1924 • Die Lawine

trophe von Hieflau | 12.–14. Februar 1934 • Bürgerkrieg im Land | 15. Februar 1975 • Massenkundigu

Wirtschaftswunderland | 16. Februar 1903 • Landeshauptmann Josef Krainer senior wird geboren

ruar 1973 • Der Plabutschtunnel führt zur bürgerlichen Mehrheit in Graz | 26. Februar 1965 • Spater

den steirischen Abschnitt der Südautobahn Graz – Gleisdorf | 1. März 1807 • Jožef Muršec wird gebo

–16. März 1848 • Die Revolution in Graz beginnt | 17. März 1689 • Erdäpfel für die Steiermark | 19.

65 • In Graz entsteht die erste Freiwillige Feuerwehr des Landes | 26. März 1983 • Großes Lipizzane

| 31. März 1912 • Die offizielle Gründung des SK Sturm geht über die Bühne | 1. April 1822 • Erz

ann erwirbt das Vordernberger Radwerk | 2. April 1945 • Graz wird mit Phosphorbomben angegriffen

il 1000 • Eine Königsschenkung als Meilenstein in der Landwerdung der Steiermark | 26. April 1848

tische Verein „Slovenija" wird gegründet | 29. April 1608 • Erzherzogin Maria von Innerösterreich stirb

1890 • Feiern zum 1. Mai in der Steiermark | 2. Mai 1864 • Die „Steirische Gemeinde-Ordnung" wir

sen | 10. Mai 1834 • Der Kurort Bad Gleichenberg wird gegründet | 11. Mai 1919 • In den steiermärkis

dtag ziehen die ersten drei Frauen ein | 19. Mai 1892 • Die Pichler-Werke gehen in Betrieb | 2. Juni

Die weltweit erste Postrakete startet vom Schöckl | 11. Juni 1872 • Die Gründung der „Welt-Schuhfa

zt neue Maßstäbe | 23. Juni 1984 • In Graz kommt das erste „Retortenbaby" zur Welt | 28. Juni 1914

esschüsse von Sarajewo | 3. Juli 1929 • Das „Dachsteinlied" wird zur steirischen Landeshymne | 16

08 • Der „Schladminger Bergbrief" wird erlassen | 17. Juli 1854 • Die Semmeringbahn wird eröffnet |

1905 • Sechs Kinder und Jugendliche gleichzeitig vom Blitz erschlagen | 29. Juli 1984 • S.T.S. errei

„Fürstenfeld" Platz 1 der Ö3-Hitparade | 31. Juli 1843 • Peter K. Rosegger wird geboren |2. August 1

Kapfenberger Hexenprozesse | 14. August 1992: Das steirische Kürbiskernöl ist geschützt! | 19. Au

9 • Die Erstbesteigung des Dachsteins | 29. August 1959 • Der Schatz im Toplitzsee wird gehoben

tember 1939 • Der Zweite Weltkrieg beginnt | 5. September 1970 • Jochen Rindt verunglückt in M

2.–13. Sept. 1931 • Der „Pfrimerputsch" des „Steirischen Heimatschutzes" | 16. September 1899

zer Oper wird eröffnet | 30. September 1906 • Die erste Grazer Herbstmesse wird eröffnet | 3. Ok

3 • Die ersten Jesuiten lassen sich in Graz nieder | 12. Oktober 1910 • Die Wechselbahn wird eröff

Oktober 1625 • Die „Innerberger Hauptgewerkschaft" wird gegründet | 21. Oktober 1844 • Die Bah

rzzuschlag – Graz wird eröffnet | 1. November 1827 • Der Wallfahrtsort Mariazell brennt | 5. N

08 • Der Höhepunkt der Pockenepidemie in Leoben | 10. November 1938 • Die „Reichspogromnac

Steiermark | 25. November 1894 • Die Grazer Schlossbergbahn wird eröffnet | 26. November 1811

zer Joanneum wird gegründet | 1. Dezember 1671 • Erasmus Graf Tattenbach wird in Graz hinger

Dezember 1850: Alexander Girardi wird geboren | 8. Dezember 1866 • Der „Wunderdoktor" Höller

geboren | 9. Dezember 1905 • Oktavia Aigner-Rollett wird zur Ärztin promoviert | 14. Dezember 19

Bahnstrecke Weiz – Birkfeld wird eröffnet | 16. Dezember 1931 • Die Folgen des „Pfrimerputsches"

steiermark | 24. Dezember 1823 • Das „Grazer Landständische Theater" brennt | 31. Dezembe

Februar

1. Februar 1835

Der Domherr und Politiker Alois Karlon wird geboren

Am 1. Februar 1835 wird im obersteirischen Markt Trofaiach der spätere Prälat, Domherr und Politiker Alois Karlon geboren. Nach dem Studium der Theologie an der Grazer Universität wird er im Jahr 1858 zum Priester geweiht und ob seiner besonderen Eignung als Präfekt und Lehrer an das neu gegründete fürstbischöfliche Knabenseminar in Graz berufen. Damit ist er an der wichtigsten katholischen Kaderschmiede des Landes erzieherisch tätig. Karlon wird einer der wichtigsten Mitstreiter von Bischof Johann Zwerger bei der Erneuerung der katholischen Kirche in der Steiermark. Von 1864 bis 1867 wirkt er an der deutschen Nationalkirche Maria dell'Anima in Rom als Kaplan, womit seine weitere kirchliche Karriere bereits vorgezeichnet ist. Nach Graz zurückgekehrt, wird Karlon Subdirektor des Grazer Priesterhauses und Gründer des *Grazer Volksblatts*, einer Tageszeitung, die als Gegenpol zur deutschliberal-antiklerikalen *Grazer Tagespost* gedacht ist. Seinen um elf Jahre älteren, schwer hörbehinderten Bruder Johann setzt er als Chefredakteur ein.

Mit ihm entsteht die katholische Presselandschaft der Steiermark

Gleichzeitig begründet Alois Karlon den „steirischen katholischen Presseverein", dessen Unternehmungen er aufbaut und bis kurz vor seinem Tod auch leitet. Er wird damit zu einer der wichtigsten Säulen des politischen Katholizismus im Land. 1869 initiiert er auch den ersten Österreichischen Katholikentag.

Karlons politisches Engagement führt in weiterer Folge zur Gründung des „Katholisch-konservativen Volksvereins" mit mehr als hundert Ortsgruppen im ganzen Land, der als Basis für die ebenso von ihm gegründete „Katholisch-Konservative Partei" gedacht ist. Von 1870 bis 1900 gehört Karlon, der 1881 zum Domherrn ernannt wird, auch dem steirischen Landtag und ab 1873 dem Reichsrat an, wo er rasch als einer der glänzendsten und schlagfertigsten Redner gilt. Zu den weiteren wichtigen Lebensleistungen Alois Karlons zählt sein Anteil an der Wiederbesiedelung des Stiftes Seckau mit Beuroner Benediktinern, die er gemeinsam mit seinem Bruder Johann forciert. 1901 zum Dompropst ernannt, verstirbt Alois Karlon am 9. Februar 1902 in Graz.

2. Februar 1893

Das erste Skirennen Mitteleuropas in Mürzzuschlag

Am 8. Februar 1892 besteigen der Mürzzuschlager „Postwirt" Toni Schruf, der Grazer Max Kleinoscheg und der Brucker Postassistent Walther Wenderich das Stuhleck bei Spital am Semmering als ersten Berg Mitteleuropas im Winter mit Skiern und beschließen, beflügelt durch diesen Gipfelsieg, die Gründung des „Verbands Steirischer Skiläufer". Dieser weist damals naturgemäß noch keine weiteren Mitgliedsvereine auf, im Lauf des Jahres 1892 werden allerdings Satzungen ausgearbeitet und ein eigenes Abzeichen entworfen. Um dem Verband Leben einzuhauchen und eine breite Masse für das neue Wintervergnügen zu gewinnen, beschließt der Verband für den 2. Februar 1893 die Abhaltung des ersten Skirennens in Mitteleuropa. Dieses soll in Mürzzuschlag stattfinden, wobei das Rennen für alle Amateur-Skiläufer offen ist. Die Rennstrecke ist eine zehn Meter breite, 600 Meter lange Wiese mit rund 10 Prozent Gefälle und anschließender 90-Grad-Kurve sowie zwanzig Metern Auslauf nördlich des Markts Mürzzuschlag. Zugelassen sind alle Gattungen von Schneeschuhen und Skistöcken ohne Bremsscheiben, wobei jeweils drei bis vier Läufer im K. O.-System gegeneinander antreten. Im Rennausschuss finden sich neben den Vertretern des „Verbands Steirischer Skiläufer" zahlreiche Mitglieder von Radfahrclubs, wofür wohl der im Sommer radfahrende Max Kleinoscheg sorgt. Tatsächlich füllt sich die Zuschauertribüne am 2. Februar 1893 nachmittags rasch, aus Graz trifft ein Sonderzug ein. Unter den illustren Zusehern befinden sich sehr viele Adelige, darunter der Generalstabschef Oberst Graf Orsini-Rosenberg, zahlreiche Offiziere, die meisten großen Jagdherren der Steiermark und Vertreter verschiedener Sportvereine.

Zwanzig Nennungen für das Rennen machen fünf Vorläufe notwendig und schließlich gewinnt den Entscheidungslauf der in Wien als Bäcklehrling arbeitende Norweger Bismark-Samson. An das Hauptrennen schließen sich noch ein Damenrennen mit fünf Teilnehmerinnen und ein Jugendlauf an. Ersteres gewinnt – mit Sturz – die Langenwangerin Mizzi Angerer; Letzteren gewinnen, aufgeteilt auf zwei Klassen, der sechs Jahre alte Loisl Aigner und der zwölf Jahre alte Karl Zauner. Der ebenso durchgeführte Sprungwettbewerb über einen 60 Zentimeter hohen Misthaufen enttäuscht die Zuseher hingegen, denn Sieger Bismark-Samson bringt es aufgrund des flachen Anlaufs nur auf sechs Meter Sprungweite. Insgesamt wird dieses erste Skirennen Mitteleuropas aber die gelungene Initialzündung für den bis heute wichtigsten Sport- und Tourismuszweig des Alpenraums.

Beginn einer Massenbewegung

Zeitgenössische Illustration zum ersten Skirennen 1893

33

5. Februar 1995

Das Bombenattentat von Oberwart verändert die steirische Zeitgeschichte

In der Nacht vom 4. auf den 5. Februar 1995 schreckt gegen 0 Uhr eine Detonation die Bewohner der Romasiedlung im burgenländischen Oberwart aus dem Schlaf. Josef Simon (40), Peter Sarközi (27), Karl Horvath (22) und Erwin Horvath (18) werden im Rahmen eines Kontrollganges durch eine Sprengfalle getötet, die sich etwa 250 Meter von der Siedlung entfernt auf einer Kreuzung, als Verkehrsschild getarnt, befindet. Als die Männer den Kunststoffsockel mit dem 1,20 Meter langen Rohr und der daran angebrachten Tafel mit der Aufschrift „Roma zurück nach Indien" entfernen wollen, aktivieren sie damit den Zündmechanismus der Bombe. Der Anschlag sorgt für tiefe Betroffenheit im ganzen Land und stellt den Höhepunkt jener sechsteiligen Bombenserie dar, die am 3. Dezember 1993 ihren Anfang nahm und insgesamt bis zu diesem Zeitpunkt fünfzehn zum Teil schwer Verletzte und nun vier Todesopfer forderte.

Vorerst ist völlig unklar, wer hinter der „Bajuwarischen Befreiungsarmee" steht, die sich offiziell zu diesen Attentaten bekennt. Die durch die Medien und die Polizei veröffentlichten Ankündigungen einer baldigen Verhaftung des Attentäters setzen den Verantwortlichen für die sechs Bombenserien offenbar zunehmend psychisch unter Druck. Am 1. Oktober 1997 zündet der Attentäter, Franz Fuchs aus dem südsteirischen Gralla, während einer Verkehrskontrolle eine weitere Rohrbombe, weil er glaubt, entlarvt zu sein. Der Selbstmordversuch schlägt fehl, verletzt aber die beteiligten Beamten schwer und führt bei Fuchs zum Verlust beider Unterarme.

Schrecklicher Höhepunkt der Attentate von Franz Fuchs

Nach umfangreichen Ermittlungen und Hausdurchsuchungen beginnt am 2. Februar 1999 der Prozess gegen Fuchs und am 10. März desselben Jahres wird er in Abwesenheit vom Schwursenat zu lebenslanger Haft wegen des erwiesenen vierfachen Mordes von Oberwart und zahlreicher Mordversuche und Körperverletzungen verurteilt. Franz Fuchs begeht am 26. Februar 2000 in seiner Zelle in der Justizanstalt Graz-Karlau Selbstmord, indem er sich mit dem Kabel seines Rasierapparats erhängt. Diese in der Geschichte der Steiermark singuläre Attentatsserie führt zu mehrfacher künstlerischer Auseinandersetzung mit der Person und der Dramatik der Ereignisse. So entstehen zwei Theaterstücke – Elfriede Jelineks Stück „Stecken, Stab und Stangl. Eine Handarbeit" (1996) und Felix Mitterers „Der Patriot" (2008) – und zwei Filme – „Der Briefbomber" mit Karl Fischer in der Hauptrolle (2000) sowie „Franz Fuchs – Ein Patriot" (2007) mit Karl Markovics als Fuchs-Darsteller.

8. Februar 1924

Die Lawinenkatastrophe von Hieflau

D er 8. Februar 1924 geht als einer der schrecklichsten Lawinentage in die Geschichte der Steiermark ein, er forderte insgesamt 16 Opfer. Allerorten im Oberland kommt es zu Problemen durch den intensiven Schneefall. In Graz schneit es seit dem 6. Februar und der Verkehr bricht zusammen, in Mürzzuschlag fallen innerhalb von 24 Stunden 120 Zentimeter Schnee, der Seeberg wird aufgrund von Schneeverwehungen unpassierbar.

Zu Lawinenabgängen mit Todesfolgen kommt es im Raum zwischen Vordernberg und Selzthal: Auf der Strecke bei Selzthal kommt es schon zwischen 9 und 10 Uhr vormittags zu mehreren Lawinenabgängen, wobei die sogenannte „Pöllingerlawine" fünf Schulkinder verschüttet, von denen aber vier lebend geborgen werden können.

Eine frühere Lawine verschüttete bereits drei Forstarbeiter, die gerade mit dem Spalten von Holz befasst waren: Alle kommen um. Um 15 Uhr 30 folgt ein Lawinenabgang, der die Bahnstrecke zwischen Hieflau und Amstetten lahmlegt, und eine weitere Lawine verschüttet auf der Wacheralm bei Hieflau zwei Holzarbeiter, von denen einer ums Leben kommt. In Vordernberg löst sich um 4 Uhr nachmittags ein Lawine von der Vordenberger Mauer und verschüttet das E-Werk, in dem sich gerade sieben Personen aufhalten, von denen fünf den Tod finden.

Der schwerste Lawinenabgang ereignet sich allerdings zwischen 10 Uhr und 10 Uhr 30 vormittags, als sich nach tagelangen Schneestürmen vom Tamischbachturm bei Hieflau beziehungsweise vom Haindlkar in 1.800 Metern Seehöhe eine Lawine löst, die mit einer Breite von 361 Metern und eine Höhe von 14,70 Metern (nach anderen Angaben von 25 Metern) knapp vor Hieflau den Bahndamm trifft. Sie begräbt einen gerade durchfahrenden Verschubzug unter sich. Drei Männer, der Lokomotivführer Medwed und der Heizer Rosenwirth sowie der Verschieber Wetzinger, finden im Zug selbst den Tod. Die Lawine begräbt aber auch den Streckengeher Hölzl und ein zweispänniges Fuhrwerk unter sich, somit sind nochmals drei Todesopfer zu beklagen. Sofort setzen Bergungsmaßnahmen ein, diese reichen aber nicht aus und so fordert die zuständige Bezirkshauptmannschaft Leoben Militärassistenz aus Steyr an. Die Aufräum- und Bergearbeiten dauern tagelang an, die Enns ist mehrere Stunden lang gestaut, Hieflau ist von der Außenwelt abgeschnitten und die Schneebrücke über die Enns bricht erst nach einer Woche ein.

16 Tote im ganzen Land

Die Hieflauer Lawinenkatastrophe von 1924 wurde auf zahlreichen Ansichtskarten abgebildet.

9. Februar 1578

Das „Brucker Libell" und seine Folgen

Die Steiermark ist um das Jahr 1570 ein weitgehend protestantisches Land. Adel und Bürgertum bekennen sich zur neuen Glaubensrichtung Martin Luthers. Diese Tatsache ist auch dem katholischen Landesfürsten, Erzherzog Karl II. von Innerösterreich, bewusst. Als er die Militärgrenze gegen die osmanische Bedrohung besser sichern muss und mit dem Festungsausbau beginnt – zum Beispiel in Karlovac/Karlstadt an der Kulpa –, aber auch mit der Verbesserung der Radkersburger und Grazer Befestigungsanlagen, benötigt er Geld, sehr viel Geld. Diese hohen Summen kann er nur durch die Bewilligung der steirischen Landschaft erhalten und dieser gehören neben den hohen kirchlichen Würdenträgern auch die großteils protestantischen Adeligen an. Will der Landesfürst also das Land absichern, muss er sich mit dem Adel gut stellen und dessen Forderungen nach Religionsfreiheit nachgeben. Die „Grazer Religionspazifikation" des Jahres 1572 ist ein bedeutender Schritt in diese Richtung: Die Landschaft kann nun in jedem der fünf Landesviertel einen eigenen evangelischen Prädikanten anstellen und die evangelische Stiftschule im Grazer Paradeis eröffnen.

Basis für die gewaltsame Rekatholisierung des Landes

Im Jahr 1576 läuft eine Friedensvereinbarung mit dem Osmanischen Reich aus, die Soldaten des Sultans fallen in Krain ein und Karl ist neuerlich gezwungen, sich an die Landstände zu wenden. Am Brucker Ausschusslandtag Anfang 1578 kommt es zur nächsten Verhandlungsrunde. Der protestantische Adel sichert weitere Finanzierungsmaßnahmen zu, im Gegenzug erlässt Erzherzog Karl am 9. Februar 1578 das „Brucker Libell", auch „Brucker Religionspazifikation" genannt. Der Erzherzog sichert darin dem evangelischen Adel und den Bürgern jedoch nur zu, dass er sie „in ihrem Gewissen unbekümmert" lassen werde, er könne aber nicht dulden, dass sie eigene Prädikanten aufnähmen. In den landesfürstlichen Städten und Märkten werde er sich weiterhin die Bestellung der Geistlichen nach seinem Willen vorbehalten, aber die vorhandenen evangelischen Prädikanten sowie die evangelischen Schulen in Graz und Judenburg nicht antasten. Die Protestanten im Land feiern das „Brucker Libell" als bedeutenden Erfolg, während es in Wirklichkeit nur die Fixierung des herrschenden Status quo bedeutet und dem Landesfürsten die rechtliche Basis für die nun einsetzende gewaltsame Rekatholisierung der Steiermark liefert.

12.–14. Februar 1934

Bürgerkrieg im Land

Die Alarmsignale schrillen für die Sozialdemokratie, und insbesondere für den steirischen Schutzbund, schon längst, als am 12. Februar 1934 die Nachricht vom Aufstand der Linzer Schutzbündler im Land eintrifft. Das Parteiorgan der steirischen Sozialdemokraten, der *Arbeiterwille*, ruft zum Generalstreik auf; rasch werden die einzelnen Schutzbundeinheiten mobilisiert, sofern sie noch mobilisierbar sind. Brennpunkte des Kampfes werden in der Steiermark Graz, Bruck an der Mur, Kapfenberg und Leoben sowie Teile der obersteirischen Industriezone und des weststeirischen Kohlereviers.

In Graz selbst bleibt es bis auf den Stadtteil Lend ruhig, die von der Arbeiterschaft dominierten Umlandgemeinden werden aber zum Brennpunkt des Geschehens. Hier sind vor allem das Eggenberger Konsumvereinsgebäude, die Schuhfabrik Humanic und das Schienenwalzwerk der Waagner Biro-AG umkämpft. Der Einsatz von Bundesheerartillerie – wie in Wien allerdings ohne Sprengköpfe – und die Verhaftung bekannter sozialistischer Führer beenden die Kämpfe in Graz aber rasch. Immerhin müssen hier 18 Menschen ihr Leben lassen. Die Waffen der geschlagenen Grazer Schutzbündler gehen übrigens beinahe zur Gänze an die illegale NSDAP.

In der Weststeiermark ist vor allem Voitsberg Brennpunkt des Geschehens. Hier wird die Glasfabrik von Schutzbündlern besetzt und bis zum 14. Februar gegen Exekutive und Bundesheer verteidigt. Als dieses erste Warnschüsse mit Minenwerfern gegen die Fabrik abgibt, geben die Schutzbündler auf. In Zeltweg gelingt es dem Schutzbund vorübergehend, den Bahnhof zu besetzen. Zu den wohl dramatischsten Ereignissen kommt es im Raum Bruck an der Mur, wo der Schutzbund unter der Führung Koloman Wallischs zunächst zu Mittag die Gendarmeriekaserne im Stadtzentrum stürmen will und sich am Gelände der Firma „Felten & Guillcaume" nahe dem Brucker Bahnhof einschließt. Zu schweren Kämpfen kommt es rund um die

> *Die Machtverhältnisse verschieben sich endgültig*

Das Bundesheer bekämpfte den Brucker Schutzbund auch mit Kanonen.

Brucker Forstschule, wo mehrere Angehörige der „Ostmärkischen Sturmscharen" durch Handgranaten und Gewehrfeuer ums Leben kommen.

Bereits am 12. Februar abends nach 20 Uhr treffen erste Bundesheereinheiten aus Graz in Bruck an der Mur ein und besetzen mithilfe des „Heimatschutzes" und der „Ostmärkischen Sturmscharen" den Brucker Schlossberg, von wo aus sie ebenso wie in Graz mit Artillerie ohne Sprengköpfen gegen die Schutzbündler vorgehen. Diese wenden sich am 13. Februar unter der Führung Koloman Wallischs zur Flucht über die südlich von Bruck gelegenen Berge, um über Frohnleiten, wo man den inhaftierten Arbeitersekretär befreien möchte, nach Slowenien zu entkommen. Die Leobener und Niklasdorfer Schutzbündler trennen sich aber noch am 13. Februar abends völlig ermattet und für den Marsch über das Gebirge nicht aus-

Der tote Schutzbund-Kämpfer Sepp Linhart in den Arkaden des Kornmesserhauses.

gerüstet von den Bruckern und Wallisch zieht mit den letzten Getreuen, etwa 120 Mann, gegen Frohnleiten. Dabei kommt es im Bereich des Laufnitzgrabens zu einem erneuten Feuergefecht, dem ein Gendarmeriebeamter zum Opfer fällt. Am 14. Februar treffen Koloman Wallisch und seine Frau wieder in Oberaich ein, von wo aus sie ein Taxi ins Ennstal bringt. In Reittal im Gesäuse verhindert ein Autounfall die Weiterfahrt Wallischs, der nach dem Verrat durch einen Eisenbahnbediensteten mit seiner Frau in Ardning verhaftet wird. In das Leobener Gefangenenhaus eingeliefert, wird Wallisch kurz danach standrechtlich durch Erhängen hingerichtet. Der verräterische Eisenbahner wird übrigens eine Woche nach Wallischs Tod von unbekannten Tätern erstochen.

Der verzweifelte Aufstand des Schutzbundes gegen das Dollfuß-Regime wird von Militär und anderen Assistenztruppen niedergeschlagen. Allein in der Steiermark finden während der Kämpfe 59 Menschen den Tod, eine unbekannte Zahl von Kämpfern wird verwundet. Nicht in diese Zahl eingerechnet sind die hingerichteten Schutzbundführer Koloman Wallisch und Josef Stanek. Die Folgen des Bürgerkriegs sind fatal. Die Sozialdemokratie hat ihr Gefecht gegen den Ständestaat endgültig verloren, die jungen Schutzbündler wenden sich in der Folge den Kommunisten, den Revolutionären Sozialisten oder gar den Nationalsozialisten zu; viele setzen ihre Hoffnung auf den Kampf im Spanischen Bürgerkrieg im Rahmen der Internationalen Brigaden. Die politische Linke ist handlungsunfähig, der weitere Kampf um Österreich ist in der Folge einer zwischen dem „Ständestaat" und der NSDAP.

15. Februar 1975

Massenkündigungen im Wirtschaftswunderland

Die „Juniorwerke" in Graz, eine Fahrradfabrik, werden kurz nach dem Ende des Zweiten Weltkriegs von Franz Weiß dem Jüngeren gegründet und erleben einen steilen Aufschwung. Nach dem unerwarteten Tod des Firmengründers übernimmt dessen gleichnamiger Vater die Fabrik und beschäftigt 1955 bereits 300 Mitarbeiter und Mitarbeiterinnen. Im Jahr 1967 wird die Produktion nach Köflach verlegt, der Produktionsbeginn ist im Jänner 1968. Die Erfolgsgeschichte des Werkes hält an, als man 1970 mit den amerikanischen „Stelber Industries Inc." fusioniert. Im Jahr 1971 beträgt die tägliche Produktion bereits 1.700 Fahrräder, die Firma gibt 350 Arbeitern und Angestellten Arbeit und Brot. Der Aufwärtstrend hält vorläufig an: Im Jahr 1972 wird eine erste Tochtergesellschaft gegründet, die „Stahlindustrieprodukte GmbH", die in Köflach-Pichling Sondermaschinen für die Fahrradproduktion herstellt.

Mitten in diese Erfolgsgeschichte platzt am 15. Februar 1975 die Bombe: Sämtliche Arbeiter, Angestellten und Lehrlinge von „Junior Köflach" werden auf einen Schlag gekündigt. 350 Personen werden damit arbeitslos und im März 1975 wird die Fahrradfabrik endgültig geschlossen. Grund dieser überraschenden Katastrophe: Exportschwierigkeiten wegen des Dollarkursverfalls. Das ist aber erst der Anfang der Entwicklung im ausgesprochenen Krisenjahr 1975. Am selben Tag, dem 15. Februar, entlässt „Silverparts Gleisdorf" – eine weitere, 1974 gegründete Tochterfirma der „Juniorwerke" – 400 Mitarbeiter, am 20. Februar kündigt Puch in Graz 350 Mitarbeiter, am 7. März erneut 395 Arbeiter und 45 Angestellte. Im August 1975 folgt bei Puch eine dritte Kündigungswelle. Überall liegt der Grund der Absatzschwierigkeiten der Produkte im vergleichsweise höheren Preis- und Lohnniveau in Österreich, bedingt durch die Abwertung des US-Dollars. An diesem 15. Februar 1975 beginnt damit für die steirische Wirtschaftsgeschichte mit einem Knalleffekt eine neue Zeitrechung.

Die „Juniorwerke" als erstes steirisches Opfer der US-Währungspolitik

Es ist der 16. Februar des Jahres 1903, Schanzlkeusche in St. Lorenzen bei Scheifling in der Obersteiermark: Die Bauernmagd Theresia Krainer bringt einen Sohn zur Welt und gibt ihm den Namen Josef. Der Bub wächst in Mariahof und ab 1910, nach der Heirat der Mutter mit dem Bauernsohn Franz Brandl, am Feldbaumerhof in Forst bei Kobenz auf. Josef ist ein begabtes Kind und arbeitet nach seiner Volksschulzeit zunächst als Knecht, dann als Forst- und Sägearbeiter. Er beginnt sich nebenher weiterzubilden und gründet bereits 1922 die Ortsgruppe Kobenz des „Verbandes christlicher Land- und Forstarbeiter". Sein politischer Werdegang als Arbeitervertreter ist damit vorgezeichnet. 1927 übersiedelt er nach Graz, wird geschäftsführender Obmann und Landessekretär des „Verbandes der christlichen Arbeiter und Angestellten" und bekleidet auch leitende Funktionen im Krankenkassenbereich. 1934 wird Josef Krainer geschäftsführender Obmann der Volksbank Graz, zieht in den steirischen Landtag ein und übernimmt 1937 das Amt des Grazer Bürgermeister-Stellvertreters. Bereits seit 1936 ist er Präsident der Kammer für Arbeiter und Angestellte sowie Vizepräsident der Landwirtschaftskammer. Mit der Machtübernahme durch die Nationalsozialisten 1938 kommt er für kurze Zeit in Haft und arbeitet während des Dritten Reiches in einer Ziegelei im weststeirischen Gasselsdorf, die er 1940 auch erwirbt. Von 1945 bis 1950 Bürgermeister von Gasselsdorf, wird er bereits 1945 in den Landtag und zum Landesrat gewählt. Er wirkt am Wiederaufbau und am Aufbau der „Steirischen Volkspartei" mit und wird am 6. Juli 1948 erstmals zum Landeshauptmann gewählt.

Alle Leistungen seiner bis 1971 dauernden Amtszeit aufzuzählen, würde den Rahmen dieses Buches sprengen. Fest steht aber, dass er ein Querdenker ist, der schon 1959 den Gedanken eines EWG-Beitritts offen

Ein „Lärchener Stipfl" prägt das Land

ausspricht und den „steirischen Weg" in der Politik gegenüber der Regierung in Wien auch mit harten Maßnahmen verteidigt. Außenpolitisch ist er um beste Kontakte zu England, den USA und dem direkten Nachbarn Jugoslawien bemüht; die Grenzlandförderung, die offene Kulturpolitik unter Landesrat Hanns Koren und bedeutende Leistungen der Steiermark im Zuge des Wiederaufbaus tragen auch seine prägende Handschrift. So besteht kein Zweifel daran, dass die Trauer im Land über seinen plötzlichen Tod während einer Jagd am 28. November 1971 über alle Lager hinweg eine ehrliche ist.

17. Februar 1114

Der Stiftungsbrief für das Kloster St. Lambrecht verändert das Land gravierend

Im Jahre 1076 gründete Markwart IV. von Eppenstein das Benediktinerstift St. Lambrecht. Der Kärntner Herzog Heinrich III. aus dem Geschlecht der Eppensteiner stattet die Stiftung seines Vorfahren dann mit enormen Ländereien aus und ermöglicht so den kulturellen und wirtschaftlichen Aufschwung des Klosters. Gleichzeitig legt er damit aber auch den Grundstein für zahlreiche bedeutende Entwicklungen in der späteren Steiermark. Bestätigt werden diese Schenkungen an das Stift von Kaiser Heinrich zuletzt am 17. Februar 1114 in Mainz, womit sie auch entsprechende Gültigkeit erhalten. In dieser Stiftungsbestätigung wird zunächst das Gut des Stiftes rund um St. Lambrecht selbst aufgezählt, dann folgen die Besitzungen um Judenburg, darunter die dortige Maut und mehrere Pfarrkirchen. Zum Besitz von St. Lambrecht zählen aber auch jene Güter im Aflenztal, die später zur Ausstattung der Propstei Aflenz gehören und – nördlich des Seeberges – die Gründung des Wallfahrtsortes Mariazell ermöglichen, der heute noch von einem St. Lambrechter Superioriat betreut wird. Zu den Gütern des Stiftes gehören auch jene im „Pibertal", die beinahe den gesamten heutigen Bezirk Voitsberg umfassen. Hier sollten der Lambrechter Besitz und Einfluss noch bis weit in das 17. Jahrhundert besonders stark bleiben, vor allem in kirchlicher Hinsicht.

Die räumliche Entwicklung der Steiermark nimmt Gestalt an

Möglicherweise spielen bei diesen reichen Schenkungen auch dynastische Überlegungen des kinderlosen Heinrichs III. eine Rolle: 1122 sterben die Eppensteiner aus, ihr Eigengut geht an die Traungauer über. Jenes Eppenstein'sche Stiftungsgut aber, das bis zum Jahr 1114 an das Stift St. Lambrecht gekommen ist, wird musterhaft besiedelt und im Rahmen des steirischen Landesausbaus entwickelt. Nicht zuletzt entstehen so die großen Bergbaue rund um St. Lambrecht und Mariazell. Das Stift, einer der größten und mächtigsten Grundbesitzer des Landes, kommt damit einer seiner bedeutendsten Aufgaben gewissenhaft nach und leistet so einen wertvollen Beitrag zum Werden der heutigen Steiermark.

St. Lambrecht um 1910

18. Februar 1944

Beginn der Bombengroßangriffe auf die Landeshauptstadt Graz

Der erste Bombenangriff auf die Stadt Graz während des Zweiten Weltkriegs findet bereits zu Ostern 1941 als Vergeltung für den Überfall der Deutschen Wehrmacht auf Jugoslawien statt. Er richtet allerdings keine bedeutenden Schäden an. Lange Zeit gilt Graz trotz seiner Bedeutung als Eisenbahnknotenpunkt und Industriestadt hinsichtlich des Luftkriegs als

Der „Reichsluftschutzbunker Steiermark" verliert seine Bedeutung

sicherer Ort. Das ändert sich allerdings mit der Landung der alliierten Truppen in Süditalien.

Mit der Errichtung der ersten Luftbasen im Raum Ancona werden auch steirische Ziele für die britischen und vor allem die US-Bomber erreichbar und so beginnt am 18. Februar 1944 auch für die Steiermark und insbesondere die Stadt Graz die Zeit der Luftgroßangriffe. Im Rahmen der sogenannten „Großen Woche" der alliierten Bombenoffensive vom 18. bis zum 25. Februar 1944 fliegen US-Lufteinheiten erstmals große Einsätze gegen Ziele im Raum Graz, wobei der 25. Februar ein erstes, schweres Bombardement mit sich bringt.

Die meisten Bombentoten an einem Tag werden übrigens am 1. November 1944 gezählt. An diesem Tag verlieren in Graz 382 Menschen ihr Leben. Insgesamt verzeichnen die offiziellen Quellen 1.788 Bombentote in der Stadt, man kann aber davon ausgehen, dass die tatsächliche Zahl weit höher liegt und über 2.000 Todesopfer zu beklagen sind. Im Verhältnis zu anderen Städten des Reichsgebiets ist die Zahl der Bombentoten in Graz jedoch eher gering. Das mag einerseits mit dem gut ausgebauten Luftschutzstollensystem im Schlossberg zusammenhängen, andererseits vielleicht auch mit der Tatsache, dass die Bombardierung der Stadt erst relativ spät einsetzt. Insgesamt kommen jedenfalls bei 57 registrierten Bombenangriffen auf das Stadtgebiet knapp 0,8 Prozent der Bevölkerung ums Leben.

Die zerstörte Grazer Oper zu Kriegsende

42

19. Februar 1938

Die Hakenkreuzflagge weht vom Grazer Rathaus

Graz erwirbt sich im Februar und März 1938 zum zweiten Mal (nach den Badeni-Unruhen Ende des 19. Jahrhunderts) den fragwürdigen Beinamen „Stadt der Volkserhebung". Der Anlass: jenes oft beschriebene Treffen zwischen Kurt Schuschnigg und Adolf Hitler am Obersalzberg, das am 12. Februar 1938 stattfindet und letztlich die Zerschlagung Österreichs einläutet. Bekanntlich wird hier die Legalisierung der politischen Betätigung der österreichischen Nationalsozialisten im Rahmen der Gesetze vereinbart. Erst drei Tage später, am 15. Februar 1938, wird in Österreich eine erste amtliche Verlautbarung über diese Unterredung veröffentlicht, die Ergebnisse der Verhandlungen selbst dringen hier noch langsamer und nur stückweise in die Öffentlichkeit. Die Ereignisse in Graz überschlagen sich nun beinahe stündlich. In der Nacht zum 14. Februar werden Auslagen jüdischer Geschäfte zerstört, und am Abend des 19. Februar kommt es zur ersten großen Massendemonstration der Grazer Nationalsozialisten, bei der erstmals, wenn auch nur für kurze Zeit, am Grazer Rathaus eine Hakenkreuzfahne aufgezogen wird.

Diese Demonstration ist von langer Hand geplant. Tatsächlich gibt der „Verfügungssturm" der mittelsteirischen SA bereits in der Nacht zum 19. Februar 1938 die Weisung aus, für den kommenden Abend einen Fackelzug zu organisieren. Dieser findet auch in geordneten Bahnen statt. Während einer nun folgenden Massenkundgebung am Grazer Hauptplatz wird von unbekannten Personen die ständestaatliche Kruckenkreuzfahne am Rathaus eingeholt und an ihrer Stelle eine Hakenkreuzfahne gehisst, die während der auf den Hauptplatz übertragenen Rede Bundeskanzler Schuschniggs hängen bleibt. Gerüchten zufolge habe der Grazer Bürgermeister Hans Schmid sogar *der Menge vom Balkon den „Deutschen Gruß" entboten.* Schmid, amtierend vom 24. Februar 1934 bis zum 25. Februar 1938, ist gebürtiger Untersteirer. Tatsächlich wird der den Nationalsozialisten gegenüber zumindest nicht ganz unfreundlich eingestellte Bürgermeister bereits sechs Tage nach dieser „Fahnenaffäre" von Landeshauptmann Stepan seines Amtes enthoben, wobei über die Motive dieser Enthebung später verschiedenste Versionen verbreitet werden. Fest steht, dass das Grazer Rathaus das erste österreichische Amtsgebäude ist, von dem bereits vor dem Einmarsch der Hitlertruppen die Hakenkreuzfahne weht.

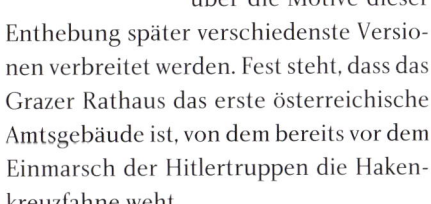

Die „Stadt der Volkserhebung" in zweifelhafter Vorreiterrolle

Am 19. Februar 1938 in der Grazer Herrengasse

Am 23. Februar 1945 erlebt die bedeutende obersteirische Eisenbahn- und Industriestadt Knittelfeld das schwerste Bombardement einer steirischen Kommune außer Graz. Zwischen 13 Uhr und 14:06 Uhr wird die Stadt an diesem Tag in sechs Wellen von je 27 alliiierten Bombern von Norden aus angeflogen. Dabei werden über dem Stadtgebiet etwa 1.200 mittelschwere Bomben abgeworfen. Insgesamt 121 Gebäude werden im Rahmen dieses Bombardements völlig zerstört, 153 schwer, 88 mittelschwer und 241 leicht in Mitleidenschaft gezogen. Getroffen werden neben der Pfarrkirche und öffentlichen Gebäuden auch mehrere Schulen,

Die Eisenbahnerstadt wird Zentrum von Bombenangriffen

Bahnanlagen, Lagerhäuser, Wohngebäude und Fabriken sowie die Lehrwerkstätte der Deutschen Reichsbahnen. Ebenso werden acht gerade auf den Gleisen stehende Güterwaggons schwer beschädigt. Allein am Bahnhofsgelände zählt man nach dem Angriff 120 mittelschwere Bombeneinschläge, der Gleiskörper ist zu 80 Prozent vernichtet, der Zugsverkehr für zwölf Stunden völlig unterbrochen. Die Fabriken der Stadt verzeichnen in der Folge wochenlange Betriebsausfälle, die Schäden an Lokomotiven und rollendem Material sind enorm.

Viel schwerwiegender noch sind aber die Auswirkungen des Bombardements auf die Bevölkerung der Stadt. Diese wird nach dem Bombenangriff von Panik erfasst. Insgesamt kostet dieser einstündige Bombenangriff 235 Menschen das Leben, 91 Menschen werden teilweise schwer verletzt. Unter den Toten befinden sich auch 63 Zwangsarbeiter, sechs Zwangsarbeiterinnen und fünf ausländische Zivilarbeiter. Rund 3.500 Menschen werden obdachlos. Von den Toten können aufgrund der grauenvollen Verstümmelungen nur 158 eindeutig identifiziert werden. Der Wiederaufbau der schwer getroffenen Stadt wird noch Jahre dauern und das Stadtbild stark verändern.

Knittelfeld, Steiermark

Knittelfeld vor den Bombardements des Zweiten Weltkriegs

Gustav Friedrich Anton Scherbaum gilt eigentlich als erfolgreicher Bürgermeister. Geboren am 26. Juli 1906 in Wien, kommt er 1930 nach Graz, um hier in der „Hutfabrik Pichler" als Färbereitechniker zu arbeiten. Der ehrgeizige Scherbaum schließt ein Chemiestudium an der Grazer Technischen Hochschule ab, wird 1940 zum Diplomingenieur graduiert und wirkt ab dem Jahr 1946 für die Sozialdemokratische Partei im Grazer Gemeinderat. Bereits 1956 wird er zum Bürgermeister gewählt und gilt als äußerst populär. Er forciert den sozialen Wohnbau, lässt Schulen errichten, wandelt die Grazer Stadtwerke in eine GesmbH um und reformiert die Verwaltung.

Der Grazer Bürgermeister Gustav Scherbaum wird abgewählt

Nicht gut bekommt ihm jedoch sein vehementes Eintreten für eine Oberflurtrasse der Pyhrnautobahn durch die Arbeiterbezirke Gösting, Eggenberg und Wetzelsdorf anstelle der von den Bewohnern gewünschten und später umgesetzten Variante des Plabutschtunnels. Das erste Grazer – und auch steirische – Volksbegehren gegen die vom Bürgermeister unterstützte Oberflurvariante bringt unerwartete 37.000 Unterschriften, die im Dezember 1972 in kurzer Zeit gesammelt werden. Dass dann Ende Jänner 1973 diese 37.000 Personen vom Bürgermeister persönlich zwecks Überprüfung der Unterschriften vorgeladen werden, bringt das Fass zum Überlaufen. Der Zeitpunkt für diese Aktion ist denkbar ungünstig gewählt, denn nur wenige Wochen später, am 25. Februar 1973, finden in Graz Gemeinderatswahlen statt und bei diesen verliert die SPÖ mit Spitzenkandidat Scherbaum gegenüber dem Jahr 1968 dramatische 16,7 Prozent an Stimmen. In Summe handelt es sich dabei um 13.900 Stimmen. Bautenminister Moser annulliert die „Eggenberger Trasse" bereits am 6. März 1973, Bürgermeister Scherbaum nimmt am 14. April seinen Hut und zieht sich aus der Politik zurück. Er verstirbt am 10. Mai 1991 in Graz. Die Folgen nach der Wahl 1973: In Graz verändert sich die politische Großwetterlage. Der Freiheitliche Alexander Götz wird mit den Stimmen der ÖVP zum Bürgermeister gewählt und seither ist Graz – mit Ausnahme der Ära Alfred Stingl von 1985 bis 2003 – eine Stadt mit bürgerlicher Mehrheit.

26. Februar 1965

Spatenstich für den steirischen Abschnitt der Südautobahn Graz – Gleisdorf

Ein umfassendes Verkehrskonzept für die Steiermark, inklusive Pyhrn- und Südautobahnbau sowie einer Schnellstraße durch das Mürz- und Murtal, liegt schon zu Beginn der 1960er-Jahre vor. Während der Bau der Südautobahn in Niederösterreich mit 6. Mai 1959 beginnt, muss man in der Steiermark vorerst noch auf den Baubeginn warten. Erst am 26. Februar 1965 erfolgt der Spatenstich für den ersten Abschnitt der Südautobahn, mit dem der Bereich von Gleisdorf bis Mooskirchen erschlossen werden soll. Vorerst wird in einer vierjährigen Bauphase aber nur der Abschnitt Gleisdorf – Graz (Knoten Raaba, Graz Ost) fertiggestellt und am 13. Dezember 1969 seiner Bestimmung übergeben. Auf der Strecke werden zu diesem Zeitpunkt bereits drei Fahrstreifen pro Fahrtrichtung errichtet, eine Ausnahme im sonst hauptsächlich zweispurig konzipierten österreichischen Autobahnbau.

Ursprünglich setzt man in den Bau der Autobahn große Erwartungen, insbesondere für die wirtschaftliche Entwicklung der landwirtschaftlich dominierten oststeirischen Bezirke. Man erwartet sich zusätzliche Betriebsansiedelungen und damit neue Arbeitsplätze. Die positiven Auswirkungen bleiben jedoch vorerst aus, da der Autobahnbau in Richtung Wien nicht sofort weitergeführt wird. Von 300 projektierten Autobahnkilometern im Land sind 1971 gerade einmal 8 Prozent umgesetzt geworden. Erst 1980 kommt es zur Fortsetzung des Baus zwischen Gleisdorf Süd und Gleisdorf West. Bis zum Jahr 1983 wird die nächste Teilstrecke durch die Oststeiermark bis Alhau errichtet, zunächst in Form der unfallträchtigen „Sparautobahn". Damit erleben Gemeinden wie Ilz oder Sinabelkirchen wirklich den erwarteten Aufschwung und können Gewerbeparks errichten. Von Graz gegen Mooskirchen und die Pack beginnt der Weiterbau in den 1970er-Jahren und erst 1982 kann der Abschnitt Graz – Mooskirchen dem Verkehr übergeben werden. Mit der Eröffnung des Teilstücks Völkermarkt West – Klagenfurt Ost im Jahr 1999 ist die längste der österreichischen Autobahnen mit 377,3 Kilometern durchgehend befahrbar. Ihre wirtschaftliche Bedeutung für die Steiermark entfaltet sie aber schon Mitte der 1980er-Jahre.

Die Umsetzung des modernen Verkehrskonzepts beginnt

29. Februar 1529
Johann Zápolya schließt ein Bündnis mit Sultan Soleiman

Die Osmanen rüsten 1528 wieder einmal zum Generalangriff auf den „Goldenen Apfel" (die Stadt Wien) und auf das Habsburgerreich. Offensichtlich meinen sie, dass der Zeitpunkt günstig ist, denn nach der Schlacht von Mohács anno 1526 erhebt Ferdinand I. von Österreich im Namen seiner Frau, der böhmisch-ungarischen Königstochter Anna, Ansprüche auf Ungarn und Böhmen, erhält aber nur Böhmen, da der ungarische Adel am 16. Oktober 1526 den Großfürsten von Siebenbürgen, den 39 Jahre alten Johann Zápolya, zum neuen ungarischen König wählt. Und dies, obwohl ihm von Teilen des Adels vorgeworfen wird, nicht rechtzeitig am Schlachtfeld von Mohács erschienen zu sein und damit den gefallenen König Ludwig II. verraten zu haben. Diese Wahl hat auch für die Steiermark unmittelbare Auswirkungen. Im Machtkampf mit Erzherzog Ferdinand muss Zápolya vorerst nach Siebenbürgen ausweichen, entsendet aber 1528 eine erfolgreiche Delegation an den Hof des osmanischen Sultans und unterstellt sich und Ungarn noch Ende 1528 dem Schutz – und damit der Oberhoheit – der Osmanen. Am 29. Februar 1529 schließt Zápolya noch ein förmliches militärisches Bündnis mit der Hohen Pforte, womit der Weg für den osmanischen Vormarsch nach Norden offen ist. Am 10. Mai 1529 bricht der Sultan mit dem türkischen Heer nach Ungarn auf und errichtet am 18. August in Mohács ein Heerlager, in dem er König Johann empfängt, der ihm als Zeichen der Vasallität den Handkuss

Die Steiermark wird zum unmittelbar betroffenen Grenzland

leistet. Dann brechen die Osmanen zur ersten Belagerung Wiens auf. In diesem Rahmen kommt es Anfang Oktober auch zu einem Einfall türkischer „Renner und Brenner" über den Semmering in das Mürztal und im Rahmen des Rückzuges der erfolglosen osmanischen Armee nach dem 18. Oktober zu einem Einfall in die Oststeiermark vom Raum Hartberg bis nach Herberstein, Fürstenfeld und Fehring. Erst der Friede von Großwardein am 24. Februar 1538 beendet den Kampf zwischen Zápolya und Ferdinand, der seinen bisherigen Gegner als ungarischen König anerkennt, sich aber das Recht der Nachfolge zusichern lässt.

Johann Zápolya als König von Ungarn. Stich aus dem 19. Jahrhundert

47

März

Jänner 1585 • Die Grazer Universität wird gegründet | 4. Jänner 1974 • Die Einführung des Pickerls
...eier Tag" | 6. Jänner 1497 • Die Juden werden aus der Steiermark vertrieben | 8. Jänner 1819
...sikschule des „Steiermärkischen Musikvereins" wird offiziell anerkannt | 11. Jänner 1782 • Graz wir...
...enen Stadt" erklärt | 15. Jänner 1959 • Konstituierende Versammlung des FORUM STADTPARK | 17.
...1856 • Die Grazer Tagespost erscheint erstmals | 21. Jänner 1988 • Der Noricum-Skandal wird öffe...
...4. Jänner 1945 • Heinrich Dalla Rosa... ...tet | 27. Jänner 1919 • Der „Marburger Blutson...
...9. Jänner 1978 • Sepp Walcher wir... ...eister | 30. Jänner 2002: Die Fotografin
...rath stirbt | 1. Februar 1835 • Der Domherr und Politiker Alois Karlon wird geboren | 5. Februar 19...
...s Bombenattentat von Oberwart verändert die steirische Zeitgeschichte | 8. Februar 1924 • Die Lawin...
...trophe von Hieflau | 12.–14. Februar 1934 • Bürgerkrieg im Land | 15. Februar 1975 • Massenkündigu...
...Wirtschaftswunderland | 16. Februar 1903 • Landeshauptmann Josef Krainer senior wird geboren |
...ruar 1973 • Der Plabutschtunnel führt zur bürgerlichen Mehrheit in Graz | 26. Februar 1965 • Spaten...
...den steirischen Abschnitt der Südautobahn Graz – Gleisdorf | 1. März 1807 • Jožef Muršec wird gebo...
...–16. März 1848 • Die Revolution in Graz beginnt | 17. März 1689 • Erdäpfel für die Steiermark | 19.
...65 • In Graz entsteht die erste Freiwillige Feuerwehr des Landes | 26. März 1983 • Großes Lipizzane
...| 31. März 1912 • Die offizielle Gründung des SK Sturm geht über die Bühne | 1. April 1822 • Erzh...
...ann erwirbt das Vordernberger Radwerk | 2. April 1945 • Graz wird mit Phosphorbomben angegriffen
...il 1000 • Eine Königsschenkung als Meilenstein in der Landwerdung der Steiermark | 26. April 1848
...tische Verein „Slovenija" wird gegründet | 29. April 1608 • Erzherzogin Maria von Innerösterreich stirb
...1890 • Feiern zum 1. Mai in der Steiermark | 2. Mai 1864 • Die „Steirische Gemeinde-Ordnung" wir
...sen | 10. Mai 1834 • Der Kurort Bad Gleichenberg wird gegründet | 11. Mai 1919 • In den steiermärkis
...dtag ziehen die ersten drei Frauen ein | 19. Mai 1892 • Die Pichler-Werke gehen in Betrieb | 2. Juni
...ie weltweit erste Postrakete startet vom Schöckl | 11. Juni 1872 • Die Gründung der „Welt-Schuhfa
...t neue Maßstäbe | 23. Juni 1984 • In Graz kommt das erste „Retortenbaby" zur Welt | 28. Juni 1914
...esschüsse von Sarajewo | 3. Juli 1929 • Das „Dachsteinlied" wird zur steirischen Landeshymne | 16
...8 • Der „Schladminger Bergbrief" wird erlassen | 17. Juli 1854 • Die Semmeringbahn wird eröffnet
...1905 • Sechs Kinder und Jugendliche gleichzeitig vom Blitz erschlagen | 29. Juli 1984 • S.T.S. errei
..."Fürstenfeld" Platz 1 der Ö3-Hitparade | 31. Juli 1843 • Peter K. Rosegger wird geboren |2. August 1
...Kapfenberger Hexenprozesse | 14. August 1992: Das steirische Kürbiskernöl ist geschützt! | 19. A
...9 • Die Erstbesteigung des Dachsteins | 29. August 1959 • Der Schatz im Toplitzsee wird gehoben
...tember 1939 • Der Zweite Weltkrieg beginnt | 5. September 1970 • Jochen Rindt verunglückt in M
...2.–13. Sept. 1931 • Der „Pfrimerputsch" des „Steirischen Heimatschutzes" | 16. September 1899
...er Oper wird eröffnet | 30. September 1906 • Die erste Grazer Herbstmesse wird eröffnet | 3. Ok
...3 • Die ersten Jesuiten lassen sich in Graz nieder | 12. Oktober 1910 • Die Wechselbahn wird eröff
...Oktober 1625 • Die „Innerberger Hauptgewerkschaft" wird gegründet | 21. Oktober 1844 • Die Bah
...zzuschlag – Graz wird eröffnet | 1. November 1827 • Der Wallfahrtsort Mariazell brennt | 5. Nove
...8 • Der Höhepunkt der Pockenepidemie in Leoben | 10. November 1938 • Die „Reichspogromnac
...Steiermark | 25. November 1894 • Die Grazer Schlossbergbahn wird eröffnet | 26. November 1811
...er Joanneum wird gegründet | 1. Dezember 1671 • Erasmus Graf Tattenbach wird in Graz hingeri
...Dezember 1850: Alexander Girardi wird geboren | 8. Dezember 1866 • Der „Wunderdoktor" Höllei
...geboren | 9. Dezember 1905 • Oktavia Aigner-Rollett wird zur Ärztin promoviert | 14. Dezember 1
...Bahnstrecke Weiz – Birkfeld wird eröffnet | 16. Dezember 1931 • Die Folgen des „Pfrimerputsches"
...Steiermark | 24. Dezember 1823 • Das „Grazer Landständische Theater" brennt | 31. Dezember

1. März 1807

Jožef Muršec wird geboren

Als am 1. März 1807 im untersteirischen Wisch (Biš) Jožef Muršec geboren wird, ahnt noch niemand, welche Folgen dies für den Lauf der steirischen Geschichte haben wird. Muršec studiert in Graz Theologie, wird 1830 zum Priester geweiht und ist anschließend als Seelsorger in verschiedenen Pfarren der Untersteiermak tätig, ehe er von 1839 bis 1846 die Stellung als Privatlehrer in der Familie von Friedau in Graz annimmt. 1846 zum Doktor der Theologie promoviert, wirkt er von 1852 bis 1870 an der Grazer Realschule als Religionsprofessor und tritt 1870 in den Ruhestand.

Der Wegbereiter des slowenischen National-bewusstseins wirkt von Graz aus

Dieses nach außen so unauffällige Leben hat aber noch eine andere, politische Dimension voller Sprengkraft. Schon in seinen Kaplansjahren lernt er den slowenischen Musikforscher Stanko Vraz kennen und hilft ihm beim Sammeln alter slowenischer Volkslieder. Daraufhin beginnt er selbst alte slowenische Volkslieder, Sagen und Planzennamen zu sammeln, 1847 erstellt er eine kurze slowenische Grammatik für Anfänger, in die er alle slowenischen Sprachgebiete mit einbezieht. Damit ist er der Erste, der die kulturelle Isolation der untersteirischen Slowenen beendet.

Dieses lingustisch-philologische Wirken hebt er rasch auch auf eine politische Ebene. Im Revolutionsjahr 1848 begründet er den politischen Vereins „Slovenija" und setzt sich als dessen Sekretär von Graz aus für die Verwirklichung des slowenischen Nationalgedankens ein. Er trifft damit den Nerv der Zeit und wird rasch zum Mittelpunkt der Slowenen in Graz sowie zum Mäzen der slowenischen Studenten und Wohlfahrtseinrichtungen. Das wiederum wirkt zurück, denn gerade die slowenischsprachigen Kapläne sorgen ab 1850 dafür, dass auch in den kleinsten Dörfern der Untersteiermark der slowenische Nationalgedanke Fuß fassen kann und dass man sich bewusst wird, eine eigenständige Tradition und Kultur zu haben. In weiterer Folge bildet sich ein Bewusstsein, dass eine Opposition zur deutschsprachigen Bevölkerung der Städte und Märkte besteht. Die Spätfolgen seines Wirkens, die Abtrennung der Untersteiermark vom Mutterland im Jahr 1918, erlebt Jožef Muršec freilich nicht mehr, er verstirbt am 25. Oktober 1895 in Graz.

4. März 1799

Joseph Liesganig und die Vermessung der Welt

Im galizischen Lemberg endet am 4. März 1799 ein außergewöhnliches Gelehrtenleben, das achtzig Jahre zuvor in Graz begonnen hatte. Dabei sind sich die Wissenschaftler nicht einig, ob der große Geodät, Mathematiker und Jesuit Joseph Liesganig am 13. Februar oder am 12. November 1719 in Graz geboren wurde. Was aber sicher ist: Schon im Alter von 15 Jahren tritt der hochbegabte Knabe in den Jesuitenorden ein und beendet seine philosophischen Studien im Jahr 1742 im Wiener Ordenskollegium. Noch einmal kehrt er für zwei Jahre in seine Vaterstadt Graz zurück, um hier Mathematik zu unterrichten, bevor ihn sein Schicksal in die Ferne führt. Die weiteren Stationen seines Wirkens sind Linz, wo er Rhetorik unterrichtet, und das ungarische Komárom/Komorn, wo er nach seiner späten Priesterweihe ab 1748 als Prediger wirkt. 1751 verschlägt es ihn als Professor für Mathematik in das oberungarische Kaschau (Košice) und 1752 nach Wien. Hier wirkt er bis zur Aufhebung seines Ordens als Professor für Mathematik und als Historiograf des Ordenshauses. Nachdem er dem dortigen Präfekten der Sternwarte als Aushilfe zur Seite gestellt wurde, übernimmt er sie 1756 selbst und bestimmt bald danach die Polhöhe Wiens. Das Herrscherhaus wird auf ihn aufmerksam, und im Auftrag Maria Theresias führt er in den Jahren 1762 bis 1769 Gradmessungen des ungarischen und des Wiener Meridians durch, Erstere vom

Ein großer Geodät verstirbt

Schöckl aus. Nach der Aufhebung des Jesuitenordens wird er von der Herrscherin zum Baudirektor in Lemberg ernannt und leitet dort die trigonometrische Aufnahme Ostgaliziens und Lodomeriens.

Daneben unterrichtet er seit 1775 am Lemberger *Collegium Nobilium* Mechanik und leitet die dortigen mechanischen Werkstätten. Der sozial engagierte und bedürfnislose Liesganig verschenkt schon zu Lebzeiten all seinen Besitz an Bedürftige und Hilflose. An ihn erinnert heute noch eine Gedenktafel am Eingang zur alten Grazer Jesuitenuniversität.

Gedenktafel für Joseph Liesganig in der Grazer „Alten Universität"

Ein großes Bergdrama auf Kapellener Gemeindegebiet führt am 8. März 1896 zur Gründung der weltweit ersten Bergrettungsdienststelle. Daraus entwickelt sich das österreichische Bergrettungswesen, dessen Wirken bis heute Tausenden Menschen das Leben gerettet hat. Josef Pfannl, der Bruder des späteren Präsidenten des „Österreichischen Alpenclubs" Heinrich Pfannl, Max Schottik und Fritz Waniek aus Wien sind an diesem 8. März zu einem Ausflug auf die Rax aufgebrochen und wollen über den Reißtalersteig aufsteigen. Bis zur Imhofrast kommen die drei gut voran, doch im Bereich des mit Drahtseilen gesicherten Durchstieges durch den Wandgürtel setzt ein schwerer Schneesturm ein. Nach dem Passieren des Steigs werden die drei schließlich von einer Lawine erfasst und in den Tod gerissen. Da Josef Pfannl nicht zeitgerecht zurückkehrt, macht sich sein

Drei Tote stehen am Beginn einer großen Entwicklung

Bruder Heinrich auf den Weg, um ihn zu suchen, und findet in der Reißtalerhütte einen Eintrag der beiden ebenfalls vermissten Alpinisten Schottik und Waniek. Pfannl setzt daraufhin die Suche am Reißtalersteig fort; bald wird ihm klar, dass die Bergsteigergruppe von einer Lawine erfasst worden ist. Am 11. März wird die Suche von Helfern aus Prein an der Rax sowie einer Gruppe rund um den Mürzzuschlager Skipionier Toni Schruf sowie den Hüttenwirt Jeller vom Karl-Ludwig-Haus neu aufgenommen. Um die Mittagszeit stößt man in einem 200 Meter langen und 50 Meter breiten Lawinenkegel auf den Pickel Schottiks und bald darauf auf die Leiche Josef Pfannls. Wanieks Leiche, mit Pfannl durch ein Seil verbunden, wird nur wenig später gefunden, während die Leiche Max Schottiks vorerst verschollen bleibt. Nur seine Ausrüstungsgegenstände werden am 12. März gefunden, am 14. März schließlich auch sein Leichnam, und zwar in einer Randkluft, in die ihn die Lawine geschleudert hat. Josef Pfannl wird am 14. März in Prein beigesetzt, Fritz Waniek am 15. März in Kapellen und Max Schottik am 17. März in Mürzzuschlag.

Als Folge dieses Unglücks erfolgt die Gründung der Ortsgruppen Prein und Mürzzuschlag des Österreichischen Bergrettungsdienstes. Besonders tragisch ist, dass der Pickel Wanieks im Juni 1896 hoch über der Martinswand in der Mulde des Ausstiegs, also nur einige Meter vom sicheren Kamm entfernt, gefunden wird.

Sterbebucheintrag über das Lawinenunglück vom 8. März 1896

9. März 1833
Gründung der „Bergbaukundlichen Lehrkanzel" in Vordernberg

Am 9. März 1833 wird die kaiserliche Entschließung zur Errichtung einer eigenen Lehrkanzel für Hüttenkunde am Joanneum erteilt, wobei ihr Standort nicht, wie bei den übrigen technischen Studien, am Joanneum in Graz, sondern der obersteirische Montanort Vordernberg mit seinen zahlreichen Hochöfen und Radwerken ist.

Die Keimzelle der Montanuniversität Leoben entsteht

Das hat seine guten Gründe, denn bereits als 1828 die Idee zur Errichtung dieser Lehrkanzel geboren wird, die auch Kaiser Franz I. 1829 grundsätzlich gutheißt, ist dem Professorenkollegium unter dem Vorsitz Erzherzog Johanns klar, dass die Hüttenkunde nicht nur theoretisch, sondern auch praktisch unterrichtet werden muss. Daher liegt die Etablierung dieser Lehrkanzel in Vordernberg auf der Hand.

Nun, im März 1833, ist die kaiserliche Genehmigung zur Aufnahme des Lehrbetriebs eingelangt und Erzherzog Johann, dem die Errichung ein Herzensanliegen ist, schlägt im Herbst 1833 vor, dem erfahrenen Montanisten Peter Tunner die Leitung zu übertragen. Tunner ist aber noch nicht voll verfügbar und wird erst im Herbst 1835, nachdem seine Ernennung fixiert ist, auf eine zweijährige Bildungsreise gesandt, die ihn in die großen Bergbauzentren Englands und Schwedens führen wird. Daran schließt sich eine weitere Reise nach Oberitalien, Tirol und Salzburg an. 1840 ist auch das Gebäude für die neue Lehranstalt in Vordernberg fertiggestellt und so kann am 4. November 1840 die feierliche Eröffnung im Rahmen eines vom Reiner Abt und Studiendirektor Chrophius gefeierten Hochamts stattfinden. Die Vordernberger Lehranstalt ist organisatorisch und rechtlich vorerst noch der Technischen Lehranstalt am Joanneum in Graz unterstellt, aber ein Anfang ist gemacht.

Das Revolutionsjahr 1848 wird zum Katalysator der weiteren Entwicklung: Aufgrund des Nationalitätenkonflikts verlassen die deutschsprachigen Bergschüler die Bergakademie im oberungarisch-slowakischen Schemnitz und übersiedeln nach Vordernberg. Hier gibt es aber keine ausreichenden Räumlichkeiten, um den erweiterten Lehrbetrieb zu gewährleisten, man übersiedelt deshalb nach Leoben, gleichzeitig erfolgt die Aufwertung des Lehrstuhles hin zur eigenständigen k. k. Montanlehranstalt, die am 1. November 1849 ihren Betrieb aufnimmt. Aus ihr geht später die Leobener Montanuniversität hervor.

In Ingolstadt wird jene Urkunde ausgestellt und gesiegelt, in der der deutsche König Ludwig („das Kind") dem Arpo, Sohn des Grafen Otachar, insgesamt 20 Huben in Schladnitz bei Leoben (*in loco Zlatina*) samt der „Villa Costiza" und einer dortigen Curtis schenkt. Bei der Villa Costiza handelt es sich übrigens um die erste bekannte Nennung der späteren Siedlung Göss bei Leoben. Diese Urkunde stellt bei näherer Betrachtung eine wichtige Quelle für die Besiedlungsgeschichte des Leobener Raumes und der ganzen Steiermark dar. Die genannten „Curtes", große Gutshöfe, werden nämlich als Siedlungs- und Verwaltungszentren im neuen Land im Osten errichtet. Eine solche Curtis besteht aus einem festen, im Normalfall aus Stein aufgeführten Verwaltungs- und Wohngebäude und einer Vielzahl von daneben angeordneten Wirtschaftsgebäuden und -betrieben wie Mühlen und Schmieden. In der Regel befindet sich bei einer solchen Curtis oder in deren unmittelbarer Nähe auch immer eine hölzerne Kirche. In der Urkunde von 904 wird eine Mühle ausdrücklich erwähnt, auch, dass die Curtis von Schladnitz als Besonderheit *muro circumdate*

Erste urkundliche Nennung des Ortes Göss bei Leoben

gewesen sei, also „von einer Mauer umgeben". Eine ältere Urkunde aus dem Jahr 860 führt bereits all jene Curtes auf, die von König Ludwig in diesem Jahr an das Erzbistum Salzburg geschenkt und in der Folge auch zu Zentren einer ausgeweiteten Missionierungstätigkeit wurden. Die Schladnitzer Curtis ist in dieser Urkunde nicht erwähnt, was aber nicht heißt, dass sie damals nicht schon existiert hat. Die Missionstätigkeit geht aber von der westlich gelegenen Curtis in St. Michael aus.

44 Jahre später sieht man anhand der ausgestellten Urkunde an Arpo, welche Wirkung ein solcher Gutshof hat: Als Verwaltungsmittelpunkt und Siedlerbasis wird von den Curtes aus nämlich auch das nähere Umland gerodet und die Besiedelung der nächsten Dörfer und Einzelgehöfte vorangetrieben.

Das ist im Schladnitzer Fall bereits eindrucksvoll umgesetzt, denn nur so ist zu erklären, dass sich in unmittelbarer Nähe der Schladnitzer Curtis bereits zwanzig besiedelte Bauernhuben befinden und eine eigene *Villa Costiza* besteht. Das bairische Siedlungswerk ist also in diesem Raum um das Jahr 900 bereits weit fortgeschritten.

13.–16. März 1848

Die Revolution in Graz beginnt

Im damals rund 50.000 Einwohner zählenden Graz hebt der Magistrat ab dem 1. Februar 1848 trotz der ständigen Teuerung eine „Zinskreuzersteuer" ein, eine direkte Steuer auf Haus- und Wohnungsbesitz, was für große Unzufriedenheit unter der Bevölkerung sorgt. Als schließlich auch noch Nachrichten über revolutionäre Vorgänge in Frankreich, Italien und München in die Steiermark gelangen und gleichzeitig die Staats- und Industriepapiere im Wert zu sinken beginnen, wird die Situation in der Landeshauptstadt bedrohlich. Mit dem Eintreffen von Nachrichten über die revolutionären Ereignisse in Wien vom 13. März ist es schließlich auch in Graz so weit: Die Revolution bricht los.

Am 14. März 1848 versammeln sich die Studierenden der Universität und der Technischen Lehranstalt am Joanneum in der Aula der Alten Universität und beschließen in Anwesenheit des Landesgouverneurs Matthäus Constantin von Wickenburg eine Petition an den Kaiser, in der die Lehr- und Lernfreiheit, die Pressefreiheit, die Öffentlichkeit der Rechtspflege, eine Konstitution, die Nationalbewaffnung und die Errichtung eines Studentenfreikorps sowie die Vertretung des Volkes am deutschen Bundestag gefordert werden. Gleichzeitig versammeln sich viele Grazer Bürger in der ärmeren, von sozialen Missständen geplagten Murvorstadt im „Gasthof zum Goldenen Rössl" in der Mariahilferstraße und verfassen dort eine ähnliche Adresse an den Kaiser. Diese, verfasst von Dr. Vinzenz Emperger und Titus Mareck, verlangt unter anderem die Vertretung der Bürger

Am Anfang stehen die Studierenden

Das Grazer Studentenkorps vor dem alten Universitätsgebäude im März 1848

und Bauern im Landtag, die Teilnahme der Landesvertretung an der Gesetzgebung, die Schaffung eines Ministeriums für Handel und Industrie, die Denk-, Rede- und Gewissensfreiheit, die Aufhebung der Zensur, eine volkstümliche Wehrverfassung, die Aufhebung der Patrimonialgerichtsbarkeit und die Ausweisung der Jesuiten aus ganz Österreich.

In der Stadt macht sich allgemein gereizte Stimmung breit. Noch am Abend des 14. März bringt aber Erzherzog Johann persönlich die Nachricht von der Entlassung Metternichs nach Graz, was allerorts Freude auslöst und die gereizte Stimmung wieder normalisiert. Als am selben Abend im Landständischen Theater Schillers „Don Karlos" gegeben wird, bricht bei der Passage des Marquis Posa, *„Sire, geben Sie Gedankenfreiheit!",* ein endloser Begeisterungssturm los.

Tags darauf, am 15. März, tritt der außerordentliche Landtag zusammen, verstärkt um die Deputierten der Landeshauptstadt Graz, der Universität und des Joanneums. Er tagt beinahe täglich bis zum 29. April und nimmt sofort die Adressen der Grazer Bürger und der Studentenschaft an den Kaiser an. Dabei wird vom Landtag vor allem um eine zeitgemäße Erweiterung der Landesvertretung ersucht. Gleichzeitig zieht eine große Volksmenge, die sich in der Herrengasse versammelt hat, in den Münzgraben zum Jesuitenkloster, zertrümmert dort die Fenster des Konvents und dringt in das Innere des Klosters vor. Besonnene Köpfe schützen die Jesuiten vor Gewalttaten, Letztere verlassen aber rasch Kloster und Stadt.

Am Abend des 15. März kommt es im Landständischen Theater erneut zu einer denkwürdigen Szene. Am Schluss des ersten Aktes des Stücks „Großjährig" von Eduard von Bauernfeld erhebt sich der Statthalter in seine Loge und verkündet: *„Meine Herren, soeben erhalte ich folgende telegraphische Depesche aus Wien: Constitution und Preßfreiheit wie in Deutschland, Nationalgarde wurde publiziert, in Wien herrscht unbeschreiblicher Jubel."* Das Lied „Was ist des Deutschen Vaterland" ertönt, die Stadt wird festlich illuminiert. Noch am selben Abend werden vom kommandierenden General Graf Nugent alle Studierenden mit Säbeln und Gewehren aus dem Zeughaus versehen. Die Studenten vereinigen sich daraufhin mit dem bewaffneten „Grazer Bürgerkorps" und beziehen Posten in der Stadt.

Am 16. März wird unter der Federführung Erzherzog Johanns intensiv an der Errichtung der „Grazer Nationalgarde" gearbeitet und gleichzeitig die rund 600 Mann starke „Akademische Legion" als bewaffnetes Korps der Studierenden endgültig organisiert. Sie steht unter dem Kommando des Professors Dr. Gustav Franz Schreiner. Kommandant der „Grazer Nationalgarde", an deren Aufstellung sich auch der Dichter Anastasius Grün (Anton Graf Auersperg) beteiligt, wird der im Ruhestand befindliche General Negroni. Diese Schutzmacht wird noch durch das uniformierte „Grazer Bürgerkorps" ergänzt, das unter dem Kommando des Bürgermeisters Dr. Hüttenbrenner steht. Auch mehreren Arbeitern gelingt es, sich in den Besitz von Waffen zu setzen. Diese werden ihnen jedoch bereits im Lauf der kommenden Nacht von Angehörigen der Nationalgarde wieder abgenommen. Damit ist der erste revolutionäre Schwung in der steirischen Landeshauptstadt in geordnete Bahnen gelenkt.

17. März 1689

Erdäpfel für die Steiermark

Die aus Amerika stammende Kartoffel ist als Pflanze auch in klimatisch rauen Bedingungen gut kultivierbar und bringt auch auf kargen Bögen durchaus guten Ertrag. Sie hilft damit, Nahrungsmangel in schwierigen Erntejahren auszugleichen und wird so zur wichtigen Kulturpflanze in ganz Europa. Die „europäische Karriere" der Kartoffel beginnt eigentlich als exotische Pflanze und Rarität botanischer Gärten der Höfe, des Adels und verschiedener Klöster. Alexander von Humboldt gibt 1560 als das Jahr an, in dem das Gewächs aus Südamerika europäischen Boden erreichte. Die Steirer machen die nähere Bekanntschaft mit der neuen Frucht aus Übersee erst in den letzten beiden Jahrzehnten des 17. Jahrhunderts, durch Vermittlung aus dem süddeutschen Raum. Initiatoren des Anbaus im Land sind dabei zumeist fortschrittliche Herrschaftsbeamte und Pfarrherren.

Zu diesem Zeitraum passt auch die älteste bislang bekannte Erwähnung des Kartoffelanbaus in der Steiermark: Die Küchenrechnung des Damenstiftes Göss vom 1. bis zum 31. März 1689 weist unter dem Eintrag vom 17. März 1689 nämlich „Erdt Öpfl" auf. Dabei handelt es sich zweifelsohne um die früheste bislang bekannte Nennung von Kartoffeln auf dem Speiseplan einer steirischen Institution. Die Gösser Nonnen bauen die Kartoffeln ab spätestens 1688 zuerst in einigen Gartenbeeten als exotische Rarität an, später auch auf kleinen Feldern zum Eigengebrauch, wobei sich diese aber vorerst noch hinter den Stiftsmauern befinden.

Die älteste Erwähnung stammt aus Göss bei Leoben

Auch hundert Jahre später gehört der Gösser Raum zu den steirischen Innovationszentren des Kartoffelanbaus. 1770 antwortet der Stiftsverwalter von Schäffersfeld an die „Agricultur-Societäts-Kanzlei" in Graz: „(...) in Obersteyer kunnte also (...) die Erd-Apfel oder Birn so gar ein Commercial-Articel werden". Eine weitere frühe Erwähnung des steirischen Kartoffelanbaus stammt ebenso aus dem Raum Leoben. Ein in Würzburg geborener Soldat der damaligen Leobener Garnison, Korporal Josef Radlberger, bringt aus seiner Heimat fünf Kartoffeln mit und unternimmt im Jahr 1774 einen ersten Versuch, diese Frucht beim Tullerbauern am Windischberg bei Göss, Jacob Hassmann, anzubauen. Einige Zeit später kann dieser Bauer dann bereits das gesamte in Leoben garnisonierte Militär mit Kartoffeln versorgen und darüber hinaus noch Pflanzgut an Interessierte weiterverkaufen.

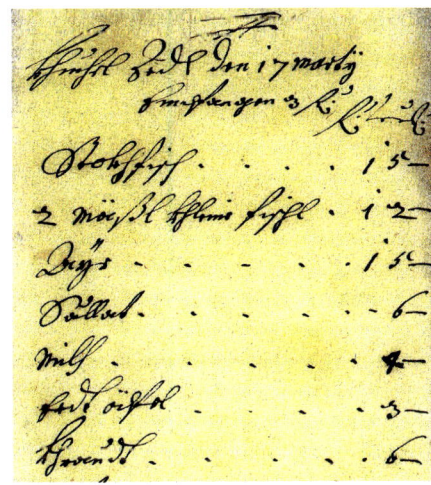

„Kuchl Zedl" vom 17. März 1689: Die „Erdt Öpfl" stehen in der zweiten Zeile von unten.

19. März 1865

In Graz entsteht die erste Freiwillige Feuerwehr des Landes

Am Anfang des Freiwilligen Feuerwehrwesens stehen im deutschen Sprachraum die Turner Friedrich Ludwig Jahns. Seine Ideen von der „körperlichen und sittlichen Ertüchtigung des deutschen Volkes" sind auch die Prinzipien der ersten Gründerväter der Freiwilligen Feuerwehren, und so stehen an der Wiege der ältesten österreichischen Feuerwehrgründungen freiwilliger Natur zumeist diese deutschen Turner, sei es nun in Prag, in Innsbruck, in Klagenfurt oder auch in Graz. Frühe Turnerfeuerwehr-Gründungen in Westösterreich zwischen 1858 und 1861 fallen dem Neoabsolutismus zum Opfer und erst die „Februarverfassung" des Jahres 1861 bringt hier wieder etwas mehr Spielraum. Im Süden Österreichs ist es vor allem der Klagen-

Feuerbekämpfung, Rettungswesen und Hochwasserschutz werden auf eine moderne Basis gestellt

furter Turner Ferdinand Jergitsch, der 1864 die „Klagenfurther Wehr" gründet und bei mindestens sieben steirischen Feuerwehren aktiv an der Gründung und am Einexerzieren der Feuerwehrmänner beteiligt ist. Die erste Freiwillige Feuerwehr des Landes Steiermark wird schließlich am 19. März 1865 in Graz vom Turner Ferdinand Nimpflinger gegründet. Sie tritt an die Seite des schon 1853 entstandenen „Grazer Löschkorps".

Diese freiwilligen Turnerwehren stehen überall zunächst ganz im Geist der ehemaligen „48er", sind damit ein Hort des politischen Liberalismus und dienen den Liberalen in den steirischen Städten und Märkten auch dazu, sich zu organisieren, wobei man das gesellige Leben der Wehren als besonderen Anreiz mitnutzt, gelten doch die Tugenden der Feuerwehren als speziell bürgerlich.

Diese Entwicklung setzt sich im Land ab dem Jahr 1867 immer schneller fort. Erst in einer zweiten Phase beginnen ab etwa 1880 auch die Gründungen von Freiwilligen Feuerwehren in den Dörfern des Landes, und dort dominieren dann auch andere Kräfte, nämlich die klerikal-konservativen. Aus jenen Tagen stammt schließlich der heute kaum noch bekannte Wahlspruch: „Ob liberal, ob klerikal, die Feuerwehr hilft überall." Politisiert sind die Feuerwehren im Land zum Glück schon seit sieben Jahrzehnten nicht mehr.

Die „Grazer Freiwillige Feuerwehr" im Jahr 1867

Gegründet wird das Stift im Jahr 1004 von Adala, der Ehefrau des einflussreichen Pfalzgrafen Aribo I., und dem gemeinsamen Sohn Aribo, dem späteren Mainzer Erzbischof, aus dem umfangreichen Familiengut der in der Steiermark mit großen Besitzungen begüterten Aribonen. Besiedelt wird das Stift bei Leoben von Bene-diktinerinnen von der Reichsabtei Nonn-berg in Salzburg aus und 1020 wird Göss durch Kaiser Heinrich II. zur einzigen Reichsabtei im späteren Habsburger-reich.

Göss ist über Jahrhunderte Zentrum der Erziehung und Ausbildung steirischer Adelstöchter, aber auch deren Versor-gungszentrum, so sie nicht verheiratet werden. Grundsätzlich werden in Göss nur Nonnen aus adeligen Häusern auf-genommen. Es ist daher auch eines der reichsten Stifte der Steiermark, da beson-ders im Mittelalter sehr viel Familiengut mit den eintretenden Töchtern an das Stift übergeht. So ist es auch nicht ver-wunderlich, dass um 1260 das berühmte „Gösser Ornat" – eine romanische Sei-denstickerei auf liturgischen Gewändern von allerhöchster Qualität – gerade hier entsteht.

Die Auflösung des reichen Stiftes im Rah-men der josephinischen Klosterreform kommt für die Nonnen und die letzte Äbtissin, Maria Gabriela von Schaff-mann, eher unerwartet, obwohl man die von Kaiser Joseph II. festgelegten Krite-rien für den Weiterbestand von Klöstern (Seelsorge, Unterricht, Krankenpflege)

Ein wichtiges kulturelles Zentrum des Landes findet sein Ende

nicht erfüllt. Dennoch vermerkt die Äb-tissin über die Aufhebung des Stiftes in der Chronik nur lapidar: *1782 sünd wir aufgehoben worden, Amen.* Die Äbtissin und ihre letzten Mitschwestern werden in einem Privathaus in Göss untergebracht und später am Gösser Erhardifriedhof bei-gesetzt, während ihre Vorgängerinnen in der Krypta der Stiftskirche ruhen. Die Aufhebung des Stiftes bringt neue Möglichkeiten mit sich: Schon im folgenden Jahr zieht der neue Leobner Bischof Alexander Graf Engel zu Wagrain ein, während der umfassende Gutsbe-stand des Stiftes zunächst zur Staatsherr-schaft wird und 1827 von der „Vordern-berger Radmeister-Kommunität" erwor-ben wird. Diese ist naturgemäß weniger an den Gebäuden interessiert, sondern vielmehr am bedeutenden Waldbesitz. Im Jahr 1860 schließlich kauft der Grazer Bierbrauer Max Kober die Gebäude und richtet hier seine „Gösser Brauerei" ein.

Stift Göss auf einem Vischerstich, um 1681

Der Bergbau Zangtal wird geschlossen

Bereits 1799 werden die ersten Kohlevorkommen des Oberdorfer Flözes bei Voitsberg vom Priester und Wunderheiler Fortunat Spöck erschlossen und um 1840 bestehen in dieser Gegend bereits sieben verschiedene Bergbaubetriebe. 1858 sind es acht Unternehmen, die hier im Schachtbauverfahren bedeutende Kohlemengen abbauen. Durch Fusionierungen bestehen im Jahr 1878 in diesem Bereich nur noch zwei Unternehmen, nämlich jenes der GKB und jenes des Zeitungsherausgebers und Gewerken August Zang. Im Jahr 1898 kaufen die GKB den Montanbesitz von dessen Witwe Ludowika Zang und rasch bürgert sich für den gesamten Bergbau der Überbegriff „Zangtal" ein. Zwischen 400 und 550 Bergleute sind an der Wende zum 20. Jahrhundert im Zangtal beschäftigt.

Nach 1920 wird der Grubenbetrieb in diesem Bereich nach und nach völlig eingestellt und ab dem Jahr 1927 nur noch im Tagbau Kohle abgebaut. Während des Zweiten Weltkriegs kommt es aufgrund des Bedarfs der Rüstungsindustrie zu einem massiven Ausbau der Fördermengen, und 1947 beträgt die Abbaumenge 306.454 Tonnen Kohle, die größtenteils an das neue, kurz zuvor errichtete Voitsberger Dampfkraftwerk abgesetzt wird. Im Jahr 1955 sind im Betrieb insgesamt 631 Person beschäftigt.

Nachdem der Oberflöz im November völlig ausgekohlt ist, wird im 1974 neu aufgeschlossenen Unterflöz der Bergbau noch bis zum 23. März 1989 fortgesetzt. Mit dem Verfahren der letzten Schicht an diesem Tag endet die rund 200 Jahre andauernde aktive Bergbautradition im Voitsberg-Köflacher Kohlerevier. Die GKB plant 1990 bereits die Errichtung eines KFZ-, Sport- und Trainingscenters im ehemaligen Bergbaubereich. 2004/2005 wird von der Stadtgemeine Voitsberg ein Großteil des ehemaligen Bergbaugeländes aufgekauft. Unter den tatsächlich errichteten Sportstätten ist vor allem die 1993 eröffnete Schießsportarena Zangtal zu erwähnen, die im Bereich des ehemaligen Tagbaus VI liegt.

Das Ende des weststeirischen Kohlebergbaus

Kurz vor seinem Tod legt der steirische Herzog Leopold der Starke gemeinsam mit seiner Frau Sophie noch die Basis für die Gründung des Zisterzienserstiftes Rein bei Graz, wo das Ehepaar auch begraben wird. Einen Teil des Stiftungsguts ererbte Leopold zuvor vom Grafen Waldo von Rein aus der Familie der Eppensteiner.

Stift Rein wird rasch zum Kristallisationspunkt der wirtschaftlichen Entwicklung des Landes. Die Gründung ist das älteste Zisterzienserstift des Ostalpenraums und noch dazu das am längsten durchgehend besiedelte Zisterzienserkloster der Welt. Besiedelt wird es am 25. März 1129, am Festtag „Verkündigung des Herrn", von Mönchen aus Ebrach. Mit den Zisterziensern kommt der zu seiner Zeit fortschrittlichste Orden der Welt in die Steiermark, insbesondere hinsichtlich des technischen und agrarischen Wissens, das die Mönche mitbringen. Die Mönche, die selbst mehrere große Gutshöfe im Land betreiben, sogenannte „Grangien", lehren auch die lokale Bevölkerung das richtige Wirtschaften.

Auch im Montanwesen sind die Reiner Zisterzienser führend. 1147 übergibt Otakar III. von Traungau dem Stift zwei Salzpfannen im Ennstal bei Mahorn und zwei Güter in Mitterndorf. Mit „Mahorn" ist der Ahornberg bei Altaussee gemeint, die Salzgewinnung im steirischen Salzkammergut ist damals also bereits in Schwung und erfährt noch während der Regierungsjahre Otakars eine bedeutende technische Modernisierung hin zum werkmäßigen bergmännischen Betrieb und zur Anlegung von Schöpf- und Sinkwerken zur Solegewinnung. Diese technischen Glanzleistungen stehen einmal mehr unter der Leitung der technisch versierten Reiner Zisterziensermönche. So sammelt Abt Gerlach 1146 in Reichenhall Erfahrungen über die dortigen technischen Anlagen der Quellsolefassungen und Siedeanlagen. An diesem Beispiel lässt sich eindrucksvoll verdeutlichen, wie der mittelalterliche „Technologietransfer" – von Leopold dem Starken 1129 durch die Gründung der Zisterze Rein grundgelegt – noch im 12. Jahrhundert die Wirtschaftsformen im Land nachhaltig verändert und modernisiert.

Das älteste durchgehend besiedelte Zisterzienserstift der Welt entsteht

Barockes Stifterbild für Rein bei Graz

61

Großes Lipizzanersterben

Das Lipizzaner-Bundesgestüt Piber in der Weststeiermark hat als Zuchtanstalt für Militärpferde seit dem 19. Jahrhundert hohe Bedeutung und ist seit der Umsiedelung der Lipizzanerzucht aus Lipizza nach dem Ende der Habsburgermonarchie weltweit ein Begriff, und das nicht erst, seit es 1969 sogar von der englischen Königin Elizabeth II. besucht worden ist. Am 26. März 1983 bricht im Gestüt eine tödliche Virusseuche aus, die nur schwer zu bekämpfen ist. In kurzer Zeit, bis Ostern 1983, verenden an dieser Erkrankung nicht weniger als sechs wertvolle Zuchtstuten und 30 Lipizzanerfohlen. Die Erkrankung wird schließlich als

Virusseuche im Gestüt Piber

"Equine Rhinopneuminitis" erkannt, eine Herpes-Virusseuche. Gestütsleiter Hofrat Heinrich Lehrner, Tierarzt Schmehlik und alle Gestütsbediensteten sind praktisch rund um die Uhr im Rahmen eines aufopferungsvollen Einsatzes um die Rettung der bereits erkrankten Tiere bemüht. Das Gestüt wird sofort für Besucher geschlossen, wobei diese Schließung bis 16. Juli 1983 aufrecht bleibt. Die Nachricht über die Gefährdung der Lipizzanerzucht im weststeirischen Piber löst in der ganzen Welt eine Welle der Hilfsbereitschaft aus. Sogar US-Präsident Ronald Reagan, kurz zuvor mit dem Hengst *Maestoso Blanca* beschenkt, lässt seltene Präparate nach Piber übersenden. Im Rahmen der Seuchenbekämpfung wird von den zuständigen Bundesstellen in Wien in Erwägung gezogen, ein Ersatzgestüt außerhalb der Steiermark zu errichten oder die Lipizzaner sogar ganz aus Piber abzusiedeln. Als diese Vorschläge bekannt werden, setzen sich die zuständigen Politiker auf Bezirks- und Landesebene massiv zur Wehr, die Pferdeseuche von Piber wird sogar zum Wahlkampfthema. Erst Mitte Juli ist die Gefahr für die Lipizzanerherde in Piber endgültig gebannt. Nur wenig später, am 25. Juli 1983, bricht im Gestüt ein Großbrand aus und vernichtet einen Stall. In der Folge wird das Gestüt aufwendig renoviert und die Zuchtbasis der Herde vergrößert. Das Bundesgestüt zählt heute nach wie vor zu den touristischen Highlights der Steiermark, weist jährlich über 100.000 Besucher auf und beherbergt 2003 die Landesausstellung "Mythos Pferd".

Eine große Touristenattraktion: die Lipizzaner von Piber

27. März 1958

Die steirische Grenzlandförderung beginnt

Die Steiermark ist 1919 durch die Grenzziehung nach dem Friedensvertrag von Saint Germain bereits um das mit dem Mutterland über Jahrhunderte verbundene Unterland gekommen. Alte, gewachsene Wirtschaftsbeziehungen werden in der Zwischenkriegszeit nur mühsam aufrechterhalten. Das innerösterreichische Verkehrsdreieck Bruck an der Mur – Marburg – Villach ist damit aber endgültig Geschichte; wichtige Verkehrsverbindungen über Radkersburg in den Südosten Europas verlieren rasch an Bedeutung. Die Bezirksstädte als Zentren des Handels verarmen, die Grenzbezirke Deutschlandsberg, Leibnitz, Radkersburg und Feldbach werden damit schon in den 1920er- und 1930er-Jahren zu wirtschaftlichen Sorgenkindern der Landesverwaltung.

Nach 1945 wird diese ohnedies bereits schwierige Situation durch die beinahe hermetisch geschlossenen Grenzen zu Ungarn und Jugoslawien noch verschlimmert. Die schweren Schäden, die während der letzten Kriegsmonate entstehen, als die Ost- und Südoststeiermark direktes Frontgebiet sind, tun ein Übriges dazu, dass nach 1945 eine regelrechte Abwanderungswelle in diesen Regionen einsetzt. Die Steiermärkische Landesregierung bleibt indessen nicht untätig. Bereits im Dezember 1957 werden auf Antrag des Landtags umfassende konkrete Förderungsmaßnahmen beschlossen, die ab dem 27. März 1958 im Rahmen der „Grenzlandförderung" auch tatsächlich umgesetzt

Wichtige Impulse für die Wirtschaft der östlichen und südlichen Steiermark

werden. Für Betriebsansiedlungen gibt es Erleichterungen und Kredite zu besonders günstigen Konditionen und im Landesvoranschlag des Jahres 1958 sind erstmals namhafte Beträge für die gezielte Förderung von Infrastrukturprojekten in dieser Region vorgesehen. Diese betreffen die Wirtschaft ebenso wie den Ausbau des Fremdenverkehrs oder die Verkehrssituation. Dieser erste Wirtschaftsimpuls durch die Grenzlandförderung wird durch den zweiten kräftigen Impuls im Rahmen des Thermenausbaus ab Mitte der 1970er-Jahre abgelöst, die Ost- und Südoststeiermark sind heute blühende, über die Grenzen des Bundeslands hinaus bekannte Tourismusregionen.

Dr. mult. Udo Illig bekleidet ab 1945 als Landesrat ein „Monsterreferat", das unter anderem auch den Bereich „Fremdenverkehr" umfasst. Die Steiermark ist ein Fremdenverkehrsland mit Tradition und daran möchte man auch nach dem Ende des Zweiten Weltkriegs anschließen. Dazu gesellt sich sie Tatsache, dass seit 1948 ERP-Mittel aus dem „Marshallplan" für den Wiederaufbau des Fremdenverkehrs verfügbar sind, die es abzuholen gilt. Illig versteht die Zeichen der Zeit, kennt das Land und jene Ziele, die sich für Ausflüge und den Fremdenverkehr lohnen, und er will die Modernisierung auf diesem Gebiet in Gang bringen. Aus diesem Grund treibt er auch den bewussten Ausbau der Seilbahnen und Sessellifte im Land voran. Den Anfang macht bereits 1947 ein einfacher Sessellift auf den Ganzstein bei Mürzzuschlag, der jedoch schon 1954 wieder eingestellt wird. Die erste Gondelbahn des Landes fährt auf den Grazer Hausberg, den 1.445 Meter hohen Schöckl. Sie wird im Laufe des Jahres 1950 in nur zehn Monaten Bauzeit errichtet und verschafft der ganzen Region einen kräftigen Aufschwung. Ihre Eröffnung am 29. März 1951 in Anwesenheit von Bundeskanzler Leopold Figl wird von den Medien als *ein für die ganze Steiermark bedeutsames Ereignis* gefeiert. Schon bei der Eröffnung spricht man von der Errichtung eines weiteren Lifts auf der Nordseite des Berges nach Semriach und der Erbauung eines eigenen Alpenhotels. Man ist stolz auf seine Leistungen. Die technischen Daten der Seilbahn können sich sehen lassen: Mit 2.060 Metern schräger Länge werden in 14 Minuten 656 Höhenmeter überwunden; im Jahr 1954 werden bereits über 100.000 Gäste befördert.

Die erste Gondelbahn der Steiermark

Die Errichtung des Schöckl-Nordlifts im Jahr 1952, eröffnet im Jänner 1953, macht dann eine besondere Touristenattraktion möglich: Grazer und Graz-Touristen können mit Bus oder Bahn nach Peggau fahren, dann die Lurgrotte bis Semriach durchwandern, von Semrich zum Nordlift gehen, auf den Schöckl fahren und von dort entweder zu Fuß oder mit der Schöcklseilbahn in den Kurort St. Radegund gelangen, von wo sie der Postbus wieder nach Graz bringt. Eine erlebnisorientierte Tagestour für Anspruchsvolle mit mehreren Höhepunkten. Erst die Zerstörung der durchgängigen Begehbarkeit der Lurgrotte durch ein Hochwasser während der 1970er-Jahre setzt diesem beliebten Ausflug ein Ende.

Die Schöcklseilbahn-Bergstation auf einer Ansichtskarte aus dem Jahr 1955

30. März 1921
Die STEWEAG wird gegründet

Die Errichtung der gemischtwirtschaftlichen Landesgesellschaft zur Energieversorgung, aus der schließlich 1921 die STEWEAG hervorgeht, wird forciert, seit 1919 klar wird, dass die großen Draukraftwerke für das Land Steiermark verloren gehen werden. Die „Vorbereitung des Ausbaues der steirischen Wasserkräfte Ges. m. b. H.", gegründet am 18. Juli 1919, geht aus einem bereits Anfang 1918 durch die autonome Landesverwaltung der Steiermark und die steirische Industrie gebildeten Konsortium hervor, das auf die Gründung einer gemischten Gesellschaft, eben der späteren STEWEAG, hinarbeite. Die Tätigkeit dieser am 20. September 1919 ins Handelsregister eingetragenen Gesellschaft umfasst alle notwendigen Vorarbeiten für die Gründung der späteren STEWEAG: die Beschaffung entsprechender Bauprojekte sowie die erste Einleitung von Finanzierungsverhandlungen. Die Konstituierung der STEWEAG erfolgt schließlich mit der Übertragung aller erworbenen Konzessionen, der Ausfolgung des gesamten technischen Materials, der Übernahme des administrativen Apparats sowie aller Aktiva und Passiva am 30. März 1921.

Die Finanzierung der neuen Gesellschaft basiert auf Ing. Richard Hofbauers 1921 edierter Denkschrift „Das steirische Großkraftwerksunternehmen". Verhandlungen werden vorerst mit der „Anglo-Österreichischen Bank" geführt, dieser schließen sich rasch die „Österreichische Bodenkredit-Anstalt" und der „Wiener Bankverein" an. Im September 1921 bildet sich als Folge dieser Verhandlungen ein Syndikat

Das Kraftwerk Arnstein in der Weststeiermark ist das älteste der STEWEAG

Der größte steirische Energieversorger entsteht

aller österreichischen Großbanken unter der Führung der drei genannten Banken sowie der „Österreichischen Länderbank" und der „Bank- und Wechselstuben-Aktiengesellschaft Merkur". Die STEWEAG und ihr Vorläufer setzen sich bereits 1920 ein ehrgeiziges Ziel: aufwendige Großprojekte im ganzen Land. Geplant sind 1921 insgesamt fünfzehn STEWEAG-Kraftwerke. Gleichzeitig soll ein umfassendes Leitungsnetz errichtet werden, das einerseits von Werndorf unter Einbindung der weststeirischen Werke beim Umspannwerk Graz-Süd über das Mur- und Mürztal bis Wien führt. Von Bruck soll eine weitere Leitung über Judenburg und das Pölstal nach Trieben und ins Ennstal führen, von Schladming ausgehend durch das Ennstal nach Niederösterreich und Wien. Schließlich ist noch beabsichtigt, eine Leitung von Leoben über Eisenerz nach Hieflau zu errichten. So wird bereits bei der Gründung 1921 in groben Zügen jener Masterplan festgelegt, der in den kommenden 60 Jahren aus ökologischen Gründen mit Abstrichen zur Umsetzung gelangt.

65

Eingefleischte Sturm-Fans mögen an dieser Stelle verzeihen. Natürlich nennt sich jene lose Truppe, die seit dem 1. Mai 1909 regelmäßig Fußball spielt, nach dem Vorbild des kurz zuvor in Graz gastierenden Prager Ballclubs DBC Sturm Prag auch selbst „Sturm", und darauf bezieht sich auch das „faktische" Gründungsdatum in der offiziellen Vereinsgeschichte. Die Legende will allerdings wissen, dass jener 1. Mai, an dem man sich in der Grazer Pestalozzistraße im Gasthaus „Schafzahl" zur Gründung trifft, ein sehr stürmischer Tag ist, was zur Namensfindung maßgeblich beiträgt. Und wenn man es genau nimmt, müsste man die Vereinsgeschichte sogar bereits 1907 beginnen lassen, als sich einige sportbegeisterte Schüler und Studenten im Augartenpark zusammenfinden und unter der Leitung des Schülers Franz Longin und des Studenten Karl Assmann als „Assam del Negro" oder „Longino" erfolgreich erste Matches austragen. Aber rechtlich gesehen ist es der 31. März 1912, an dem die statutengemäße Gründung des „Grazer Fußballclub Sturm" im Hotel „Goldene Birn" vor sich geht und der damit rechtlich als „offizielles Gründungsdatum" gilt. Allererster „Präsident" des Vereins ist seit 1909 der

Der wichtigste steirische Traditionsfußballclub entsteht

Student Karl Assmann, der auf eine kleine Gemeinschaft von Schülern im Alter von 16 bis 18 Jahren zählen kann. Erster offizieller Obmann ist dann Ing. Franz Longin, erster Kapitän Franz Schönbacher.

Am 4. November 1909 findet jenes Spiel gegen die Grazer Sportvereinigung statt, dem „Sturm" die erste überlieferte mediale Präsenz verdankt. Dieses Spiel endet mit einem 3:3 unentschieden. Doch bald wird Sturm von sich reden machen. Die erste Amateurmeisterschaft des Deutsch-Alpenländischen Fußballverbandes entscheidet die Mannschaft in der Saison 1912/1913 für sich, ebenso die Meisterschaft 1913/1914. Als Sturm dann noch gegen den Grazer Erzrivalen GAK im Jahr 1914 ein 0:0 erzielt, wird der Verein mit der Zuerkennung der Erstklassigkeit belohnt. Für die offizielle Gültigkeit fordert der „Österreichische Fußballverband" jedoch ein Spiel gegen einen Wiener Profiverein, und dieses Spiel unterbleibt wegen des Ausbruchs des Ersten Weltkrieges. Die Erstklassigkeit erreicht man allerdings bald nach dessen Ende und seitdem erlebt der „SK Sturm Graz" – bei allen Hochs und Tiefs – eine Erfolgsgeschichte. Da sollte es egal sein, ob diese 1907, am 1. Mai 1909 oder erst am 31. März 1912 offiziell beginnt.

April

Jänner 1585 • Die Grazer Universität wird gegründet | 4. Jänner 1974 • Die Einführung des Pickerls
eier Tag" | 6. Jänner 1497 • Die Juden werden aus der Steiermark vertrieben | 8. Jänner 1819
sikschule des „Steiermärkischen Musikvereins" wird offiziell anerkannt | 11. Jänner 1782 • Graz wi
enen Stadt" erklärt | 15. Jänner 1959 • Konstituierende Versammlung des FORUM STADTPARK | 17.
1856 • Die Grazer Tagespost erscheint erstmals | 21. Jänner 1988 • Der Noricum-Skandal wird öffen
4. Jänner 1945 • Heinrich Dalla Rosa wird hingerichtet | Jänner 1919 • Der „Marburger Blutson
9. Jänner 1978 • Sepp Walcher wird ... meister | 30. Jänner 2002: Die Fotografin
rath stirbt | 1. Februar 1835 • Der Domherr und Politiker Alois Karlon wird geboren | 5. Februar 19
Bombenattentat von Oberwart verändert die steirische Zeitgeschichte | 8. Februar 1924 • Die Lawin
rophe von Hieflau | 12.–14. Februar 1934 • Bürgerkrieg im Land | 15. Februar 1975 • Massenkündigu
Wirtschaftswunderland | 16. Februar 1903 • Landeshauptmann Josef Krainer senior wird geboren
ruar 1973 • Der Plabutschtunnel führt zur bürgerlichen Mehrheit in Graz | 26. Februar 1965 • Spaten
den steirischen Abschnitt der Südautobahn Graz – Gleisdorf | 1. März 1807 • Jožef Muršec wird gebo
–16. März 1848 • Die Revolution in Graz beginnt | 17. März 1689 • Erdäpfel für die Steiermark
65 • In Graz entsteht die erste Freiwillige Feuerwehr des Landes | 26. März 1983 • Großes Lipizzane
• 31. März 1912 • Die offizielle Gründung des SK Sturm geht über die Bühne | 1. April 1822 • Er
ann erwirbt das Vordernberger Radwerk | 2. April 1945 • Graz wird mit Phosphorbomben angegriffen
il 1000 • Eine Königsschenkung als Meilenstein in der Landwerdung der Steiermark | 26. April 1848
tische Verein „Slovenija" wird gegründet | 29. April 1608 • Erzherzogin Maria von Innerösterreich stir
1890 • Feiern zum 1. Mai in der Steiermark | 2. Mai 1864 • Die „Steirische Gemeinde-Ordnung" wi
sen | 10. Mai 1834 • Der Kurort Bad Gleichenberg wird gegründet | 11. Mai 1919 • In den steiermärkis
dtag ziehen die ersten drei Frauen ein | 19. Mai 1892 • Die Pichler-Werke gehen in Betrieb | 2. Juni
ie weltweit erste Postrakete startet vom Schöckl | 11. Juni 1872 • Die Gründung der „Welt-Schuhfa
t neue Maßstäbe | 23. Juni 1984 • In Graz kommt das erste „Retortenbaby" zur Welt | 28. Juni 1914
sschüsse von Sarajewo | 3. Juli 1929 • Das „Dachsteinlied" wird zur steirischen Landeshymne | 16
8 • Der „Schladminger Bergbrief" wird erlassen | 17. Juli 1854 • Die Semmeringbahn wird eröffnet
1905 • Sechs Kinder und Jugendliche gleichzeitig vom Blitz erschlagen | 29. Juli 1984 • S.T.S. erre
„Fürstenfeld" Platz 1 der Ö3-Hitparade | 31. Juli 1843 • Peter K. Rosegger wird geboren | 2. August 1
Kapfenberger Hexenprozesse | 14. August 1992: Das steirische Kürbiskernöl ist geschützt! | 19. A
9 • Die Erstbesteigung des Dachsteins | 29. August 1959 • Der Schatz im Toplitzsee wird gehobe
tember 1939 • Der Zweite Weltkrieg beginnt | 5. September 1970 • Jochen Rindt verunglückt in M
2.–13. Sept. 1931 • Der „Pfrimerputsch" des „Steirischen Heimatschutzes" | 16. September 1899
zer Oper wird eröffnet | 30. September 1906 • Die erste Grazer Herbstmesse wird eröffnet | 5. Ok
3 • Die ersten Jesuiten lassen sich in Graz nieder | 12. Oktober 1910 • Die Wechselbahn wird eröff
Oktober 1625 • Die „Innerberger Hauptgewerkschaft" wird gegründet | 21. Oktober 1844 • Die Bah
zzuschlag – Graz wird eröffnet | 1. November 1827 • Der Wallfahrtsort Mariazell brennt | 5. Novembe
8 • Der Höhepunkt der Pockenepidemie in Leoben | 10. November 1938 • Die „Reichspogromnac
Steiermark | 25. November 1894 • Die Grazer Schlossbergbahn wird eröffnet | 26. November 1811
zer Joanneum wird gegründet | 1. Dezember 1671 • Erasmus Graf Tattenbach wird in Graz hinge
Dezember 1850: Alexander Girardi wird geboren | 8. Dezember 1866 • Der „Wunderdoktor" Hölle
geboren | 9. Dezember 1905 • Oktavia Aigner-Rollett wird zur Ärztin promoviert | 14. Dezember
Bahnstrecke Weiz – Birkfeld wird eröffnet | 16. Dezember 1931 • Die Folgen des „Pfrimerputsches"
ststeiermark | 24. Dezember 1823 • Das „Grazer Landständische Theater" brennt | 31. Dezem

1. April 1822

Erzherzog Johann erwirbt das Vordernberger Radwerk

Schon seit seiner legendären Englandreise 1814/15 weiß Erzherzog Johann, wie man im Montanwesen agieren muss, um erfolgreich zu sein. Deshalb kennt er auch die Schwächen des völlig veralteten steirischen Eisenwesens nur zu genau und schätzt auch die Möglichkeiten und Kapazitäten, die in ihm schlummern, richtig ein. Um einen Beitrag zur Modernisierung leisten zu können, erwirbt Johann am 1. April 1822 vom Gewerken Alois Prandstetter das ehemalige „Stampfer'sche Gewerkenhaus" in Vordernberg, damit verbunden das Vordernberger Radwerk II sowie die dazu gehörenden Realitäten im Ort und am Erzberg selbst, darunter auch mehrere Eisengruben und Waldbesitz. Erzherzog Johann ist damit in den Kreis der steirischen Gewerken eingetreten, und – was noch wichtiger erscheint – er hat damit die Möglichkeit, direkt in das Geschehen einzugreifen, mit gutem Beispiel voranzugehen und zu lenken. Nicht nur, dass seit 1823 Johanns spätere Frau, die Ausseer Postmeisterstochter Anna Plochl,

Die letzte Blüte des obersteirischen Eisenwesens

hier in Vordernberg als seine „Hausfrau" die Wirtschaft des Herrenhauses dirigiert: Mit dem Eintritt in den Vordenberger Gewerkenstand bringt Johann im selben Jahr auch die inaktive „Vordernberger Radmeister-Kommunität" wieder auf Trab. Der Erzabbau und die Erzbeförderung nach Vordernberg werden nun gebündelt, modernisiert und die Kosten um 40 Prozent reduziert, was freies Kapital für andere, notwendige Investitionen bedeutet. Vom Erzberg bis Vordernberg wird 1835 eine eigene Schienenbeförderungsanlage für Erze errichtet, und bereits 1827 ersteht die „Communität der Staatsherrschaft Göss" mit ihren ausgedehnten Waldungen, um die Brennstoffbasis für die Hüttenwerke abzusichern. Das Vordernberger Eisenwesen erlebt durch das Engagement des Erzherzogs eine letzte, enorme Blütephase, die der ganzen Obersteiermark guttut. Rund 35 Jahre sollte diese Phase anhalten und erst kurz nach dem Tod Erzherzog Johanns in einer allgemeinen Stahl- und Eisenkrise enden, die aber nicht selbst verschuldet war.

68   *Die Vordernberger Radwerke um 1830*

2. April 1945

Graz wird mit Phosphorbomben angegriffen

Die Kriegsfurie wütet am Ende des Zweiten Weltkrieges noch einmal besonders. Der Krieg ist für das Deutsche Reich längst verloren, die Alliierten wollen das Ende so rasch wie möglich herbeiführen. Man setzt zu letzten großen Bombardements der Städte im Reichsgebiet an. So findet die fatale Bombardierung Dresdens mit Phosphorbomben vom 13. bis 15. Februar statt. Am 2. April 1945, als die Sowjettruppen in der Oststeiermark bereits auf steirischem Boden stehen, soll durch ein letztes, schweres Bombardement der Stadt Graz zwischen 12:30 und 13:30 Uhr auch hier das Ende beschleunigt werden. Wie bereits zwei Tage zuvor, am Karsamstag, werden auch nun an diesem Ostermontag wieder Phosphorbomben auf Graz abgeworfen, was die Verheerungen des vorigen Angriffs noch massiv verstärkt. Und wie am Karsamstag wird man auch an diesem Ostermontag am Abend bis zu 50 Kilometer von der Stadt entfernt

Das letzte schwere Bombardement der Stadt

in den gebirgigen Umlandgemeinden den Feuerschein der brennenden Stadt wahrnehmen können. An diesem letzten schweren Bombentag in der Steiermark werden auch Bombenabwürfe und Luftangriffe aus den Gemeinden St. Georgen an der Stiefing, Seggauberg, Weitendorf, Klein Stübing, Obdach, St. Oswald bei Zeiring, Wildon, Lannach, Retznei, Raaba, Wildon, Pölfing-Brunn, Karbach, Glanz, Gasselberg, Gaisfeld, Wagna, Stallhofen, Zeltweg (das ebenso schwer getroffen wird), Allerheiligen im Mürztal, Aichegg, Leitring und Untergroßau gemeldet. Außerhalb von Graz werden über 190 Gebäude zerstört oder beschädigt, mindestens sechs Menschen finden den Tod, mindestens acht weitere werden zum Teil schwer verletzt, an den Eisenbahnanlagen entstehen bedeutende Schäden. Im Graz selbst, wo vor allem der Bahnhofsbereich und die umliegenden Wohnviertel getroffen werden, verlieren an diesem Tag insgesamt 95 Menschen ihr Leben.

Alles beginnt mit dem Tod des letzten Babenbergers, Friedrich II. des Streitbaren, am 15. Juni 1246 in der Schlacht an der Leitha. Um das herrscherlos gewordene Territorium, und damit auch um das Herzogtum Steiermark, streiten vor allem zwei königliche Nachbarn: Der ungarische König Béla IV. und der böhmische König Ottokar Přemysl sind es, die ihre Einflussbereiche und Reiche vergrößern wollen. Ottokar träumt gar von einem böhmischen Reich, das von der Ostsee bis an die Adria reicht. Der 22-Jährige hat im Frühjahr 1252 die Schwester des letzten Babenbergers, die 47 Jahre alte Margarethe, geheiratet, der steirische Adel des Traungaues und des Pittner Raumes östlich von Wechsel und Semmering neigt auch dem Böhmen zu. König Béla wiederum bemüht sich offen um die steirische Herzogswürde, um sie anschließend dem befreundeten Fürsten von Halitsch-Wolhynien zu übertragen. Dieser wiederum ist mit der Erbnichte Friedrichs, Gertrud von Babenberg, verehelicht. Die beiden

Große territoriale Veränderungen für das Land

Könige geraten in der Folge im Jahr 1253 in Mähren aneinander, kriegerische Auseinandersetzungen greifen Platz und der Papst greift vermittelnd ein.

Der Friede von Ofen (der alte deutsche Name der ungarischen Stadt Buda) wird von Papst Innozenz IV. vermittelt und von Bischof Bruno von Olmütz finalisiert. Im gleichnamigen Friedensvertrag fallen die bis dahin steirischen Gebiete in der Pittner Mark, östlich und nordöstlich von Semmering und Wechsel, an den Böhmenkönig. Dieses Gebiet ist schon 1158 nach dem Tod Ekberts III. von Formbach-Pitten vor Mailand steirisch geworden. Auch der nördlich an die Steiermark anschließenden Traungau – das ursprüngliche Kerngebiet der Herrschaftsausübung der steirischen Otakare – fällt nun an König Ottokar Přemysl . Der Rest der Steiermark geht 1254 an König Béla von Ungarn. Damit sind seit dem 3. April 1254 jene nördlichen und nordöstlichen Grenzen der Steiermark gegen „Österreich" festgeschrieben, die heute noch Gültigkeit haben.

Es ist einer der unrühmlichsten Tage in der Geschichte der Steiermark. Seit Ende März 1945 werden Tausende ungarische Juden in Todesmärschen von der SS wie Viehherden durch die Steiermark nach Norden in Richtung Mauthausen getrieben. Sie bekommen tagelang nichts zu essen und zu trinken, sterben unterwegs vor Erschöpfung oder werden von den Aufsehern erschossen und erschlagen, wenn sie nicht mehr weiterkönnen. Entlang dem Murtal zwischen Graz und Bruck an der Mur finden sich ihre Gräber ebenso wie auf dem Passweg über das Gaberl in die Obersteiermark. Das allerschlimmste unter diesen Ereignissen findet jedoch am Präbichl zwischen Vordernberg und Eisenerz statt. Der Leobener Kreisleiter Otto Christandl, für die Durchführung der Transporte in seinem Kreis verantwortlich, gibt dem Führer des Eisenerzer „Volkssturms" Ludwig Krenn den Auftrag, einen Transport von 6.000 Juden auf dem Weg zwischen Präbichl und Hieflau vollständig zu eliminieren. Tatsächlich eröffnet der Eisenerzer „Volkssturm" am 7. April um 16 Uhr das Feuer auf die Juden, als diese am Präbichl ankommen. Nach einer Dreiviertelstunde liegen rund 200 von ihnen tot oder sterbend entlang des Weges. Sogar der SS-Begleitmannschaft ist das zu viel. Ein SS-Feldwebel rügt Krenn wegen seiner Vorgehensweise, der Eisenerzer Postenkommandant, SS-Hauptsturmführer Bilke, lässt Krenn sogar festnehmen; auf Befehl des Kreisleiters ist dieser aber nach 30 Minuten wieder auf freiem Fuß. Weitere 150 Juden erfrieren in der folgenden Nacht, als sie auf freiem Feld außerhalb von Ei-

Das Denkmal für die Opfer des Massakers am 7. April 1945 auf der Passhöhe des Präbichls mahnt eindrucksvoll, dass sich derartige Ereignisse niemals wieder ereignen dürfen.

senerz nächtigen müssen. In der Seeau am Leopoldsteinersee werden mindestens 250 Tote in fünf Massengräbern bestattet, vermutlich werden weitere Leichen auch verbrannt. Genaue Opferzahlen sind daher nicht bekannt. Im Frühjahr 1946 finden in Graz die von der britischen Besatzungsmacht angestrengten „Eisenerz-Prozesse" statt. Von den 18 Angeklagten, größtenteils Eisenerzer „Volkssturm"-Männer, werden zehn zum Tode verurteilt, darunter auch Kreisleiter Christandl. Vier werden zu Haftstrafen verurteilt und vier freigesprochen. Die Todesurteile werden am 21. Juni 1946 vollstreckt.

> **Über 200 Tote mahnen**

10. April 1938

Die „Anschluss"-Abstimmungen in der Steiermark

Am 13. März 1938 wird auch die Steiermark von der Deutschen Wehrmacht besetzt und dem Deutschen Reich angeschlossen. Sofort beginnt eine Propagandaschlacht ungeahnten Ausmaßes. Das Land möchte am 10. April bei der „Anschluss"-Abstimmung" ein besonders gutes Ergebnis erzielen. Am 24. März erfolgt der „Wahlkampfauftakt" durch den Wiener Gauleiter Josef Bürckel und von da an geht es „Schlag auf Schlag": Die Propaganda der Nationalsozialisten überschwemmt in Wort, Bild und Ton das Land; Adolf Hitler, Hermann Göring, Baldur von Schirach, Gauleiter Bürckel, der DAF-Führer Robert Ley, Reichsarbeitsführer Konstantin Hierl, Landwirtschaftsminister Walter Darré und andere Nazigrößen touren durch die Steiermark, um ihre Interessengruppen für den Anschluss zu begeistern. Der Spatenstich für die erste deutsche Jugendherberge in der „Ostmark" findet in Schardorf bei Trofaiach durch Baldur von Schirach selbst statt. Daraus entsteht noch 1938 das „Rheinlandhaus". So wird versucht, Macherqualitäten zu signalisieren und schon vor der Abstimmung unumstößliche Fakten zu schaffen. Bei der Volksabstimmung am 10. April selbst sind von 686.000 gesetzlich Wahlberechtigten nur 646.938 Menschen tatsächlich zur Wahl zugelassen, rund 39.000 sind als Regimegegner von Vornherein von der Wahl ausgeschlossen, darunter auch all jene Funktionäre des Ständestaates, die bereits am 13. März in „Schutzhaft" genommen wurden, um sie angeblich vor dem „Volkszorn" zu schützen.

Welcher Ort wird „Führergemeinde"?

Am Wahltag werden dann 645.332 gültige Stimmen abgegeben und von diesen lauten 644.510 oder 99,87 Prozent auf „Ja". Der Bezirk Hartberg hat mit 99,98 Prozent Ja-Stimmen das beste Ergebnis aufzuweisen, die Stadt Graz mit 99,65 Prozent das „schlechteste". Es gibt aber auch zahlreiche Gemeinden, in denen 100 Prozent der Stimmberechtigten für den „Anschluss" stimmen. Dabei handelt es sich meist um ganz kleine, bäuerliche Gemeinden. Im Bezirk Voitsberg ist ihre Zahl mit 51 von 62 Gemeinden besonders hoch. Auch jene Gemeinden im westlichen Ennstal, in denen Adolf Hitler schon 1932 zum Ehrenbürger gemacht wurde, erreichen ein Ergebnis von 100 Prozent. Diese Gemeinden werden mit der zweifelhaften Auszeichnung „Führergemeinden" versehen.

Die erste Preisprüfung zur „Wartingermedaille"

An diesem denkwürdigen 11. April des Jahres 1815 ist es so weit: Erstmals findet am Grazer Gymnasium eine öffentliche Prüfung aus vaterländischer steirischer Geschichte statt und anschließend werden die von Joseph Wartinger gestifteten Medaillen für die besten Schüler bei dieser Prüfung verteilt. Das Außergewöhnliche ist, dass diese Medaille noch knapp 200 Jahre später jedes Jahr vergeben wird, auch wenn die zuständige Politik im Land sie mittlerweile argwöhnisch beäugt und die finanzielle Unterstützung für dieses Unternehmen offiziell immer mehr infrage gestellt wird. Doch der „Historische Verein für Steiermark", dem die Aufrechterhaltung der Kenntnis der steirischen Geschichte ein wichtiges Anliegen ist, führt sowohl die Kurse als auch die Verleihung der Medaille weiter. Die Vorgeschichte zu diesem 11. April 1815 ist außergewöhnlich: Joseph Wartinger, geboren 1773 im weststeirischen Stainz, absolviert seine juridischen Studien in Graz, wird Hauslehrer beim späteren Minister Ferdinand von Thinnfeld und unterrichtet am Gymnasium in Marburg sowie am Lyzeum in Graz. 1812 tritt er in den Dienst der steirischen Stände und wird von Erzherzog Johann dazu berufen, von 1817 bis 1850 das an das Joanneum angeschlossene Archiv zu leiten. Schon 1814 verfasst Wartinger,

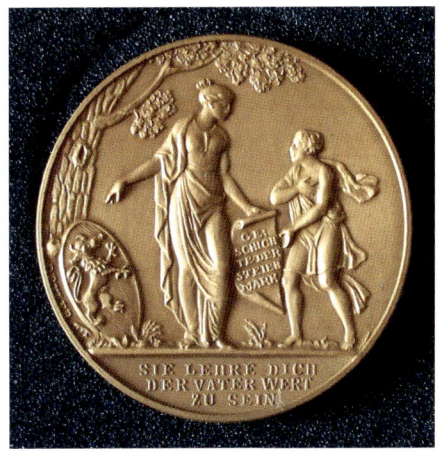

Frontseite der steirischen „Wartingermedaille"

erkennend, wie schlecht es um das Wissen der jungen Gymnasiasten rund um die steirische Geschichte bestellt ist, ein erstes Lehrbuch zur Geschichte des Landes. Dieses wird ein Bestseller und ein voller Erfolg. Aus dem Erlös

„Ehrt die Geschichte der Steiermark!"

dieses Buches und eigenen Mitteln stiftet Wartinger daraufhin eine Preismedaille für die Besten des Geschichtsunterrichts am Grazer Gymnasium. Später auf alle steirischen Gymnasien ausgedehnt, erfolgt unter Kulturlandesrat Hanns Koren um 1965 die Ausweitung auf die Hauptschulen des Landes sowie auf die Erwachsenenbildung. Seitdem haben Tausende Steirerinnen und Steirer die „Landeskundekurse" besucht, Prüfungen abgelegt und voller Stolz Wartingermedaillen erhalten.

12. April 1860

Brauereibesitzer Max Kober kauft Teile des Stiftes Göss

Die Geschichte des ehemaligen Stiftes Göss nach seiner Auflösung im Jahr 1782 ist eine, die sich nicht so rasch erzählen lässt. 1783 werden die Stiftsgebäude Sitz des ersten und einzigen Leobner Bischofs, Alexander Graf Engel zu Wagrain. 1798 beherbergen die Gebäude Napoleon. Die Besitzungen an Grund und Boden, so es sich um Dominikalland handelt, werden zunächst verstaatlicht und als Staatsherrschaft Göss im Jahr 1827 von der Vordernberger „Radmeister-Communität" erworben.

Dieser geht es vor allem um die großen Waldungen. Die ehemaligen Stiftsgebäude werden zum Teil abgetragen oder zu Wohnungen umgebaut, beherbergen die Verwaltung der Staatsherrschaft, später der „Radmeister-Communität" – oder sie verfallen. Einen kleinen Teil der Gebäude, insbesondere die Stiftskirche, übernimmt die Pfarre Göss in ihr Eigentum. Am 12. April

Die Geburtsstunde des Gösser-Biers

1860 verkauft die „Radmeister-Communität" einige Gebäude und Grundstücke im Raum Göss selbst an Max Kober, der hier seine „Gösser Brauerei" errichtet, wenn auch nicht ganz ohne Schwierigkeiten.

Kober ist gebürtiger Grazer, Sohn eines Baumeisters. Max wendet sich von der Baukunst ab und der Braukunst zu, arbeitet unter anderem in Schwechat und München und möchte, 29 Jahre alt geworden, in Leoben eine eigene Brauerei eröffnen. Hier, wo gerade die Industrialisierung um sich greift, meint er, einen großen Absatzmarkt vorzufinden. Aber in Leoben ist kein Brauhaus zu erwerben, der Zunftmeister verweist ihn auf die leer stehenden Gösser Stiftsgebäude, die Kober nach einem Nachmittag der Besichtigung tatsächlich kauft. Aber Kober hat noch keine Brauereigerechtsamen und kein Schankrecht. Die Gösser Gemeindeväter meinen, der Bedarf für eine neue Brauerei sei *durchaus nicht vorhanden,* das zuständige Bezirksamt sieht es freilich anders und mit Dekret vom 4. Dezember 1860 bekommt Kober Brauerei- und Schankgerechtsamen verliehen. 1892 ist die Bauerei Göss bereits die größte der 44 obersteirischen Bauereien, das Absatzgebiet reicht über die Alpenländer und das Küstenland bereits bis Ägypten und Kleinasien. 1893 wandelt Kober sein Unternehmen in eine Aktiengesellschaft um und bis zu seinem Tod am 7. Februar 1911 hat er die meisten anderen obersteirischen Brauereien vom Markt verdrängt oder gekauft. Der Weg für „Österreichs bestes Bier" ist geebnet.

Das Portal zur Brauerei Göss im Jahr 2014

13. April 1000

Eine Königsschenkung als Meilenstein in der Landwerdung der Steiermark

Diesmal ist das deutsche Quedlinburg Schauplatz des Geschehens. Kurz zuvor Stadt geworden, ist der alte Quedlinburger Königshof jener Ort, der immer zu Ostern vom Regenten aufgesucht wird. Vor diesem Hintergrund ist auch das Datum des 13. April für diesen bedeutenden Rechtsakt zu erklären. An diesem Tag ist es Kaiser Otto III., der einen Meilenstein für die weitere Entwicklung seines Reichs im Südosten setzt. Er schenkt dem Markgrafen Adalbero aus dem Geschlecht der Eppensteiner hundert königliche Huben in der „Provinz Kärnten", damit ist in diesem Fall ein Teil der heutigen Steiermark gemeint. Die Besitzungen betreffen rund zwei Drittel des späteren weststeirischen Bezirks Voitsberg. Adalbero ist seit etwa 995 Markgraf in diesem Gebiet und wird im Jahr 1012 auch die Kärntner Herzogswürde erhalten. Das liegt natürlich auch an seinem großen Grundbesitz und der damit verbundenen Macht.

Geschenkt wird das Land nach der damals üblichen „Pertinenzfomel" – mit allen Äckern, Wiesen und Weiden, Wäldern, dem Jagd- und Fischrecht, den Gewässern und Mühlen; sowie „mit allem was schon gefunden ist und noch gefunden werden wird", also mit Bodenschätzen. Mit dieser Schenkung kann Markgraf Adalbero eine Verbindung zwischen dem alten Familienbesitz rund um die Hengistburg bei Wildon und dem Familienbesitz rund um Judenburg herstellen. Gleichzeitig wird das neu geschenkte Land tatsächlich dazu beitragen, die Mark an der mittleren Mur, die Keimzelle der heutigen Steiermark, grundlegend dem Landesausbau zuzuführen und die Verkehrsverbindungen über die Berge in das alte Mutterland der Obersteiermark auszubauen. Diese laufen ja schon lange im Raum Piber zusammen.

Hundert Huben für die Eppensteiner

Die Schenkung dieser hundert Huben aus Königsgut wird aber auch die Basis für die spätere Machtstellung der Lambrechtischen Propstei Piber sein, von wo aus in der Folge das neue Land tatsächlich ausgebaut und seelsorgerisch betreut wird. Die meisten der Kirchen im Bezirk Voitsberg sind Filiationen der Mutterkirche in Piber. So wird an diesem 13. April 1000 im fernen Quedlinburg das weitere Schicksal des Landes in wichtige, über Jahrhunderte nachwirkende Bahnen gelenkt.

15. April 1945

Kapistran Pieller und Angelus Steinwender werden hingerichtet

In der Todeszelle des steirischen Pfarrers Heinrich Dalla Rosa ist ein weiterer Priester gefangen: der Franziskanerpater und Grazer Studentenseelsoger DDDr. Kapistran Pieller (geb. am 30.9.1891), ein gebürtiger Wiener, der 1909 in Graz zum Franziskanerorden findet. Von 1924 bis 1930 wirkt Pieller dann wieder in der Steiermark, unter anderem als Katechet an der Wielandschule und als Studentenseelsorger des „Kartellverbands". In diesen Jahren promoviert er aus Staatswissenschaften und aus Rechtswissenschaften. Vier Jahre verbringt Pieller in St. Pölten, kommt 1934 nach Graz zurück und promoviert hier noch aus Kirchengeschichte. In den Tagen der „Grazer Volkserhebung" ruft Pieller „seine" Studenten täglich dazu auf, ihren Prinzipien treu zu bleiben und im Kampf gegen die „nationalsozialistischen Neuheiden" nicht nachzulassen. 1940 nach Eisenstadt versetzt, setzt er seine Tätigkeit für die „Antifaschistische Freiheitsbewegung Österreichs" fort, wird im Sommer 1943 verhaftet und am 15. April 1945

Tod zweier Widerstandskämpfer kurz vor Kriegsende

hingerichtet. Am selben Tag, drei Wochen vor dem Ende des Dritten Reichs, wird auch der Franziskanerpater Dr. Angelus Steinwender hingerichtet. Er wird 1895 in Maria Lankowitz geboren und 1920 als Franziskaner zum Priester geweiht. Steinwender wirkt vor allem in St. Pölten und Wien. Am 6. Juli 1943 wird er von der GESTAPO verhaftet. Auch er gehört der „Antifaschistischen Freiheitsbewegung Österreichs" an und arbeitet mit Pater Pieller eng zusammen, gemeinsam werden Aufrufe hergestellt und verteilt.

Tragisch ist, dass das Urteil des Volksgerichtshofes bereits am 12. August 1944 feststeht. Bei Pater Steinwender lautet es auf „Vorbereitung zum Hochverrat und Feindbegünstigung". Die Verurteilten treten am 15. April 1945, zu zweit aneinander gekettet, ihren Leidensweg in Wien an und gehen über Stockerau nach Stein an der Donau und werden dort paarweise erschossen. Selbst die Fürsprache von Papst Pius XII. verhindert nicht, dass die Urteile noch so kurz vor Kriegsende vollstreckt werden.

Am 17. April 1589 wird dem evangelischen Prädikanten Martin Zeiller dem Älteren, seit dem Jahr 1553 hier aktiv, und seiner dritten Frau Apollonia im kleinen Bergdorf Ranten, nördlich von Murau in der Obersteiermark, um 7 Uhr abends Sohn Martin geboren. Mit der im April 1600 auch nach Ranten entsandten katholischen Religionskommission ist für Martin Zeiller und seine Familie die Zeit gekommen, das Land zu verlassen. Die Familie lässt sich daraufhin in Ulm nieder, wo der elf Jahre alte Martin junior das Gymnasium besucht. Dies ist der Glücksfall für den Sohn des obersteirischen Pastors. In der offenen Weltstadt kann er sich eine umfassende Wissensbasis aneignen. 1608 beginnt er ein Studium in Wittenberg, wo er sich vor allem mit Geschichte und Rechtswissenschaft befasst. 1612 schließt er diese Studien ab.

Danach arbeitet er zunächst als Hauslehrer für protestantische Adelsfamilien und als Notar, größtenteils in Linz. Aus dieser dritten Heimat wird er im Rahmen der Gegenreformation aber erneut vertrieben. Über Venedig kehrt Martin Zeiller nun nach Ulm zurück. Dort bekleidet er verschiedene Ämter im Schulwesen, unter anderem als Aufseher des Gymnasiums und ab 1643 als Inspektor der deutschen Schulen.

Zeiller ist einer der großen deutschsprachigen Gelehrten seiner Zeit, ein umfassend gebildeter barocker Polyhistor. Er verfasst nicht nur zahlreiche eigene Bücher und Schriften, sondern wird vor allem als Textautor der „Topographia Germaniae" Matthäus Merians bekannt,

Was wäre Merian ohne ihn gewesen?

für die er zwischen 1632 und 1658 arbeitet. Als Enzyklopädist verfasst Martin Zeiller 1653 das Werk „100 Dialogi oder Geschpräch von unterschiedlichen Sachen" und wird mit seinen diesbezüglichen Schriften der erster Vorläufer des späteren „Brockhaus". Einen Namen macht er sich aber auch als Übersetzer, Erzähler und Dichter. Nach einem reichen, erfüllten Gelehrtenleben verstirbt Martin Zeiller am 6. Oktober 1661 in Ulm.

Martin Zeiller, einer der großen steirischen Gelehrten des 17. Jahrhunderts, Ausschnitt aus einem zeitgenössischen Stich

18. April 1797

Der „Vorfriede von Leoben" wird geschlossen

Im Jahr 1797 ist es die Intention des „Général en chef" Napoleon Bonaparte, das gesamte österreichische Territorium zu erobern. Im März marschiert der damals erst 28-Jährige in Tirol und nach spektakulären weiteren militärischen Erfolgen in Innerösterreich ein. Die österreichische Armee zieht sich aus Oberitalien zurück und fügt den vorrückenden Franzosen bei Kämpfen am Tagliamento, am Isonzo, im Kanaltal, bei Tarvis, Friesach, Unzmarkt und Judenburg immerhin Verluste von rund 10.000 Mann zu. Die überdehnten Versorgungs- und Kurierwege schwächen die Lage der Franzosen zusätzlich. So nimmt

Napoleon in der Steiermark

Napoleon am 31. März 1797 mit seinem militärischen Gegenüber, Erzherzog Karl, Kontakt auf. Diese taktiert jedoch vorsichtig, da er zumindest den Semmering länger gegen die Franzosen zu halten gedenkt, um damit die Verlagerung der kaiserlichen Hauptmacht in den Raum Wien zu ermöglichen. Die Franzosen ziehen jedoch weiter in Richtung Leoben, und am 10. April trifft Napoleon im Stift Göss ein, wo er sein neues Quartier in den Räumen des Leobener Bischofs Engel von Wagrain bezieht. Dort lässt er sich von Bruck an der Mur aus mit Luxusgütern versorgen, darunter auch 24 Zitronen.

Am 15. April 1797 beginnen dann im in der Nähe gelegenen Leobener Gartenhaus des Radgewerken Josef Egger von Eggenwald jene Friedensverhandlungen, die am 18. April mit dem sogenannten „Vorfrieden von Leoben" enden, der am 17. Oktober zum „Frieden von Campoformio" führt. Napoleon verzichtet darin auf die Rheingrenze, die österreichischen Niederlande (das spätere Belgien) gehen gegen Entschädigung an Frankreich, Mailand und die Lombardei fallen ebenso an Frankreich. Österreich erhält im Gegenzug die von Napoleon eroberten italienischen Gebiete zwischen Oglio, Po und Adria, Istrien und Dalmatien. Außerdem verspricht Napoleon den Österreichern eine Kriegserklärung an die Republik Venedig.

An den „Vorfrieden von Leoben" erinnert heute noch ein Denkmal mit Friedensengel vor dem ehemaligen Gartenhaus der Familie Egger von Eggenwald.

Der Eggenwald'sche Pavillon, in dem der „Vorfriede von Leoben" unterfertigt wurde, beherbergte bis 2014 ein kleines, aber feines Museum.

Umweltbewusstsein ist, wie in vielen anderen Industriestaaten, auch in Österreich und in der Steiermark während der Jahre des sogenannten „Wirtschaftswunders" ein Minderheitenthema. Autowracks werden einfach auf Seitenwegen abgestellt, Müll in Geländemulden und Senken verbrannt und vergraben. Erst langsam, gegen Ende der 1970er-Jahre, setzt in den steirischen Gemeinden, ausgehend von engagierten Schulleitern und Gemeinderäten, ein langsames Umdenken ein.

Dass man mit unsachgemäß entsorgten Problemstoffen sogar größeren Schaden anrichten kann, wird vielen Menschen erst am Beginn der 1980er-Jahre leidvoll bewusst. Nicht alle im Land denken aber in diese Richtung.

Das beginnende Umweltbewusstsein setzt sich zur Wehr

So werden im Zuge von Bauarbeiten an einem Hochwasserdamm entlang eines Mühlgangs in Werndorf südlich von Graz am 19. April 1984 einige volle Eisenfässer gefunden, die unter anderem die gesundheitsschädlichen Substanzen Toluol und Xylol enthalten. Toluol verursacht sicher Nerven- und Nierenschschäden, Xylol ist wassergefährdend und verursacht Gedächtnis- und Orientierungsstörungen sowie Schwindel und Atemnot. Der Berg- und Naturwächter Franz Rosenball und Dr. Johann Gepp vom „Institut für Umweltwissenschaften und Naturschutz" zeigen den Skandal der Öffentlichkeit auf, woraufhin insgesamt 1.041 Fässer, die hochgiftige Chemikalienreste beinhalten, ausgegraben, geborgen und fachgerecht entsorgt werden müssen. Bei den Bergungsarbeiten, die von den beiden auch fotografisch und filmisch dokumentiert werden, kommt es nicht nur zu Einschüchterungsversuchen, sondern sogar zu Tätlichkeiten des Giftdamm-Errichters und seiner Frau gegen Rosenball und den Grazer Gemeinderat DI Günther Tischker.

Viele Menschen im Land sind empört, als sie von diesem Skandal erfahren und ihnen die Tragweite des Geschehens bewusst wird. Auch der steirische Naturschutzbund nimmt sich der Sache an. Der Werndorfer Chemiefässerskandal wird noch einmal hochgekocht, als im September desselben Jahres im Kaiserwald südlich von Graz ein ähnlicher Fund getätigt wird. Das Jahr 1984 macht so viele Menschen im Land erstmals wirklich sensibel für Umweltanliegen.

23. April 1471

Andreas Baumkircher wird enthauptet

Während Kaiser Friedrich III. im Spätherbst 1468 neuerlich nach Rom reist, um ein Gelübde zu erfüllen, sendet ein steirischer Adelsbund unter der Führung Andreas Baumkirchers, unzufrieden und persönlich betroffen durch das Verhalten des Kaisers in vielen Entscheidungen, einen Fehdebrief an die Regierung Friedrichs, die er in Wiener Neustadt zurückgelassen hat. 1469 beginnen die ersten Besetzungen landesfürstlichen Guts durch die Bündnisgenossen Baumkirchers. So werden etwa Hartberg, Fürstenfeld, Feldbach, Wildon, Marburg, Windisch Feistritz, der Markt Mürzzuschlag und mehrere landesfürstliche Burgen besetzt. Der Kaiser, inzwischen auf der Heimreise, schwört in Kärnten Rache, erobert das Baumkircher gehörende Schloss Katsch im Murtal und zieht, von einem steirisch-kärntnerischen Aufge-

Der Kaiser lässt einen unliebsamen Feldherrn beseitigen

bot unterstützt, durch das Mur- und Mürztal bis Mürzzuschlag. Dieses erobert er am 5. April 1469. Der Kaiser ruft böhmische Söldner unter der Führung Jan Holubs zur Hilfe. Eine böhmische Wagenburg wird im Juli 1469 bei Fürstenfeld von Baumkircher zerstört, in der Folge verwüsten seine Streifscharen den Raum von Graz bis Marburg und im Frühjahr 1470 die Weststeiermark von Tobel bis Schwanberg. Auf einem Ausschusslandtag der Länder Steiermark, Kärnten und Krain in Völkermarkt verhandelt Friedrich III. mit Baumkircher persönlich, ohne dass man sich allerdings einigen kann. Im April 1471 werden die Verhandlungen in Graz fortgesetzt. Der Kaiser lädt Baumkircher sowie seinen Mitstreiter und Verwandten Andreas Greisenegger für den 23. April nach Graz und sichert ihnen freies Geleit zu. In der Grazer Burg werden die beiden jedoch verhaftet, gefesselt und vor dem äußeren Murtor bei der Hauptbrücke ohne vorhergehende Gerichtsverhandlung um 7 Uhr abends enthauptet. Ihre Leichname werden noch in derselben Nacht im nahe gelegenen Minoritenkloster (heute Franziskanerkloster) begraben. Der Kaiser zieht das Vermögen seiner Gegner ein, die Söhne Baumkirchers setzten den Kampf von Ungarn aus noch geraume Zeit fort und fallen 1487 in die Oststeiermark ein, Hartberg und Vorau verwüstend. In der Steiermark selbst schafft sich Friedrich durch den offensichtlichen Rechtsbruch bei der Verhaftung und Hinrichtung Baumkirchers sowie durch die während der Fehde vorgefallenen Verwüstungen im Land keine Sympathien.

Andreas Baumkircher wird hingerichtet, Stich aus dem 17. Jahrhundert

25. April 1297
Landschreiber Abt Heinrich II. von Admont wird ermordet

Am 25. April 1297 findet das Leben des steirischen Landschreibers Abt Heinrich II. von Admont ein abruptes und gewaltsames Ende. Auf einem Ritt über den Lichtmessberg südlich des Stifts wird er aus dem Hinterhalt von einem tödlichen Pfeil getroffen, den Durring Grießer auf ihn abschießt. Durring ist ein ehemaliger Günstling Heinrichs, zuvor Burgverwalter auf der stiftischen Burg Gallenstein und mit der Nichte des Abts verheiratet. Damit findet ein bewegtes, spannendes steirisches Leben des Mittelalters einen gewaltsamen Abschluss. Heinrich wird als Sohn des großen Walpurgmaier, dem Besitzer eines dem Stift untertänigen Guts in St. Michael ob Leoben, geboren, tritt in das Kloster Admont ein und steigt rasch zum Spitalmeister und Verwalter der bedeutenden Klostergüter auf. 1273 – nach anderen Quellen 1275 – wird er zum Abt gewählt und kann in kurzer Zeit die Wirtschaft des Klosters sanieren. Dieses Talent bleibt auch dem neuen Landesfürsten Rudolf von Habsburg nicht verborgen, er macht ihn 1279 zum Landschreiber und damit zum obersten Finanzverwalter der Steiermark, 1286 wird Heinrich sogar Landeshauptmann.

Zunächst ein Parteigänger des Böhmenkönigs Ottokar, wird Heinrich begeisterter Anhänger der Habsburger und führt, obwohl militärisch nicht geschult, auch den steirischen Heerbann mit wechselndem Erfolg gegen die Ungarn und den Salzburger Erzbischof. Im Rahmen des steirischen Adelsaufstands steht Heinrich

Gotisches Glasfenster mit dem Bildnis Abt Heinrichs II.

an der Seite Albrechts von Habsburg, wird aber bald darauf von ihm seines Amtes als Landeshauptmann enthoben. Hier setzt sich der steirische Adel durch, der den „Pfaff" aus bäuerlicher Herkunft nie wirklich akzeptiert hat, schon gar nicht, als er durch das Anlegen eines Gesamtverzeichnisses der landesfürstlichen Güter danach trachtet, Ordnung in den Besitzungen im Land zu schaffen. Landschreiber bleibt Heinrich aber trotzdem. Der Mord an ihm ist allerdings nicht politisch motiviert, sondern vielmehr die die private Rache Grießers, verübt aus dem Gefühl persönlicher Zurücksetzung durch den Entzug der Gallensteiner Burghut.

Einer der wichtigsten steirischen Würdenträger fällt einem Meuchelmord zum Opfer

81

26. April 1848

Der politische Verein „Slovenija" wird gegründet

Die Revolution des Jahres 1848 bringt in der sprachlich und kulturell zweigeteilten Steiermark auch den Nationalismus zu einer ersten Blüte – und setzt damit auch eine für das Land unheilvolle Entwicklung in Gang. Die Deutschtümelei in der „Grazer Akademischen Legion" führt dazu, dass schon am 15. Mai 1848 die slowenischen Studenten aus der „Akademischen Legion" wieder austreten. Sie sind es müde, ständig damit konfrontiert zu sein, dass nur die deutschsprachigen Studierenden, basierend auf der Entwicklung der Burschenschaften „im Reich", die Legitimation besitzen sollen, politische Veränderungen herbeizuführen und zu tragen, während sie als „zweitklassig" abqualifiziert werden. France Prešeren drückt es mit den bitteren Worten

Graz als Zentrum des slowenischen Nationalismus

aus: *„Deutsch sprechen nur die Herren hierzulande, slowenisch, die, so sind vom Dienerstande."*

Als Reaktion auf die Deutschtümelei gründen ihrerseits slowenischstämmige Studenten der Grazer Universität und der Grazer Technischen Hochschule bereits am 26. April 1848, also noch vor dem Austritt, die Grazer Vereinigung „Slovenija". Die Gründung steht unter der Ägide des slowenischstämmigen Theologen, Linguisten und Philologen Jošef Muršec, der sich als Sekretär des Vereins von Graz aus für die Verwirklichung des slowenischen Nationalgedankens einsetzt.

Die Vertreter der Vereinigung „Slovenija" nehmen auch am „Prager Slawenkongress" im Juni 1848 teil, darunter der Literat Stanko Vraz. Auch wenn die Grazer „Slovenija" bereits im Jahr 1850 wieder aufgelöst wird, gilt sie doch als Keimzelle aller späteren in Graz entstanden slowenischen Studentenvereinigungen. Der während der Märzrevolution des Jahres 1848 einmal gesetzte Keil des Nationalismus wird in den kommenden Jahrzehnten von beiden Seiten immer weiter getrieben werden, mit allen negativen Folgen für das Land.

France Prešeren war einer der wichtigsten slowenischen Dichter des frühen 19. Jahrhunderts und wurde auch von den Grazer slowenischen Studenten geschätzt.

Maria Anna von Österreich wird am 21. März 1551 in München als Tochter des Wittelsbachers Herzog Albrecht V. von Bayern geboren und im Jahr 1571 mit ihrem Onkel Erzherzog Karl II. von Innerösterreich verheiratet. In der Position der Gattin des Landesfürsten nimmt sie – und über sie auch ihre katholischen Brüder – massiven Einfluss auf das politische Leben sowie die gewaltsame Rekatholisierung im Land. So unterstützt sie unter anderem die Ansiedelung der Jesuiten in Graz und die Gründung der Grazer Universität, die den Jesuiten überantwortet wird.

Sie ist der Motor der Gegenreformation im Land

Nach dem Tod ihres Gemahls im Jahr 1590 widmet sich Maria daneben vor allem der Erziehung ihrer 15 Kinder, unter anderem des späteren römisch-deutschen Kaisers Ferdinand II. und der späteren Königin Margarete von Spanien und Portugal. Sie ist damit an einflussreichster Stelle der eigentliche Motor der Rekatholisierung im Land und steht auch hinter allen religionspolitischen Entscheidungen ihres Sohnes Ferdinand, dessen strikte Haltung den Protestanten gegenüber das Land ab dem Jahr 1600 grundlegend umgestaltet. Maria fördert aber auch das katholisch-religiöse Leben in der Residenzstadt, hat ein besonderes Naheverhältnis zur Kirche in Strassgang südlich von Graz und gründet im Jahr 1602 anstelle der aufgehobenen Grazer evangelischen Stiftsschule im Paradeis das Klarissenkloster im Paradeis. Maria selbst legt gegen Ende ihres Lebens das Klarissengelübde ab, tritt wenige Tage vor ihrem Tod in das Kloster im Paradeis ein und verstirbt dort am 29. April 1608.

Erzherzogin Maria auf dem Totenbett, Gemälde von Giovanni Pietro de Pomis

Mai

1. Mai 1890

Feiern zum 1. Mai in der Steiermark

Im Juli 1889 ist Paris Schauplatz des „Internationalen Arbeiterkongresses", aus dem dann die „Zweite Internationale" entsteht. Damals wird festgelegt, dass der 1. Mai 1890 als Weltfeiertag des Proletariats, verbunden mit Demonstrationen zur Forderung des Achtstundentages, weltweit zu begehen sei. Im Vorfeld dieses 1. Mai 1890 stehen auch in der Steiermark Befürchtungen im Raum, es werde zu Demonstrationen und Ausschreitungen kommen. Man verstärkt vielerorts die Gendarmerieposten und verlegt Militär in die Arbeiterorte des steirischen Oberlandes. Man befürchtet Unruhen in Bruck an der Mur, Wartberg und Mürzzuschlag, auch in Graz selbst; alle richten die Augen aber auf Donawitz bei Leoben. Dort soll nicht gearbeitet werden, so viel steht fest. Mehrere Firmeninhaber geben ihren Arbeitern von sich aus frei, zum Beispiel der Hammergewerke Carl Nier-

Befürchtete Unruhen bleiben aus

haus in Mürzzuschlag oder die Gewerkin Ludowika Zang in Voitsberg. Im Brucker Raum feiern die Arbeiter mit Erlaubnis der Werksleitungen, in manchen Fabriken auch ohne Erlaubnis. In Donawitz ziehen zweitausend Arbeiter mit der städtischen Musikkapelle nach Niklasdorf, und das in vollster Ruhe und Ordnung.

In Graz ist feldmäßig ausgerüstetes Militär auf den Straßen zu sehen, öffentliche Gebäude werden bewacht, es bleibt im Stadtgebiet aber ruhig. Dafür finden in den großen Brauereiwirtschaften am Stadtrand Versammlungen mit bis zu 1.500 Zuhörern statt, auf denen der Achtstundentag gefordert wird. Auch Peter Rosegger ist unter den Zaungästen und wird später darüber berichten. Im weststeirischen Glas- und Kohlerevier rund um Köflach und Voitsberg sind es angeblich rund 7.000 Arbeiter, die den 1. Mai feierlich begehen. Nur in der Voitsberger Pappenfabrik, im Schraubenwerk Gradenberg und im Eisenwerk Pichling wird gearbeitet. Auch hier kommt es zu keinen Zwischenfällen. Allgemein zeigt sich: In den meisten Fabriken geht der Betrieb ganz normal weiter, manche Firmeninhaber und Gewerken geben ihrer Arbeiterschaft den Tag von sich aus frei, und in den anderen Orten feiern jene, die gerade nicht arbeiten müssen, zumeist mit Frauen und Kindern. Insgesamt bleibt es aber ruhig im Land, wie überall in Österreich. Der 1. Mai wird erst 1933 offizieller Staatsfeiertag, aber nach den Erfahrungen des Jahres 1890 wird der Tag schon vorher weiterhin jährlich feierlich begangen.

Erinnerungsnadel an den ersten Maiaufmarsch 1890

Die „Steirische Gemeinde-Ordnung" wird erlassen

Nach der Revolution des Jahres 1848 entstehen 1850 auch in der Steiermark die Freien Ortsgemeinden, die noch im selben Jahr einen ersten Bürgermeister und Gemeindeausschuss wählen. Der Neoabsolutismus macht diese demokratischen Errungenschaften aber bald zunichte. Erst mit den neuen Verfassungen der frühen 1860er-Jahre tritt wieder eine Änderung zum Positiven ein. Nun, am 2. Mai 1864, werden per Gesetz auch die neue Gemeinde-Ordnung und Gemeinde-Wahlordnung für das Herzogtum Steiermark gültig, wobei dieses Gesetz von Kaiser Franz Joseph, von Erzherzog Rainer, Staatsminister Schmerling und vom Rechnungshof-Vizepräsidenten Freiherr von Ransonnet unterzeichnet wird. Dieses Gesetz ist sehr modern und ermöglicht die Leitung einer Gemeinde auf solider gesetzlicher Basis. Genau festgelegt wird darin unter anderem, wer Gemeindemitglied ist und wie das Heimatrecht anzuwenden ist, ebenso genau festgelegt werden aber auch Größe und Zusammensetzung des Gemeindeausschusses. Wirkungskreis des Gemeindeausschusses und des Gemeindevorstandes werden ebenso definiert, wie eine strikte Regelung des finanziellen Haushalts festgeschrieben wird. Aber auch die Gemeindeaufsicht wird erstmals gesetzlich genau geregelt.

Die Gemeindewahlordnung wird freilich noch nach dem Kurienwahlrecht festgelegt, dennoch werden die Wahlabläufe genauestens definiert. Wahlberechtigt sind demnach nur alle männlichen Gemeindebewohner mit einem bestimmten Steueraufkommen, gewählt wird in drei Steuerklassen. Dieses Kurienwahlrecht bleibt auf Gemeinde- und Landesebene noch bis zum Ende der Monarchie aufrecht. Die Gemeindeverwaltung der Steiermark wird an diesem 2. Mai 1864 jedoch bereits auf moderne, sehr funktionale Beine gestellt.

Die Kommunen des Landes erhalten ihre gesetzliche Basis

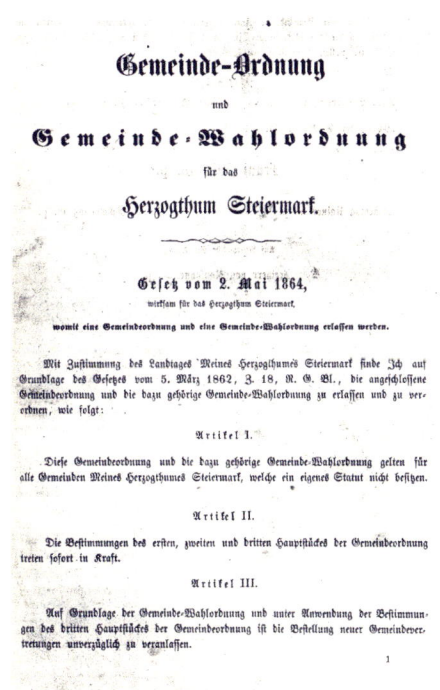

Titelseite der „Steirischen Gemeinde-Ordnung" des Jahres 1864

87

5. Mai 1542

Die Gültschätzung wird erlassen

Die andauernde Türkengefahr für das Land nimmt auch nach dem Jahr 1529 nicht ab und die konstante Bedrohung macht eine dauerhafte Rüstung notwendig. Diese kostet natürlich Geld, und das wiederum holt man sich direkt von der Bevölkerung. Am 5. Mai 1542 beschließt der Landesfürst in diesem Zusammenhang die Durchführung der sogenannten „Gültschätzung". Besitz, Vermögen und Viehstand der einzelnen Untertanen werden auf das Genaueste aufgezeichnet und entsprechend besteuert. Für Bürger gilt eine Besteuerung mit einem Hundertstel (1 Prozent), für bäuerliche Besitzer die Besteuerung mit einem Sechzigstel (1,67 Prozent).

Die „Gültschätzung" stellt daher eine besonders wichtige Quelle für besitz- und wirtschaftsgeschichtliche Forschungen dar, denn was bisher mehr oder weniger nur vereinzelt durch Urkunden bekannt ist, liegt nun erstmals als Gesamtbild, natürlich nach entsprechenden Grundherrschaften, vor. Die Grundherrschaften sind es ja, die die Erhebungen durchzuführen

Eine besondere Quelle für die Wirtschafts- und Sozialgeschichte entsteht

haben. Neben dem Viehstand – hier kann man zum Beispiel regionale Besonderheiten wie intensive Schafzucht oder bedeutende Schweinehaltung herauslesen – sind auch die Besitzer der einzelnen Höfe namentlich aufgeführt, und wenn ein Herrschaftsbeamter gründlich gearbeitet hat, kann man auch Anzahl und Namen der Handwerker und Gewerbetreibenden aus den Aufzeichnungen erschließen.

Die Abgaben sollen über die Grundherrschaften eingesammelt und dem Landesfürsten weitergereicht werden. Besonders gewitzt ist dabei der Abt des Stiftes Neuberg. Er listet im Rahmen der Schätzung all jene untertänigen Güter auf, die beim Türkeneinfall des Jahres 1529 vernichtet wurden, um so die Abgabenlast zu mindern. Wenn die Gültschätzung in ihrer Gesamtheit schließlich auch nicht zum Tragen kommt, da der Landesfürst die geplante weitgehende Besteuerung dann doch nicht umsetzt, so ist sie dennoch eine der wichtigsten Quellen für die steirische Wirtschaftsgeschichte um die Mitte des 16. Jahrhunderts.

6. Mai 1194

Bestätigung des Bergbaurechts für Salz und Metalle für das Stift Admont

Der mittelalterliche Bergbau in der Steiermark beruht bis in das 13. Jahrhundert vor allem auf dem Engagement der Klöster, die als große und nach modernsten Grundlagen geführte Wirtschaftseinheiten allem Anschein nach über jenes für den Bergbau notwendige Investitionskapital verfügen, das in den wenigen Städten und Märkten des an Bergschätzen so reichen steirischen Oberlandes noch nicht verfügbar ist. Unter den Klöstern ist es vor allem das große und bedeutende Stift Admont im Ennstal, das sich früh und intensiv sowohl mit dem Bergbau auf Salz, als auch mit dem Abbau von Eisen befasst – allem Anschein nach schon bald nach seiner Gründung im Jahr 1074.

So werden vom Stift Eisenbergbaue am Saalberg bei Liezen und am nahe gelegenen Plahberg sowie am Röthelstein bei Admont betrieben. Um 1130 ist es Abt Wolfhold, der einen Eisenbergbau samt

Ein Kloster als Zentrum des steirischen Montanwesens

Verhüttung am Plahberg betreiben lässt, im gleichen Jahr werden dem Stift Eisengruben im Johnsbachtal verliehen. 1160 bestätigt Erzbischof Eberhard I. von Salzburg dem Stift die Rechte und Privilegien bezüglich der Metallbergbaue und der nahe gelegenen Salinen im Admonttal, also in Hall nördlich von Admont. Am 6. Mai 1194 fasst Kaiser Heinrich VI. in Kaiserslautern all diese Rechtsurkunden zusammen und bestätigt dem Stift noch einmal alle bisher verliehenen Schürfrechte auf Salz und Metalle im Bereich seiner Besitzungen. Diese Rechtsurkunde ist es schließlich auch, die die weitere Entwicklung des Stiftes im Montanwesen langfristig absichern wird. Im steirischen Montanwesen wird das Stift noch rund 700 Jahre lang teils in innovativster Form engagiert und prägend sein, auch wenn die Admonter Salzgewinnung im 16. Jahrhundert den Monopolbestrebungen des steirischen Landesfürsten zum Opfer fällt.

Stift Admont war seit dem Mittelalter ein bedeutendes Zentrum des steirischen Bergbaus.

Die „Gesellschaft für Höhlenforschung" in Graz hat sich als eines ihrer ersten Forschungsobjekte die Lurgrotte zwischen Peggau und Semriach auserkoren. Am 28. April 1894 nachts steigen sechs Mitglieder dieser Gesellschaft und ein Grazer Realschüler trotz ungünstiger Wettervorhersage und Warnungen in die Höhle ein und dringen bis in den Großen Dom mit seinen fantastischen Tropfsteingebilden vor. Inzwischen hat an der Oberfläche aber das vorhergesagte schwere Unwetter begonnen und Felsentrümmer

Leichtsinn verursacht eine der größten Rettungsaktionen des 19. Jahrhunderts

sowie verkeilte Baumstämme und Hochwasser verlegen den Ausgang. Die Höhlenforscher finden zwar einen kleinen, nicht besonders angenehmen, aber trockenen Platz zum Biwakieren, doch die Tage vergehen ohne Rettung und die Vorräte gehen langsam zur Neige.

Ober Tage setzen inzwischen verzweifelte Rettungsversuche ein. Die Feuerwehren von Semriach und Graz versuchen, Dämme zu errichten, die Zeitungen, auch außerhalb der Steiermark, beginnen in Sonderausgaben über die angelaufene Rettungsaktion zu berichten. Militär wird eingesetzt, doch vorerst ist alles vergebens. In dieser Situation sind es Bergleute aus dem nahe gelegenen Silberbergbau Deutschfeistritz, die sich gemeinsam mit den Pionieren des Militärs mittels Sprengungen und bergmännischer Arbeit über einen dreizehn Meter langen Rettungsstollen zu den Eingeschlossenen vorarbeiten können. Am 7. Mai 1894, nach zehn Tagen, können die Höhlenforscher um 16 Uhr 35 durch den Rettungsstollen wieder ans Tageslicht gebracht werden und werden dort von Tausenden Schaulustigen unter großem Jubel empfangen.

Die Rettungsaktion des Jahres 1894 macht die Lurgrotte landesweit und darüber hinaus bekannt. In der Folge entwickelt sie sich zu einer bis heute gern besuchten Touristenattraktion. Auf die Rettungsaktion des Jahres 1894 wird noch heute bei jeder Führung in Semriach hingewiesen und schließlich erinnert auch eine Gedenktafel am Höhleneingang an diese dramatischen Ereignisse.

Die 7 Höhlenforscher, welche vom 28. April bis 6. Mai 1894 im „Lurloch" bei Semriach eingeschlossen waren und nach 9 Tagen gerettet wurden

Die sieben eingeschlossenen Höhlenforscher aus der Lurgrotte auf einer zeitgenössischen Ansichtskarte

10. Mai 1834

Der Kurort Bad Gleichenberg wird gegründet

Am 10. Mai 1834 begründet der steirische Gouverneur Matthias Constantin Graf Wickenburg quasi den Kurort Bad Gleichenberg im steirischen Grabenland. Aufmerksam auf die bereits seit der Römerzeit bekannten und lokal genutzten Heilquellen und das Potenzial der Gegend wird Wickenburg im Jahr 1833 durch den Grazer Arzt Dr. Ignaz Werlé. Wickenburg befasst sich daraufhin näher mit dem Projekt und ist begeistert von den landschaftlichen Reizen des Gleichenberger Talkessels sowie vom dort herrschenden milden Klima. Diesen Schatz möchte er jedermann zugänglich machen, und so wird der „Gleichenberger Johannisbrunn-Actienverein" gegründet, der zunächst einmal den sumpfigen Talboden trockenlegen und dann für die nötige Infrastrukur sorgen soll. Die notwendigen finanziellen Mittel für den Ankauf der Grundstücke und Quellen werden ebenso durch den Verkauf von Aktien aufgebracht.
Aufgelegt werden zunächst 800 Aktien zu je 10 Gulden, die rasch vergriffen sind, sodass eine weitere Emission von 200 Gleichenberger Aktien erfolgt. Mit ein Grund für deren schnellen Absatz ist die Tatsache, dass auch das Land Steiermark einen großen Anteil erwirbt. Die über den Aktienverkauf lukrierten 100.000 Gulden sind die finanzielle Basis für den weiteren Aufstieg des kleinen Bauerndorfs zum mondänen Kurort. Die erste Kursaison

Eines der wichtigsten steirischen Tourismus-Infrastrukturprojekts des 19. Jahrhunderts

sieht zwar nur 118 Kurgäste, doch diese Zahl steigt rasch an. Bad Gleichenberg gelangt schnell zu internationalem Ruhm und wird einer der Luxus-Kurorte der Habsburgermonarchie. Hier gibt sich der europäische Hochadel ein Stelldichein. 1872 wird die eigenständige Gemeinde Curort Gleichenberg geschaffen. Graf Wickenburg, der 1867 einen Teil der Aktien des Landes Steiermark erwerben kann, verstirbt am 26. Oktober 1880 in Bad Gleichenberg. Bad Gleichenberg bleibt in der Folge bis heute ein beliebter Kurort, nach 1945 ergänzt durch eine international renommierte Fachschule für Gastronomie und Touristik.

Der Kurort Bad Gleichenberg nach einem zeitgenössischen Stich, entstanden um das Jahr 1845

Die ersten steirischen Landtagswahlen der Ersten Republik am 11. Mai 1919 bringen ein in mehrfacher Hinsicht interessantes Ergebnis. Die Sozialdemokraten bleiben trotz hoher Erwartungen weit unter ihrem angestrebten Ergebnis, die Christlichsoziale Partei wird mit mehr als 10 Prozent Vorsprung erste Kraft im Land. Überraschend gut schneidet auch die „Steirische Bauernpartei" des Verlegers Leopold Stocker ab. Dieser Vorläufer des „Landbunds" schafft auf Anhieb 12,7 Prozent der Stimmen, während die „Deutschfreiheitlichen"

Ein Meilenstein in der steirischen Emanzipationsgeschichte

unter dem bisherigen Landeshauptmann Wilhelm Kaan mit nur 3,4 Prozent der Stimmen eine herbe Enttäuschung erleben. Die noch jungen Nationalsozialisten erhalten 1,7 Prozent der Stimmen. Landeshauptmann wird nun der von den Christlichsozialen aufgestellte Anton Rintelen und als besondere Novität ziehen in den Steiermärkischen Landtag erstmals drei Frauen ein. Bei diesen handelt es sich um die beiden christlichsozialen Abgeordneten Olga Rudel-Zeynek und Marie Kaufmann sowie um die sozialdemokratische Abgeordnete Martha Tausk.

Der Kleinen Zeitung war die Nachricht über die drei ersten weiblichen Landtagsabgeordneten der Steiermark am 5. Juni 1919 eine Titelseite wert.

Olga Rudel-Zeynek, geboren im Jänner 1881 in Olmütz, lebt seit 1911 in Graz und kommt aus dem Umfeld der Katholischen Frauenbewegung. Sie setzt sich schon früh für das Frauenstimm-

Auch Das Interessante Blatt *brachte noch 1919 drei Fotos der weiblichen steirischen Landtagsabgeordneten.*

recht ein, wird 1920 in den Nationalrat und 1927 in den Bundesrat gewählt, dem sie bis zum Jahr 1937 angehört. Unter ihrer maßgeblichen Mitwirkung wird 1925 das Gesetz über den Unterhaltsanspruch alleinerziehender Frauen verabschiedet, die nach ihr benannte „Lex Rudel-Zeynek". Olga Rudel-Zeynek verstirbt im August 1948 in Graz.

Auch die zweite christlichsoziale Abgeordnete, Marie Kaufmann, verehelichte Millwitsch-Kaufmann, entstammt der Katholischen Frauenbewegung. Sie erblickt 1884 in Graz-Liebenau das Licht der Welt, wird Bürgerschullehrerin, später Direktorin und ist neben ihrer Tätigkeit als Vorstandsmitglied der Katholischen Frauenorganisation für Steiermark auch als hohe Funktionärin der „Vaterländischen Front" tätig. Sie verstirbt 1973 in Graz. Die bekannteste der drei neuen Abgeordneten ist

die Sozialdemokratin Martha Tausk, geboren im Jänner 1881 als Martha Frisch in Wien und als Sekretärin 1917 von Hans Resel nach Graz geholt, wo sie als Redetalent für das allgemeine Frauenwahlrecht eintritt und bereits der ersten provisorischen Landesversammlung angehört. Martha Tausk verficht Verbesserungen in der Sozialgesetzgebung, die Aufhebung des Eheverbotes für Frauen im öffentlichen Dienst und tritt für die Geburtenregelung – gegen den Paragraph 144 – ein. 1928 nach Wien zurückgekehrt wird sie in die „Sozialistische Internationale" berufen, leitet bis 1934 die Zeitung *Das Frauenrecht*, emigriert 1939 in die Niederlande und engagiert sich dort bis zu ihrem Tod 1957 in Flüchtlingsangelegenheiten.

Die Grazer Oper ist um das Jahr 1900 eine der fortschrittlichsten Bühnen des deutschen Sprachraums, und so ist es auch nicht verwunderlich, dass hier am 16. Mai 1906 die österreichische Erstaufführung der „Salome" von Richard Strauss stattfindet. Die Welturaufführung fand am 9. Dezember 1905 an der Dresdner Hofoper statt, und der Versuch Gustav Mahlers, das Stück gleichzeitig auch an der Wiener Hofoper zu bringen, scheiterte an der hiesigen Zensur, die das Stück wegen „die Sittlichkeit beleidigender Handlung" nicht zuließ. In Graz ist man liberaler, außerdem steht das Werk musikalisch in der Tradition Richard Wagners, was in Graz kein Nachteil ist.

Der Komponist Richard Strauss ist persönlich anwesend, als sich am 16. Mai 1906 um halb acht Uhr abends der Vorhang hebt. Die Titelrolle der Salome wird von Jenny Korb gesungen. Die großen musikalischen Anforderungen, die das Werk in sich birgt, lassen zu Beginn Zweifel darüber aufkommen, ob man diesen in Graz wohl gewachsen sein würde, doch diese Zweifel sind unbegründet. Das Stammorchester wird auf 90 Mann verstärkt und leistet Glänzendes. Das Publikum lauscht mit fieberhafter Spannung, und ob das Werk „gefallen" hat oder nicht, darüber maßen sich die Grazer Zeitungen

Die Grazer Oper begründet ihren Ruf als modernes, leistungsfähiges Haus

kein Urteil an. Sicher ist aber, dass sowohl der Komponist als auch Jenny Korb am Schluss der Vorstellung mit Beifallsbekundungen überschüttet werden und immer wieder vor die Rampe gerufen werden.

Unter den Gästen der Grazer Erstaufführung befinden sich auch Operndirektor Gustav Mahler aus Wien, der italienische Komponist Alfredo Pucci und die Sängerin Gemma Bellincioni. So wird in Graz an diesem Tag einmal mehr österreichische Musikgeschichte geschrieben.

Ankündigung der österreichischen Erstaufführung der „Salome" in Graz

18. Mai 1875
Ein Murfährenunglück kostet 101 Menschen das Leben

Es ist der 18. Mai 1875 in Gratkorn, nördlich von Graz: Die Pfingstprozession nach Maria Straßengel auf der rechen Murseite ist aufgebrochen und möchte auf der normalen Überfuhrplätte nahe der Murmühle ans andere Murufer übersetzen, um sich einen größeren Umweg zu ersparen. Aufgrund von Regenfällen während der vorangegangenen Tage führt die Mur Hochwasser. Die Prozession ist in diesem Jahr etwas umfangreicher als sonst, zwei Transporte, darunter einer mit dem Kaplan und den Ministranten, sind bereits glücklich am anderen Ufer angekommen, beim dritten Überfuhrversuch entsteht jedoch ein Gedränge, die aufgestellten Ordner können nicht verhindern, dass mehr Personen als gestattet auf die Plätte zusteigen.

Um weiteren Menschen das Zusteigen unmöglich zu machen, wird das Fahrzeug von unbefugter Hand zu früh vom Land gelöst, noch bevor das Ruder richtig gestellt ist. Die Plätte gerät dadurch in eine Position, in der sie dem stärksten Wasserdruck ausgesetzt ist. In den vorderen Teil des Gefährts dringt daraufhin Wasser ein, doch ein Zurückrudern zum rettenden Ufer ist inzwischen unmöglich geworden. Durch die Überladung und das eindringende Wasser bricht eine der starken Ufersäulen, das Fahrzeug sinkt noch tiefer und macht sich von den aus der Befestigung gerissenen Drahtseilen los. Die Überfuhrplätte wird danach rasch flussabwärts getrieben und bricht nach einer Kollision mit einem Stein oder dem Ufer etwa eine Viertelstunde Wegstrecke unterhalb der Überfuhr auseinander. Teilweise können sich Menschen selbst im Bereich der Weinzödlbrücke im Norden von Graz retten, teilweise werden sie dort durch zugeworfene Seile gerettet. Rund 50 Personen werden gerettet, 101 finden an diesem Tag jedoch den Tod in der Mur. Es ist einer der schwärzesten Tage in der Geschichte der Steiermark.

Eine Wallfahrt endet in einer Tragödie

Strom als Handelsware ist um das Jahr 1890 für die meisten Menschen noch etwas Besonderes. Wohl geht bereits im Jahr 1881 im englischen Godalming das erste von Siemens errichtete E-Werk ans Netz, dessen Zweck die öffentliche und private Beleuchtung der Stadt ist. 1886 nimmt dann schon in Scheibbs das erste öffentliche Elektrizitätsversorgungsunternehmen Österreichs seinen Betrieb auf, dem ein Jahr später ein E-Werk in Salzburg folgt. In Wien geht aufgrund der schwierigen Leitungsverlegung das erste E-Werk erst im Jahr 1889 in Betrieb, es steht in der Innenstadt am Graben und wird von der Firma Siemens & Halske für die „Allgemeine Österreichische Electrizitätsgesellschaft" gebaut. Dieses E-Werk auf Dampfkraftbasis verfügt über sieben stehende Dampfmaschinen mit einer Leistung von je 1.200 PS.

Das erste österreichische Zweiphasen-Wechselstromkraftwerk Österreichs

Das erste öffentliche steirische E-Werk auf Basis von Wasserkraft wird in den Jahren 1891 und 1892 von Franz Pichler in Affenthal bei Weiz am Oberlauf des Weizbaches errichtet. Pichler, geboren am 18. Februar 1866 in Weiz, ist der Sohn eines Bäckermeisters. Dieses E-Werk, im Übrigen das erste Österreichs für Zweiphasen-Wechselstrom, weist eine Leistung von 80 kW auf, der Strom wird über eine Freileitung mit zweimal 2.000 Volt an die Verbraucher geliefert. Den Betrieb nimmt es am 19. Mai 1892 auf. Die dafür benötigten Maschinen und Apparate produziert Pichler übrigens selbst, 1897 gründet Pichler gemeinsam mit dem Grazer Cornel Masal die „Weizer Elektrizitätswerke Franz Pichler & Co.". Aus dieser Keimzelle entsteht rasch die „Elektroindustrie" Weiz, kurz ELIN. Auch außerhalb der Steiermark plant und errichtet Pichler bald Großkraftwerke; wie sich die Steiermark ab etwa 1890 überhaupt zum Vorreiterland des Elektrizitätswesens entwickelt.

Am 19. Mai 1892 ist demnach, wenn man so möchte, die Geburtsstunde des ELIN-Konzerns und der steirischen Elektroindustrie festzumachen. Der Konzerngründer Franz Pichler verstirbt am 28. August 1919 in Weiz.

Der junge Ingenieur und Unternehmensgründer Franz Pichler aus Weiz

20. Mai 1696

Der Literat und Arzt Adam von Lebenwaldt stirbt

Er ist eine schillernde Persönlichkeit, dieser Adam Johann Christoph Lebaldt von und zu Lebenwaldt, der am 25. November 1624 in Sarleinsbach im Mühlviertel in wohlhabende Verhältnisse geboren wird. Lebenwaldt besucht zuerst die Lateinschule in Linz, studiert dann in Graz Philosophie und geht schließlich an die Universität von Padua, um dort den Doktor der Medizin zu erwerben. Er gilt als einer der großen Gelehrten seiner Zeit in der Steiermark, der neben bedeutenden heilkundlichen Werken auch energische Traktate gegen Kurpfuscher und Alchimisten, gegen Aberglauben, Zauberei und hohe Literatur publiziert.

Eine erste Probe seines poetischen Könnens gibt er schon als Student in Graz mit einem musikalischen Festgedicht anlässlich des Westfälischen Friedensschlusses. Als Dichter verfasst er später eine Sammlung lateinischer Epigramme, die erst 1685 in deutscher Sprache unter dem Titel „Deß Berühmten Gekrönten Poeten Adami a Löwenwaldt Monosticha Extemporanea. Von einem auß der Gesellschaft Jesu Der Poeterey Liebhaber In das Teutsche übersetzt ...“ in Salzburg erscheint. Den massiven Einfluss der deutschen Opitzianer und Friedrich Logaus auf sein Werk verraten aber auch seine Sammlungen „Poetische Schimpf- und Ernstreden“, „100 welsch gereimbte Sprüch“, „255 leonische Verss, mit Teutschen Reimen erläutert“ und „Lob des Landlebens“ mit dem Reimgedicht „Von dem Lobwürdigen Stand deß lustigen Mayrschaffts-Leben“. Sein dichterisches Schaffen bringt ihm die Würde des „Poeta

„Nicht selten wirft ein Kranker zum Honorar den lieben Doctor auf die Todtenbahr“

Laureatus Caesarius“ ein, die ihm von Kaiser Leopold 1679 verliehen wird. Als Mediziner arbeitet er zunächst als Hausarzt des Stiftes Admont und wird 1656 landschaftlicher Physiker im Enns- und Paltental. 1659 mit dem Titel eines Pfalz- und Hofgrafen zu Lebenwaldt versehen, lebt er von 1671 bis 1674 in Rottenmann und zieht seinem Freund Johann Georg Schlecht, der Schaffer des Stiftes Göss wird, nach. Er erwirbt zunächst das Schloss Stibichhofen bei Trofaich und lässt sich 1684 in Mühltal bei Leoben nieder. Hier behandelt er immer wieder wohlhabende Bürger und wird zwischen 1685 und 1688 drei Mal von Patienten mit einer schweren Krankheit infiziert. Er stirbt am 20. Mai 1696 in Leoben.

Sein „Landt-, Stadt- und Haus-Artzney-Buch“, erschienen 1695 in Nürnberg, zählt zu den wichtigsten vorwissenschaftlichen Auseinandersetzungen mit der Pest.

Schloss Stibichhofen bei Trofaiach war in den Jahren zwischen 1674 und 1684 der Wohnsitz des Arztes Adam von Lebenwaldt.

97

25. Mai 1809

Das Gefecht von St. Michael

Im Rahmen des napoleonischen Feldzuges von 1809 kommt es in der Steiermark zur „Schlacht von St. Michael": Die französische Armee trifft am 24. Mai in Unzmarkt ein, wo sie zuvor von der Judenburger Landwehr 36 Stunden lang am Weitermarsch gehindert wurde. Am Morgen des 25. Mai stoßen die Franzosen dann bereits bei St. Michael ob Leoben auf die Voraustruppe des österreichischen Korps Jelačić, das von Salzburg kommend aus dem Palten-Liesingtal anmarschiert. Im „Gefecht von St. Michael" stehen sich zwanzig österreichische Infanteriebataillone, insgesamt 8.000 Mann mit vier Geschützen, sowie 28 französische Bataillone mit 15.000 Mann, zwölf Geschützen und vier Schwadronen Kavallerie gegenüber. Gegen 9 Uhr vormittags treffen die Spitzen der Gegner aufeinander, wobei die Franzosen zunächst zurückgedrängt werden. Es folgt eine einstündige Kampfpause, hier erhalten die Franzosen eine Verstärkung durch die nachrückenden Truppen. Um 11 Uhr trifft Eugène Beauharnais, Vizekönig von Italien, auf dem Schlachtfeld

Die größte Schlacht der Franzosenkriege in der Steiermark

ein, übernimmt das Oberkommando und befiehlt einen Kavallerieangriff – die österreichischen Stellungen werden durchbrochen. Die österreichischen Verluste belaufen sich schließlich auf 423 Gefallene, 1.137 Verwundete und 4.963 Gefangene, die französischen Verluste belaufen sich auf 200 Gefallene, 400 Verwundete und 70 Gefangene. Der Rest der österreichischen Truppen schlägt sich über Leoben, den Diebsweg und den Gamsgraben nach Frohnleiten und Graz durch. Vor Leoben entbrennen nochmals schwere Gefechte um die Waasenvorstadt und die Murbrücke. Zahlreiche Verwundete werden in der Nacht zum 26. Mai in das Gösser sowie das Leobener Militärspital gebracht und dort gepflegt. Zur Erinnerung an die selbstlosen Helfer, die nach der Schlacht die zahlreichen Verwundeten, ob Österreicher oder Franzosen, in die Notlazarette nach Leoben bringen und dort behandeln, stellt die Gemeinde St. Michael hundert Jahre nach der Schlacht das sogenannte „Franzosenkeuz" auf, ein großes Denkmal auf einer vorspringenden Bergnase nahe der Mur.

St. Michael in der Obersteiermark heute

29. Mai 1809

Die Belagerung des Schlossbergs beginnt

Im Zuge des Fünften Koalitionskriegs gegen Frankreich wird nach Erzherzog Johanns Abmarsch aus Graz am 29. Mai 1809 in Richtung Ungarn die Stadt verteidigungsbereit gemacht, um der anrückenden französischen Armee zu trotzen. Der bisher nie eingenommene Schlossberg mit seiner Festung wird von 900 Mann unter dem Kommando Major Franz Hackhers vom Geniekorps besetzt. Unterdessen rückt aus Marburg das französische Korps Mac-Donald an und steht am selben Tag bereits vor Graz. Festungskommandant Franz Hackher lehnt die ihm unterbreitete Kapitulationsaufforderung ab, übergibt aber die nicht zu verteidigende Stadt. Daraufhin beginnen die Franzosen die Belagerung des Schlossbergs, ziehen Gräben und postieren Geschütze, wobei ab dem 13. Juni nachmittags ein sieben Tage und Nächte andauerndes Bombardement die Festung sturmreif schießen soll. Im Gegenzug legen die Belagerten bald eine erste französische Batterie lahm.

Die Grazer trotzen der napoleonischen Armee

Die Belagerung wird vorübergehend unterbrochen, nachdem die Truppen des österreichischen Feldmarschallleutnants Ignácz Graf Gyulai bis Wildon vordringen. Die Franzosen gruppieren sich vorerst im Grazer Feld, wo es zu Gefechten kommt, und am 26. Juni stehen die Österreicher vor Graz. Es kommt zu Kämpfen um den Ruckerlberg und in St. Leonhard, die aber die österreichischen Kräfte vorzeitig erschöpfen. Die arg in Mitleidenschaft gezogene und verbitterte Grazer Bevölkerung ernennt Gyulai daraufhin zum „Herzog von Ruckerlberg" und behauptet, seine kroatischen und ungarischen Soldaten würden mit Holzsäbeln kämpfen. Gyulai muss Graz schließlich wieder räumen, Major Hackher zieht sich erneut auf den Schlossberg zurück und verteidigt diesen bis zum 2. Juli 1809 weiter. Die Franzosen räumen Graz schließlich freiwillig. Erst nach der verlorenen Schlacht von Wagram wird die Festung des Grazer Schlossbergs im Waffenstillstand von Znaim übergeben.

Der Grazer Schlossberg trug eine der stärksten Festungen des Habsburgerreiches. Darstellung aus dem Jahr 1703 (Ausschnitt)

31. Mai 1936

Die Packer Höhenstraße wird eröffnet

Am 31. Mai 1936 eröffnet Bundespräsident Wilhelm Miklas unter Teilnahme des Vizekanzlers Eduard Baar-Baarenfels, des Handelsministers Friedrich Stockinger, der Gesandten Ungarns und Italiens, der Landeshauptleute von Steiermark, Kärnten, Salzburg und Tirol, der Bürgermeister von Graz und Klagenfurt und des Fürstbischofs von Seckau, Ferdinand Pawlikowski, die Packer Höhenstraße. Der Festakt wird

Verkehrsinfrastrukturprojekt und Arbeitsbeschaffung in einem

von der RAVAG österreichweit übertragen, der Ständestaat feiert sich selbst. Der Bau dieser Straße hat, ebenso wie jene der Wiener Höhenstraße und der Großglockner-Hochalpenstraße, eine längere Vorgeschichte. Lange ist die Steiermark mit Kärnten über die Pack nur durch einen besseren Karrenweg verbunden, der vor allem auf der Kärntner Seite steil und kaum befahrbar ist. 1927 beschließt der Steiermärkische Landtag den Ausbau der Straße und sieht im Budget des Jahres 1928 bereits erste Mittel dafür vor. Auch der Bund und das Land Kärnten reservieren Gelder und im Zuge der „Produktiven Arbeitslosenfürsorge" sollen Langzeitarbeitslose aus der Region den Bau der Straße bewältigen. Der Spatenstich erfolgt am 10. April 1930, nach dem Ende der Frostperide, durch Bundeskanzler Johann Schober, und nun, sechs Jahre später, ist die sechs Meter breite, luxuriös ausgebaute und leicht befahrbare Straße vollendet.

Auf der Packer Höhe wird im Zuge der Eröffnungsfeier von Fürstbischof Pawlikowski ein acht Meter hohes Kreuz geweiht, das in Erinnerung an den von den Nationalsozialisten im Juli 1934 ermordeten Kanzler Engelbert Dollfuß den Namen „Dollfußkreuz" erhält. Es übersteht den Anschluss im März 1938 nur wenige Tage. Die heutige Packer Bundesstraße hingegen, die die Strecke Graz – Klagenfurt von 213 auf 151 Kilometer verkürzt, ist bis zur Eröffnung des Südautobahnabschnitts über die Pack einer der wichtigsten Straßenabschnitte Österreichs.

Das Interessante Blatt *brachte im Juni 1936 die Eröffnung der Packer Höhenstraße auf der Titelseite. Im Bild die Eröffnungsfeier beim 1938 demolierten Dollfußkreuz*

Juni

Jänner 1585 • Die Grazer Universität wird gegründet | 4. Jänner 1974 • Die Einführung des Pickerls
"er Tag" | 6. Jänner 1497 • Die Juden werden aus der Steiermark vertrieben | 8. Jänner 1819
sikschule des „Steiermärkischen Musikvereins" wird offiziell anerkannt | 11. Jänner 1782 • Graz wir
enen Stadt" erklärt | 15. Jänner 1959 • Konstituierende Versammlung des FORUM STADTPARK | 17
1856 • Die Grazer Tagespost erscheint erstmals | 21. Jänner 1988 • Der Noricum-Skandal wird offe
4. Jänner 1945 • Heinrich Dalla Rosa 7. Jänner 1919 • Der „Marburger Blutson
9. Jänner 1978 • Sepp Walcher wird e meister | 30. Jänner 2002: Die Fotografin
ath stirbt | 1. Februar 1835 • Der Domherr und Politiker Alois Karlon wird geboren | 5. Februar 19
Bombenattentat von Oberwart verändert die steirische Zeitgeschichte | 8. Februar 1924 • Die Lawine
rophe von Hieflau | 12.–14. Februar 1934 • Bürgerkrieg im Land | 15. Februar 1975 • Massenkündigu
Wirtschaftswunderland | 16. Februar 1903 • Landeshauptmann Josef Krainer senior wird geboren
ruar 1973 • Der Plabutschtunnel führt zur bürgerlichen Mehrheit in Graz | 26. Februar 1965 • Später
den steirischen Abschnitt der Südautobahn Graz – Gleisdorf | 1. März 1807 • Jožef Muršec wird gebo
16. März 1848 • Die Revolution in Graz beginnt | 17. März 1689 • Erdäpfel für die Steiermark | 19
5 • In Graz entsteht die erste Freiwillige Feuerwehr des Landes | 26. März 1983 • Großes Lipizzane
| 31. März 1912 • Die offizielle Gründung des SK Sturm geht über die Bühne | 1. April 1822 • Erzh
änn erwirbt das Vordernberger Radwerk | 2. April 1945 • Graz wird mit Phosphorbomben angegriffen
1000 • Eine Königsschenkung als Meilenstein in der Landwerdung der Steiermark | 26. April 1848
ische Verein „Slovenija" wird gegründet | 29. April 1608 • Erzherzogin Maria von Innerösterreich stirb
1890 • Feiern zum 1. Mai in der Steiermark | 2. Mai 1864 • Die „Steirische Gemeinde-Ordnung" wird
en | 10. Mai 1834 • Der Kurort Bad Gleichenberg wird gegründet | 11. Mai 1919 • In den steiermärkis
ttag ziehen die ersten drei Frauen ein | 19. Mai 1892 • Die Pichler-Werke gehen in Betrieb | 2.
e weltweit erste Postrakete startet vom Schöckl | 11. Juni 1872 • Die Gründung der „Well-Schunfa
1 neue Maßstäbe | 23. Juni 1984 • In Graz kommt das erste „Retortenbaby" zur Welt | 28. Juni 1914
esschüsse von Sarajewo | 3. Juli 1929 • Das „Dachsteinlied" wird zur steirischen Landeshymne | 16
8 • Der „Schladminger Bergbrief" wird erlassen | 17. Juli 1854 • Die Semmeringbahn wird eröffnet
1905 • Sechs Kinder und Jugendliche gleichzeitig vom Blitz erschlagen | 29. Juli 1984 • S.T.S. erre
„Fürstenfeld" Platz 1 der O3-Hitparade | 31. Juli 1843 • Peter K. Rosegger wird geboren | 2. August
Kapfenberger Hexenprozesse | 14. August 1992: Das steirische Kürbiskernöl ist geschützt! | 19. A
9 • Die Erstbesteigung des Dachsteins | 29. August 1959 • Der Schatz im Toplitzsee wird gehoben
ember 1939 • Der Zweite Weltkrieg beginnt | 5. September 1970 • Jochen Rindt verunglückt in M
–13. Sept. 1931 • Der „Pfrimerputsch" des „Steirischen Heimatschutzes" | 16. September 1899
er Oper wird eröffnet | 30. September 1906 • Die erste Grazer Herbstmesse wird eröffnet | 3. Ok
3 • Die ersten Jesuiten lassen sich in Graz nieder | 12. Oktober 1910 • Die Wechselbahn wird eröff
Oktober 1625 • Die „Innerberger Hauptgewerkschaft" wird gegründet | 21. Oktober 1844 • Die Bah
zzuschlag – Graz wird eröffnet | 1. November 1827 • Der Wallfahrtsort Mariazell brennt | 5. Nov
3 • Der Höhepunkt der Pockenepidemie in Leoben | 10. November 1938 • Die „Reichspogromnac
Steiermark | 25. November 1894 • Die Grazer Schlossbergbahn wird eröffnet | 26. November 1811
er Joanneum wird gegründet | 1. Dezember 1671 • Erasmus Graf Tattenbach wird in Graz hinge
Dezember 1850: Alexander Girardi wird geboren | 8. Dezember 1866 • Der „Wunderdoktor" Holle
geboren | 9. Dezember 1905 • Oktavia Aigner-Rollett wird zur Ärztin promoviert | 14. Dezember 19
Bahnstrecke Weiz – Birkfeld wird eröffnet | 16. Dezember 1931 • Die Folgen des „Pfrimerputsches
Steiermark | 24. Dezember 1823 • Das Grazer landständische Theater brennt | 31. Dezember

Die erste Postrakete der Welt befördert am 2. Juni 1931 insgesamt 102 Poststücke vom Schöckl nach St. Radegund. Der Entwickler, Ing. Friedrich Schmiedl, auch „Raketen-Schmiedl" genannt, wird am 14. Mai 1902 im oberösterreichischen Schwertberg geboren und konstruiert sowohl Katapult- als auch Mehrstufenraketen. Bereits während der Belagerung der Festung Przemyśl im Jahr 1914 macht der damals Zwölfjährige seinem Physikprofessor den Vorschlag, die Post mittels Raketen aus der Festung „herauszuschießen",

Der „Raketen-Schmiedl" und seine Erfindung

findet jedoch kein Gehör. Im Alter von 15 Jahren testet Schmiedl gemeinsam mit Artillerieoffizieren der k. u. k. Armee erste Raketen für postalische Zwecke. Am 8. September 1919 startet er dann seine erste „Gruppenrakete", die als „erste Stufenrakete der Welt" bezeichnet werden kann. Im Jahr 1921 maturiert Schmiedl in Salzburg

Titelseite der Kleinen Zeitung *mit dem „Raketen-Schmiedl"*

und beginnt in Graz ein Technikstudium. Seine Dissertation „Hitzefeste Antriebsdüsen" wird an der Technischen Hochschule Graz jedoch nicht angenommen – ein gravierender Fehler. 40 Jahre später werden die aufgezeigten Möglichkeiten wie Sinterung im Weltraum und die Verwendung von Keramik für hoch beanspruchte Antriebsteile als bahnbrechend erkannt und in der Weltraumfahrt praktisch eingesetzt werden. Schmiedl wird mit seinen Aktivitäten ab dem Jahr 1924 zum Pionier der Raketenpost und träumt vom Weltraumflug. Großes Aufsehen, auch medial, erregen seine rund 200 Raketenversuche im Schöcklgebiet während der 1920er- und 1930er-Jahre, über welche die *New York Times* ebenso berichtet wie indische und chinesische Zeitungen. Die erste erfolgreiche Postrakete startet dann eben am 2. Juni 1931. Nur an der friedlichen Nutzung seiner Ideen interessiert, stellt Schmiedl seine Versuche noch vor Ausbruch des Zweiten Weltkriegs ein. Gleichzeitig meldet er sich am 16. August 1938 zum Heeresbauamt, um einer Dienstverpflichtung zum Bau von Raketenwaffen zu entgehen. In den 1970er-Jahren werden Friedrich Schmiedl mehrere Ehrungen zuteil. So erhält er von Wernher von Braun im Jahr 1971 die „Hermann-Oberth-Medaille", später den „Ehrenring des Landes Steiermark" und wird zum „Bürger der Stadt Graz", der er auch seinen Nachlass vermacht. Anlässlich seines 90. Geburtstags wird Schmiedl 1992 mit dem „Großen Goldenen Ehrenzeichen mit dem Stern des Landes Steiermark" ausgezeichnet. Er verstirbt am 11. September 1994 in Graz.

3. Juni 1540

Karl II. von Innerösterreich wird geboren

Der 3. Juni 1540 ist für die Steiermark ein besonderer Schicksalstag: In Wien wird Karl II. von Innerösterreich als jüngster Sohn Kaiser Ferdinands I. geboren. Karl wird die Steiermark wieder „katholisch" machen. In seinen Jugendjahren bereist er große Teile Deutschlands, Italiens sowie Spaniens und erhält bei der Teilung der väterlichen Erblande die Steiermark, Kärnten, Krain und Görz, also Innerösterreich, zugewiesen. Im Jahr 1564 lässt er sich, kurz vor dem Tod seines Vaters, von den Steirischen Landständen huldigen und errichtet in weiterer Folge seine Residenz in Graz, das durch ihn eine zweite Blüteperiode erlebt. Im Jahr 1566 führt Karl den Vorsitz in der Versammlung der Stände Ungarns in Pressburg, die dort wegen des Türkenkriegs tagen, und leistet den Türken in Innerösterreich energischen Widerstand. So errichtet er in Kroatien an der Culpa eine Festung, die nach ihm im Jahr 1570 Karlstadt benannt wird, und festigt den Verteidigungsgürtel der Militärgrenze.

Karls Religionspolitik ist anfangs höchst widersprüchlich und von den Einflüssen der Außenpolitik geprägt. Im Jahr 1570 gesteht er den Ständen der Steiermark Religionsfreiheit zu, um seine militärischen Projekte im Süden des Landes durchführen zu können. Der Einfluss seiner katholischen Frau Maria von Bayern und deren Brüdern auf den Grazer Hof werden nach 1571 jedoch immer stärker und so kommt es einerseits zur Ansiedelung der ersten Jesuiten in Graz und zu Rekatholisierungsmaßnahmen im Land.

Ein Landesfürst lebt für die gewaltsame Rekatholisierung

Den Grazern gewährt er aufgrund massiver Proteste im Jahr 1580 neuerdings Religionsfreiheit, weitet diese nach dem Empfang größerer Summen auch auf die Stände aus, bald jedoch beginnt er diese Freiheiten wieder massiv zu beschneiden. Daneben bekämpft er den windischen Bauernaufstand, erlässt eine neue Polizei- und Gerichtsordnung für das Land, führt 1581 den Gregorianischen Kalender ein und lässt 1583 die Landhandfeste sammeln. In Graz errichtet Karl im Jahr 1571 das Lustschloss Karlau und stiftet 1585 die erste Grazer Universität. Als 1590 mehrere Erdbeben hintereinander die Steiermark in Schrecken versetzen, unternimmt Karl II. eine Fußwallfahrt nach Mariazell, zieht sich unterwegs jedoch ein Leiden zu und verstirbt nach seiner Rückkehr nach Graz am 10. Juli 1590.

Im Rahmen der österreichischen Hungerkrawalle nach dem Ersten Weltkrieg markiert der „Grazer Kirschenrummel" am 7. Juni 1920 den traurigen Höhepunkt was die Opferzahlen anbelangt. 15 Tote und 37 zum teil schwer verletzte Personen sind letztendlich zu beklagen, diesmal zumeist Angehörige des Mittelstands. Der Morgen des 7. Juni beginnt mit tumultartigen Demonstrationen wegen überhöhter Gemüse- und Obstpreise. Am Hauptplatz sind die Marktstände von Wachebeamten geschützt, hier werden die Preise von den Marktbesuchern gedrückt. Am Jakominiplatz aber reizen die hohen Kirschenpreise die Marktbesucher bis zur Verwüstung der Marktstände. Diese liegen trotz bestem Erntejahr um 100 Prozent über den Wiener Marktpreisen. Im Lauf des Tages mischen sich noch Offiziere und Studierende unter die Demonstranten, angeblich beginnen auch Kommunisten „verhetzend einzugreifen", doch das ist nicht erwiesen. Am Nachmittag kommt es jedenfalls zu Plünderungen von Schuhgeschäften; Schaufenster werden zerschlagen und schließlich wird das Annenhof-Bioskop, ein Kino, verwüstet, wobei auch antisemitische Ressentiments zutage treten. Gendarmerie und Volkswehr werden zur Beruhigung der Lage aufgeboten, am Murplatz werden vier Maschinengewehre postiert, ein Seil wird gespannt. Die Gendarmerie lässt verlautbaren, dass geschossen werde, sobald das Seil überschritten wird. Daraufhin wird das Seil von einem Demonstranten zerschnitten. Infolge einer Kurzschlusshandlung des kommandierenden Gendarmerieoffiziers am Murplatz feuert seine Gendarmerieabteilung in die Menge und tötet dabei 15 Demonstranten, darunter auch zwei Mädchen. 37 Personen werden zum Teil schwer verletzt, Hausfassaden durch Einschüsse in Mitleidenschaft gezogen. Erst anwesenden Arbeiter- und Soldatenräten gelingt es schließlich, die empörten Demonstranten wieder zu beruhigen. Landeshauptmann Anton Rintelen verhindert später übrigens, dass der verantwortliche Gendarmerie-Rittmeister Lichem für sein Fehlverhalten bestraft wird.

Lebensmittelmangel in der Nachkriegszeit

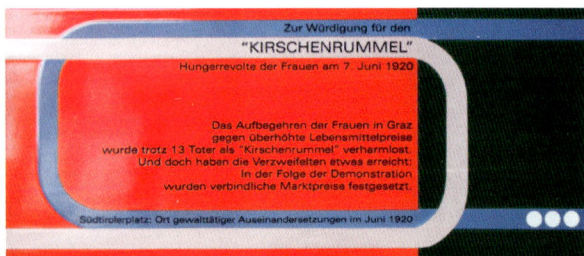

Gedenktafel für die Toten des „Kirschenrummels", angebracht während des Kulturhauptstadtjahres 2003. Darunter ein Bild des „Murplatzes" aus dem Jahr 1920

Nach einem verregneten Frühling und tagelangen schweren Niederschlägen im Oberland ist es Anfang Juni 1827 wieder einmal so weit: Eines der gefürchteten Murhochwässer bedroht die mittlere und untere Steiermark. Vom 8. bis zum 10. Juni wälzt sich eine erste Flutwelle durch das Land und hinterlässt enorme Verwüstungen. Eine zweite Flutwelle vom 13. bis zum 16. Juni wird die Schäden noch erhöhen. Südlich von Frohnleiten verschlechtert sich die Situation bei der Badlwand sehr. Im Bereich der Straßenschutzbauten entsteht eine Bucht, in die alle aus der Obersteiermark kommenden Flöße und Pletten durch die Strömung unweigerlich geraten, *allwo sie nur mit der größten Anstrengung der Ruderer aus diesem Wirbel sich heraus arbeiten müssen, wenn sie nicht (…) der Scheiterung unterworfen seyn wollen,* wie eine zeitgenössische Quelle vermerkt. Bei Judendorf werden die schweren Ufereinbrüche ab 1828 durch neue Wehren ausgeglichen, die Schifffahrt im Bereich des Jungfernsprunges muss aufgrund der Gefährlichkeit in diesem Bereich allerdings auf längere Zeit gesperrt werden. Die Folge sind umfangreiche Regulierungsmaßnahmen und eine starke Bepflanzung der Murufer, die bis 1839 bewirken, dass Uferbeschädigungen viel seltener werden. In Graz werden die Ufer zwischen Weinzödl und dem Kalvarienberg schwer beschädigt, in der Stadt selbst wird unter anderem die Hauptbrücke ein Opfer der Fluten; das Wasser dringt bis zur Stadtpfarrkirche vor. Dabei nutzt man die Hochwasser führende Mur gleich zu einem weiteren Zweck: Das Archiv der Stadt, seit 1803 in einem Kellergewölbe in der Färbergasse untergebracht, ist zu einem guten Teil von Schimmel befallen und wird nun einfach in den Fluss gekippt. Damit gehen wertvolle Quellenbestände zur Geschichte der Stadt Graz und ihres Umlandes auf ewig verloren. Die noch 1827 begonnenen Reparaturarbeiten ziehen sich über mehr als zehn Jahre hin, der Bau der neuen Mur-Hauptbrücke wird erst 1836 abgeschlossen. Erst ab etwa 1840 errichtet man, an den späteren Kais beginnend, Steinbauten als Uferschutz.

Im Süden des Landes ist es vor allem der Raum oberhalb der Spielfelder Brücke, der so schwer verwüstet wird, dass eine Kommission im Mai 1828 die Errichtung eines Durchstiches in diesem Bereich anregt. Eine für die gesamte Steiermark weitreichende Folge dieses Hochwassers ist, dass ein eigener Elementarschadenfonds für Hochwasserschäden errichtet wird und man sich erstmals ernsthaft Gedanken über eine grundlegende Regulierung der Mur nach modernen technischen Grundsätzen macht.

Die Stadt Graz entsorgt ihr Archiv

Darstellung des Murhochwassers in Graz anno 1827

105

Geboren 1377 als dritter Sohn Herzog Leopolds III. in Bruck an der Mur, wird er bei der Erbteilung des Jahres 1406 Herzog der Steiermark. Trotz dieser Regelung sind die Jahre bis 1411 von stetigen Familienstreitigkeiten der Habsburger um die eigentliche Vormachtstellung geprägt. 1406 übernimmt Ernst zwar nominell die Verwaltung der Steiermark, gelangt aber erst 1411 auch in den tatsächlichen Besitz des Landes sowie in den von Kärnten, Krain, Inneristrien und Triest, also jenes Territoriums, das später als „Innerösterreich" bezeichnet wird.

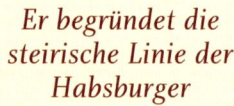

Er begründet die steirische Linie der Habsburger

Darstellung der Grabplatte von Herzog Ernst dem Eisernen aus dem 19. Jahrhundert. Er liegt in Stift Rein bei Graz begraben.

Schon im Jahr darauf beruft der neue Landesfürst den ersten Landtag der Stände nach Graz ein, 1414 werden den steirischen Ständen ihre Freiheiten bestätigt. Im selben Jahr wird Ernst am Zollfeld auch als letzter Herzog von Kärnten nach dem alten slowenischsprachigen Ritus am Fürstenstein eingesetzt und in Jerusalem zum Grabesritter geschlagen. Herzog Ernst, aufgrund seiner kraftvollen Gestalt und seiner Willensstärke nach seinem Tod „der Eiserne" genannt, errichtet nun seine Residenz in Graz und ist der erste Habsburger, der sich auch selbst „Erzherzog" nennt. Für seine Residenzstadt erlässt er noch 1414 Mautbestimmungen, die eingehobenen Gelder sollen zum Ausbau der Befestigungsanlagen herangezogen werden.

Im Inneren der Steiermark muss Ernst mit dem untersteirischen Geschlecht der Walseer kämpfen, das sich seinen Interessen entgegenstellt. Ernst erobert in einer kriegerischen Auseinandersetzung ihre Burgen Obermarburg, Gonobitz/Slovenske Konjice und Mahrenberg/Radlje ob Dravi. Die oststeirische Riegersburg kann Ernst hingegen nicht einnehmen. Im Jahr 1418 wiederum müssen ungarische Einfälle in die Oststeiermark von Hartberg bis Radkersburg und Gleisdorf bekämpft werden.

Die erste Ehe des Herzogs mit Margarethe von Pommern bleibt kinderlos und so vermählt er sich nach deren Tod im Jahr 1407 und einer Palästinawallfahrt im Jahr 1412 mit Cymburgis von Masowien, der enorme Kräfte nachgesagt werden. Dieser Ehe entspringen drei Töchter und sechs Söhne, darunter der spätere Kaiser Friedrich III. Am 10. Juni 1424 verstirbt Herzog Ernst in seiner Geburtsstadt Bruck an der Mur und wird im Stift Rein beigesetzt. Ernst ist der Begründer der erfolgreichen steirischen Linie der Habsburger, der alle späteren Habsburgerherrscher entstammen.

David Heinrich Pollak setzt am 11. Juni 1872 industriegeschichtlich neue Maßstäbe, die weit über Graz und die Steiermark hinausreichen und europäische Dimensionen annehmen. Er gründet in Graz nahe des Südbahnhofs die sogenannte „Welt-Schuhfabrik", wo in einem modernen Shedhallenbau wöchentlich 20.000 Paar Schuhe hergestellt werden. Die Fabrik beliefert bald alle Kronländer der Monarchie und andere europäische Staaten, insbesondere England, Frankreich, Dänemark und Rumänien, mit starksohligem Männerschuhwerk und feinen Galanterie- sowie Abendschuhen für Stadtdamen.

Die Marke „Humanic-Franz"

Die kleinen Schuhmacher im Land geben gleichzeitig reihenweise auf. 1889 kommt es trotz des Erfolgs nach der Trennung mehrerer Teilhaber zu einer veritablen Krise, die noch durch billige maschinenerzeugte Ware aus Böhmen, die gerade auf den Markt strömt, verschärft wird. Aus den Vereinigten Staaten kommen gleichzeitig die ersten Fachmaschinen nach Europa und kleine Konkurrenzfirmen schaffen den Aufstieg auf Kosten der „Welt-Schuhfabrik". Das Ende der Krise kommt, als 1904 der Inhaber der Grazer Lederfabrik „Franz Rieckh Söhne", Carl Rieckh, die Fabrik kauft, modernisiert und unter dem alten Namen weiterführt. Über Rieckhs Mitgliedschaft im Heereslieferverband wird die „Welt-Schuhfabrik" ab 1914 auch Heereslieferant, die Produktion wird grundlegend umgestellt. Nach Kriegsende entsteht aus der Firma unter der Leitung des Schwiegersohns Dr. Felix Alexander Mayer die neue „Humanic Leder- und Schuh-AG Wien–Graz", die in ganz Österreich insgesamt 60 Verkaufsläden betreibt und 1938 in die „Humanic Heinisch & Mayer-Rieckh KG" umgewandelt wird. Wieder produziert man für eine Armee, nach 1945 muss man zunächst die schweren Kriegsschäden durch die Bombardements und Plünderungen verkraften, aber um 1950 beschäftigt die Firma wieder 650 Arbeiter, dazu 80 Meister und Angestellte, und betreibt 50 Geschäfte in ganz Österreich. Die Avantgarde-Werbelinie mit Künstlern wie H. C. Artmann oder Otto M. Zykan und das Handfuß-Logo von Karl Neubacher sowie das Wort „Franz" machen „Humanic" in den 1970er-Jahren über Österreich hinaus bekannt. Mitte der 1980er-Jahre ist die Tagesproduktion auf 5.000 Paar Lederschuhe gestiegen, man beschäftigt in weiteren Betrieben in Deutschlandsberg, Feldbach, Radkersburg und Eibiswald rund 2.000 Mitarbeiter und gehört erneut zu den größten Schuhherstellern Europas. 1991 wird eine Mehrheitsbeteiligung am ungarischen Handelsunternehmen „Szivárvány Rt." erworben, und seit den Markteintritten in Kroatien 2009 und Bulgarien 2010 ist Humanic in insgesamt elf europäischen Ländern vertreten.

Die „Welt-Schuhfabrik" Graz um 1910

Der am 12. Juni 1885 in Leobersdorf bei Allerheiligen als Sohn eines Landwirts geborene Anton Pirchegger ist bereits in den Jahren vor dem Ersten Weltkrieg als Bauernvertreter für die „Christlichsoziale Partei" tätig. Im Jahr 1915 schwer verwundet aus dem Ersten Weltkrieg zurückgekehrt, widmet er sich nach 1918 insbesondere dem Genossenschaftswesen und versucht während der wirtschaftlich schwierigen 1920er- und 1930er-Jahre, die Selbsthilfe unter den Mürztaler Landwirten, teilweise mit großem Erfolg, zu unterstützen. In den Jahren von 1920 bis 1933 gehört Pirchegger als einer der jüngsten Abgeordneten dem österreichischen Nationalrat an, er agiert von 1934 bis 1938 als Präsident des Steiermärkischen Landtags und führt von 1935 bis 1938 den „Steirischen Landwirteverband". In den Jahren des Dritten Reiches politisch verfolgt und zeitweise inhaftiert, widmet er sich ausschließlich seiner Landwirtschaft und nimmt Abstand von der Politik. Nach Kriegsende wird er sofort wieder politisch aktiv. So gehört er bereits am 15. Mai 1945 für den Bauernbund der neu formierten ÖVP und der provisorischen Landesregierung an und betreut die Agenden Landwirtschaft und Ernährung. Auch in der Landesparteileitung nimmt Anton Pirchegger für den Bauernbund sofort eine führende Stellung ein.

Der erste Bauer als Landeshauptmann

Anton Pirchegger wird nach dem starken Abschneiden der Bauernbundkandidaten in der Novemberwahl des Jahres 1945 am 28. Dezember 1945 als erster Landwirt der Steiermark in das Amt des Landeshauptmanns berufen. Dieses übt er, auch von seinen politischen Mitbewerbern hoch angesehen, bis zum 6. Juli 1948 aus und betreut, schwer an Angina pectoris leidend, auch noch die Agenden Schule und Kunst. Das Motto, das er an alle Steirer und Steirerinnen 1945 ausgibt, lautet: „Tut mehr als ihr müsst!" In Pircheggers Amtszeit fallen die Herausforderungen des Wiederaufbaus, die Abwehr von Gebietsansprüchen durch Jugoslawien und die Vollstreckung von Todesurteilen an Naziverbrechern im März 1947, die Eingliederung des Schlosses Eggenberg in das Joanneum und die Rückgliederung des Gerichtsbezirks Bad Aussee an die Steiermark. Anton Pirchegger verstirbt am 1. März 1949 in Leobersdorf bei Allerheiligen und wird in Allerheiligen im Mürztal im Beisein von Landeshauptmann Josef Krainer sowie des britischen Hochkommissars beigesetzt.

Die Schlacht bei Raab

Im Lauf der Franzosenkriege des Jahres 1809 markiert die Schlacht bei Raab einen der militärischen Schicksalstage der Steiermark. Erzherzog Johanns Armee zieht am 29. Mai 1809 von Graz ab, um über Ungarn der Armee Erzherzog Karls bei Wagram zur Hilfe zu eilen. Unterwegs wird diese Armee am 14. Juni nahe Raab/Györ von den Truppen des Vizekönigs von Italien, Eugène de Beauharnais, gestellt und zur Schlacht gefordert. Beide Armeen sind etwa gleich stark, die Franzosen verfügen über 29.000 Infanteristen und 6.000 Kavalleristen sowie 56 Geschütze, die Österreicher über 28.000 Infanteristen und 9.000 Kavalleristen.

Auf österreichischer Seite rechnet man am 14. Juni mit keinem Angriff, doch dieser beginnt um 11 Uhr 30. Die Franzosen rücken bei heftiger Gegenwehr der Österreicher vor, die Reserve der Österreicher drängt die Franzosen wieder zurück. Das zweite Landwehrbataillon des Grazer Kreises bewährt sich unter Oberstleutnant Ludwig von Hummel durch aufopfernde Tapferkeit bei der Verteidigung des Meierhofes von Kis-Megyer in der Mitte der österreichischen Armee und wehrt alle Angriffe der Franzosen ab, bis die Reste des Bataillons von der französischen Division Patchod eingeschlossen und ohne Munition im brennenden Hof gefangen genommen werden. Erzherzog Johann befiehlt schließlich den allgemei-

Steirer kämpfen bis zur letzten Patrone

nen Rückzug, diese Information gelangt jedoch nicht bis zum Meierhof von Kis-Megyer. Der Hof fällt erst um 17 Uhr in die Hände der Franzosen, der Sturmangriff kostet die Franzosen 700 Gefallene und Verwundete, auch ein Großteil der Steirer stirbt bei dessen Verteidigung. Die gefangen genommenen Steirer werden rasch wieder befreit, die Armee Erzherzog Johanns kommt, auch aufgrund anderer unglücklicher Umstände, aber zu spät zur Schlacht von Wagram. Die Schlacht bei Raab aber geht in die Kriegsmythologie der Steiermark ein.

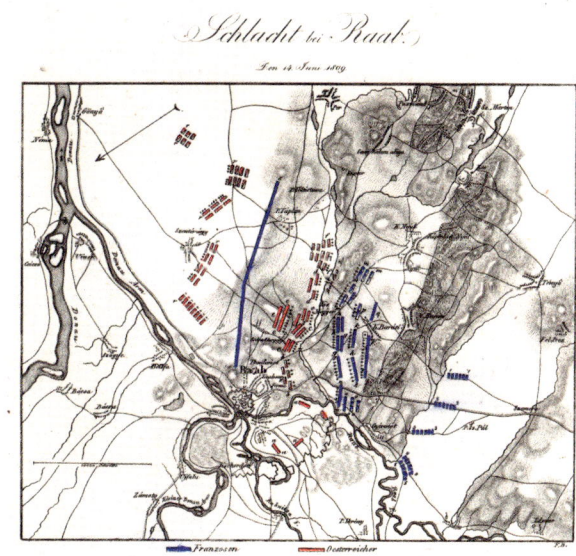

Kartografische Darstellung der Schlacht bei Raab

15. Juni 1904

Die erste Radioübertragung der Welt findet in Graz statt

Am 15. Juni 1904 sind die ehrwürdigen Gemäuer der Technischen Hochschule in Graz Schauplatz eines weltgeschichtlichen Ereignisses. Am Institut für Physik gelingt dem Assistenten Otto Nußbaumer die weltweit erste drahtlose Übertragung von Musik von einem Raum des Instituts in einen anderen, also quasi die erste Radioübertragung. Gesendet wird natürlich, wie könnte es auch anders sein, die steirische Landeshymne. So viel steirischen Patriotismus mögen viele dem am 31. März 1876 in Innsbruck-Wilten geborenen Sohn eines Eisenbahnkontrollors gar nicht zugetraut haben. Aber er fühlt sich seit der Übersiedelung der Familie als Steirer und studiert nach absolviertem Gymnasium in Leoben und Kremsmünster sowie an der Grazer Realschule an der Technischen Hochschule Graz Maschinenbau. Von 1901 bis 1907 ist er dann am Institut für Physik der Technischen Hochschule als Assistent beschäftigt. Nußbaumer zieht aus seiner Erfindung allerdings keinen wirtschaftlichen Nutzen und eine Subventionierung weiterer Versuche wird seitens des Ministeriums abgelehnt. Dennoch gilt er als österreichischer

Otto Nußbaumer und die Technische Hochschule Graz

Otto Nußbaumer im Jahr 1930

Pionier der Rundfunktechnik. Im Jahr 1908 übersiedelt Otto Nußbaumer, nachdem ihm eine erstrebte Lehrkanzel in Graz nicht verliehen wird, nach Salzburg, wo er in die Dienste der Statthalterei tritt und die letzten 22 Jahre seines Lebens damit verbringt, Dampfkessel und Kinoanlagen zu überprüfen sowie Führerscheinprüfungen abzunehmen. Nußbaumer interessiert sich privat weiter für die Radiotechnik, gründet den „Salzburger Radioklub" und hält in dessen Rahmen zahlreiche Vorträge über die neue technische Errungenschaft. In Salzburg verstirbt er auch am 5. Jänner 1930. Begraben liegt Otto Nußbaumer, der im Jahr 1929 Ehrenbürger der Stadt Salzburg wird, allerdings in Leoben. In Graz erinnern seit den Zeiten der eigenständigen Gemeinde St. Peter die Nußbaumerstraße im VIII. Bezirk im Zusammenhang mit dem dortigen Großsender sowie eine Gedenktafel an der Technischen Universität (Alte Technik) an den Erfinder. Die Originalapparatur, mit der im Jahr 1904 die erste drahtlose Musikübertragung gelang, wird heute im Wiener Technischen Museum/Postmuseum aufbewahrt.

Möglicherweise schon die Traungauer, sicher aber die Babenberger fordern als Landesfürsten der Steiermark die Errichtung eines eigenen Landesbistums. Der Salzburger Erzbischof versucht aber, eine solche Errichtung hinauszuzögern oder gar zu verhindern. Er selbst ist oberster Kirchenherr und möchte sich weder in seinen kirchlichen Rechten noch in seinem Besitztum durch ein neues Bistum beschneiden lassen. Aber langsam wird es für den Erzbischof

Ein neues Bistum in finanziellen Nöten

eng, Rom steht auf der Seite der Babenberger. Schließlich erfüllt der Erzbischof den Wunsch der Babenberger: Als Herzog Leopold sich gerade auf einem Kreuzzug in Ägypten befindet, kommt er der Absicht des Landesfürsten zuvor. Nach der erteilten Zustimmung durch Papst Honorius III. vom 2. Dezember 1217 beziehungsweise vom 22. Juni 1218 erfolgt unter Erzbischof Eberhard II. die Errichtung des neuen Bistums.

Um den Salzburger Eigenbesitz möglichst ungeschmälert erhalten zu können und damit auch die eigene Machtbasis zu behaupten, fällt das Territorium mehr als bescheiden aus. Bischofssitz wird nominell das Chorherrenstift Seckau in der Obersteiermark, die Stiftskirche wird gleichzeitig zur Bischofskathedrale. Das Bistum Seckau umfasst bei seiner Gründung nur einen kleinen Amtssprengel von nicht einmal zwei Tagesreisen. Es erstreckt sich von der Pfarre Kobenz bei Knittelfeld ausgehend, dem alten Verbindungsweg über die Stubalpe folgend, über das Kainachtal bis Wildon und umfasst etwa zwanzig Pfarren, die vor allem dem Stift Seckau selbst und dem Stift St. Lambrecht inkorporiert sind. Die Möglichkeiten zur wirtschaftlichen Entfaltung bleiben für den neuen Seckauer Bischof also sehr gering, da sich der Salzburger Erzbischof auch die Zehent- und Patronatsrechte vorbehält. Damit kann der Bischof auch keine einzige Pfarre selbst frei besetzen und muss im Grund bis zur Diözesanregulierung des Jahres 1786 als Weihbischof von Salzburg agieren. Nur langsam gelingt es dem Seckauer Bischof, sein Tischgut zu erweitern. Als erster Bischof wird am 25. September 1218 Karl I. erwähnt, der zuvor Propst im Kärntner Friesach war.

Das Stift Seckau im Jahr 1918 (kolorierte Fotografie)

23. Juni 1984

In Graz kommt das erste „Retortenbaby" zur Welt

Das Landeskrankenhaus Graz hat gerade erst mit der ersten geglückten Herztransplantation der Steiermark Schlagzeilen gemacht, als es am 23. Juni 1984 zur nächsten medizinischen Sensation kommt: Das erste steirische „Retortenbaby" erblickt in der Gebärklinik um 17 Uhr 26 das Licht der Welt, gerade einmal sechs Jahre, nachdem 1978 der Engländer Robert Edwards gemeinsam mit Patrick Steptoe dem weltweit ersten Retortenbaby zur Geburt verholfen hat. Die Eltern des Grazer Kindes, ein Maurer und eine Angestellte aus Graz, sind überglücklich, sie hatten sich seit Jahren sehnlichst ein Kind gewünscht.

Das LKH Graz schreibt steirische Medizingeschichte

Die Vorgeschichte, die zur Geburt des ersten steirischen Retortenbabys führt, ist lang: Nach zahlreichen Fehlversuchen landet das Elternpaar in der Hormonambulanz des Grazer Landeskrankenhauses, wo es auf die Möglichkeit einer künstlichen Befruchtung aufmerksam gemacht wird. Die zukünftigen Eltern zögern nicht lange, ein erster Versuch schlägt aber fehl. Erst ein zweiter Versuch des zehnköpfigen „Retortenteams" unter Projektleiter Dozent Raimund Winter fruchtet. Vor der Geburt kommt es noch einmal zu einer kleinen Komplikation: Die Nabelschnur hat sich um den Hals des Kindes gewickelt, aber auch dieses Problem ist bald gelöst. Nicht einmal eineinhalb Stunden dauert die Geburt, bei der auch der Vater des Kindes anwesend ist. Ein Kaiserschnitt, wie bei vielen anderen Retortenbabys, ist in diesem Fall nicht notwendig. Das erste steirische Retortenbaby, ein Knabe mit dem Namen Gernot Christian, der auch einen elf Jahre älteren Bruder hat, ist 2,26 Kilogramm schwer und 45 Zentimeter groß. Die Betreuung des für sein Alter etwas zu kleinen Kindes übernimmt Kinderarzt Dozent Helfried Rosegger, ein Nachfahre des Dichters.

24. Juni 1883

Nobelpreisträger Victor Franz Hess wird auf Schloss Waldstein geboren

Dr. Victor Franz Hess wird am 24. Juni 1883 als Sohn des Forstmeisters Vinzenz Hess auf Schloss Waldstein bei Übelbach geboren. Seine Gymnasial- und Universitätsstudien absolvierte Victor im nahen Graz und wird 1906 „sub auspiciis imperatoris" zum Doktor der Philosophie promoviert. Seit 1908 Honorardozent für medizinische Physik an der Tierärztlichen Hochschule in Wien, habilitiert er sich 1910 an der Wiener Universität als Privatdozent und arbeitet bis 1920 als Assistent von Stefan Meyer am neu gegründeten Institut für Radiumforschung. Hier, wo Hess die entscheidenden Impulse für seine Lebensarbeit erhalten wird, beginnt er mit „der Untersuchung der Absorption der Gammastrahlen des Radiums in Luft". Mit mehreren Ballonfahrten in den Jahren 1911 und 1912 – Hess erwirbt dafür eigens den Ballonführerschein – kann er den Nachweis erbringen, dass die Ionisation der Luft mit zunehmender Höhenentfernung vom Erdboden wohl abnimmt, in Höhen über 1.000 Metern jedoch wieder stärker wird und in 5.000 Metern Höhe bereits das Dreifache des Wertes in Bodennähe erreicht. Dieses merkwürdige Verhalten erklärt Hess als Erster mit der heute als richtig anerkannten Theorie, dass in Bodennähe eine geringfügige Ionisierung der Atmosphäre durch Strahlung radioaktiver Elemente wie Radium, Uran oder Thorium auftritt, die wesentlich stärkere Leitfähigkeit der Luft in großen Höhen jedoch von einer Strahlung außerterrestischen Ursprungs hervorgerufen werden muss. Diese nennt Hess „Höhenstrahlung" oder „Ultrastrahlung". Hess wird für seine Arbeit über die „Höhenstrahlung" 1919 mit dem „Lieben-Preis" der Wiener Akademie der Wissenschaften ausgezeichnet.

Ein steirischer Pionier der Experimentalphysik

1920 folgen zwei Berufungen, von denen Hess jene an die Universität Graz wahrnimmt. Hier wirkt er als außerordentlicher Professor für Experimentalphysik, darf aber 1921 bis 1923 einer Berufung in die Vereinigten Staaten Folge leisten. Hess wird 1929 zum Dekan der philosophischen Fakultät der Universität Graz gewählt. 1931 wird er als ordentlicher Professor für Experimentalphysik an die Universität Innsbruck berufen und zum Vorstand des dort neu gegründeten Instituts für Strahlenforschung ernannt, wo er mit internationaler Hilfe eine Beobachtungsstation zur Erforschung der kosmischen Höhenstrahlung auf dem Hafelekar errichtet. Für seine Forschungen erhält er dann 1936 den Nobelpreis für Physik. In der Zeit des Ständestaates gehört er als Vertreter der Wissenschaft dem Bundeskulturrat an. Nach Graz zurückgekehrt, erlebt er hier den „Anschluss" Österreichs an Deutschland. Den Nationalsozialisten ist Hess als überzeugter Katholik und kosmopolitisch gesinnter Mensch ein Dorn im Auge. Zudem ist seine Frau Marie Berta Jüdin. Hess wird daher in den Ruhestand versetzt und im September 1938 fristlos und ohne Pension entlassen. Nach einem staatlichen Vermögensraub erlaubt man Hess, im Herbst 1938 eine Berufung an die Fordham University in New York anzunehmen. Dort bleibt er bis zu seiner Emeritierung 1958 tätig. Er stirbt am 17. Dezember 1964 in Mount Vernon/USA.

Die noch junge steirische Ritterschaft ist im 13. Jahrhundert bestrebt, durch die Erfüllung „religiöser Verpflichtungen" in der europäischen Gemeinschaft der Ritter ihren Platz einzunehmen. Dazu bietet die Teilnahme an einem Kreuzzug eine gute Gelegenheit. Diese Unternehmung kostet aber Geld, und das bringen die Ritter meist durch den Verkauf ihres Besitzes oder dessen Belehnung auf. Große Besitzveränderungen im Land sind die Folge, viele davon sind sehr gut dokumentiert. Über das oft tragische Schicksal mancher steirischer Kreuzritter berichten vereinzelt erhaltene Urkunden.

Papst Innozenz III. ruft im Frühjahr 1213 in seine Bulle „Quia maior" zu einem weiteren Kreuzzug auf, dieser wird auf dem Vierten Laterankonzil im Jahr 1215 beschlossen. Nach dem Plan des Papstes sollen sich die Kreuzfahrer im Jahr 1216 im italienischen Brindisi sammeln und dann nach „Outremer" (das Gebiet der damaligen Kreuzfahrerstaaten an der Levanteküste) ziehen. Der Tod des Papstes vereitelt dieses Vorhaben jedoch, der neue Papst Honorius II. legt den Kreuzzugsbeginn dann auf den 1. Juni 1216 fest.

Erste Hinweise auf Vorbereitungen zu diesem Kreuzzug finden sich in der Steiermark im Jahr 1216. Ulrich von Stubenberg übergibt zum Beispiel in Vorbereitung auf die Reise gegen Jerusalem am 25. Juni 1216 dem Stift Seckau vier Huben

Große Besitzveränderungen setzen ein

in Rattenberg bei Fohnsdorf, wobei diese Urkunde auf Burg Oberkapfenberg ausgefertigt wird. Wohl in denselben Tagen stattet er auch das Stift Rein mit drei Huben in Rattenberg aus. Wahrscheinlich im Mai 1217 verpfändet dann Ulrichs Sohn Wulfing von Stubenberg sein Lehen im oststeirischen Arzberg bei Passail, das er vom Stift Göss innehat, um 45 Mark Pfennige an das Stift Göss. Offensichtlich will er damit seine Kreuzzugsbeteiligung finanzieren, und, falls er aus den jenseits des Mittelmeeres gelegenen Gebieten wieder zurückkehrt, die Güter auch wieder „auslösen". Bald darauf erfolgt der Aufbruch der Steirer. Am 1. Juni 1217 geht die Reise dann unter der Führung des ungarischen Königs Andreas II. und Herzog Leopolds VI. von Österreich von Split aus nach Palästina weiter. Die genauen Zusammenhänge wären noch zu erforschen, aber wahrscheinlich wird Ulrich von Stubenberg bereits bei den Kämpfen um Akkon verwundet, da er noch in Syrien während der ersten Jahreshälfte dem Johanniterorden zwei Dörfer bei Ilz und Hatzendorf nahe Riegersburg in der Oststeiermark schenkt. Diese Schenkung wird dann von Herzog Leopold am 18. Juli vor Damiette bestätigt, kurz bevor Ulrich bei der Belagerung dieser Stadt fällt. Von Wulfing von Stubenberg hingegen wissen wir, dass er 1219 mit Leopold VI. wieder heil vom Kreuzzug auf seine steirischen Güter zurückkehrt.

Thronfolger Erzherzog Franz Ferdinand von Österreich-Este ist gebürtiger Grazer. Er erblickt hier am 18. Dezember 1863 als Sohn Erzherzog Carl Ludwigs und dessen zweiter Ehefrau Maria Annunziata, der Tochter des Königs beider Sizilien, das Licht der Welt. Das Haus des Erzherzogs in der Sackstraße 18 beherbergt heute das Grazer Stadtmuseum. Seine ersten drei Lebensjahre verbringt Franz Ferdinand in der Stadt. Nach der üblichen habsburgischen Prinzenerziehung beginnt Franz Ferdinands militärische Laufbahn bei Infanterie und Kavallerie, ab dem Jahr 1890 befehligt er als Oberst das 9. Husarenregiment.

Nach dem Selbstmord des Kronprinzen Rudolf kommt Franz Ferdinand als Thronfolger in Betracht, wird aber vorerst offiziell nicht dazu ernannt. Er erweitert sein Wissen nun selbst um staatsrechtliche Studien, unternimmt seiner erkrankten Lungen wegen zahlreiche Reisen im Mittelmeerraum, gewinnt rasch Einblick in das Heereswesen der Monarchie und beschäftigt sich eingehend mit den Problemen des Vielvölkerstaates.

Am späten Vormittag des 28. Juni 1914 fallen Franz Ferdinand, der als „Generalinspektor der gesamten bewaffneten Macht" fälschlicherweise als Kopf der österreichischen Kriegsbefürworter angesehen wird, und seine Gemahlin Sophie jenem Attentat in Sarajewo zum Opfer, das schließlich zum Auslöser des Ersten Weltkrieges wird. Nur wenige Stunden später wird die Nachricht über Telegrafenleitungen in alle Welt

> *Die Ermordung des gebürtigen Grazers Franz Ferdinand löst den Ersten Weltkrieg aus*

getragen oder, wie es die *Grazer Tagespost* in ihrer Sonderausgabe am 29. Juni 1914 ausdrückt: *„Eine furchtbare Nachricht ist gestern aus Sarajevo in die nachmittägliche Ruhe des Sonntags gefallen. Auf den Thronfolger Erzherzog Franz Ferdinand und auf seine Gemahlin Herzogin Sophie von Hohenberg ist gestern Vormittag von ruchloser Hand ein Attentat verübt worden, dem der Thronfolger und seine Gemahlin zum Opfer fielen."*

Am Morgen des 29. Juni kann den Lesern bereits die gesamte Ereignisgeschichte, teilweise bereits mit bestens recherchierten Hintergründen, geliefert werden. Sofort setzt in der nationalen Presse der Untersteiermark die Hetze auf die „südslawische Mördergemeinsamkeit" ein, wobei sich insbesondere die *Marburger Zeitung* negativ auszeichnet. Als sie „schwarze Listen" von „slowenischen Staatsfeinden" abzudrucken beginnt, erlässt Ministerpräsident Graf Stürgkh, selbst ein Steirer, den Auftrag, die Hetze der Zeitung gegen die Slowenen einzustellen – allerdings ohne Erfolg. Das Gift des Nationalismus ist stärker und wird 1918 dazu führen, dass sich die Slowenen vom alten steirischen Mutterland loslösen.

Das ermordete Thronfolgerpaar

Juli

Geschrieben wird das ursprünglich zehn Strophen umfassende Lied anlässlich des 25. Gründungsjubiläums der „steirischen Landwirtschaftsgesellschaft" am 16. Oktober 1844. Die Musik stammt vom Grazer Domorganisten Ludwig Carl Seydler, der sich auch als Musikschriftsteller und Walzerkomponist in ganz Österreich einen Namen macht; der Text wird vom Buchhändler

Vom Jubiläums-Festgesang zur Landeshymne

und Verleger Jakob Dirnböck aus Graz beigesteuert, wobei das Festgedicht ursprünglich den Titel „Der Steirer Land" trägt. Der Text des Liedes fasst den „Istzu-

Gedenktafel für den Schöpfer des „Dachsteinliedes", Ludwig Carl Seydler, am Pfarrhof St. Leonhard/Graz

stand" der Steiermark im Jahr 1844 recht gut zusammen: Dirnböck kennt Land und Leute und weiß, worüber er dichtet, wobei natürlich auch einige romantische Idealvorstellungen einfließen, wie „schamhaft errötende junge Damen". Und natürlich gelten im Originaltext, dem gerade obwaltenden Zeitgeist entsprechend, auch noch „deutsches Wort" und ein „Handschlag" etwas. Das „Dachsteinlied", wie es nach seiner ersten Textzeile bald genannt wird, findet – mehrfach bei international besuchten Großveranstaltungen dieser Jahre in Graz aufgeführt – rasch Verbreitung im gesamten deutschen Sprachraum und wird, mit anderen Texten versehen, auch im Ötztal, in der Schweiz, am Rhein, ja sogar in Norddeutschland und in Flandern heimisch. Und dann wird es natürlich auch von der österreichischen Militärmusik vereinnahmt und im Trio des „9er-Alpenjägermarschs" von Rudolf Kummer verarbeitet. Es ist es auch das erste Musikstück der Welt, das 1904 in Graz mittels Radiowellenübertragung über den Äther geht. Und weil es jeder im Land kennt, wird eine Instrumentalversion auch als Ankündigungsmelodie der „Holding Graz-Linien" vor Haltestellenansagen verwendet. Das Wichtigste aber ist, dass der Steiermärkische Landtag am 3. Juli 1929 beschließt, die Strophen eins, zwei, drei und zehn samt Originalmelodie zur steirischen Landeshymne zu erklären. Zwischen 1938 und 1945 herrschen andere Töne im Land, aber seit Mai 1945 erklingt bei allen offiziellen und feierlichen Anlässen wieder das „Dachsteinlied".

Am 6. Juli 1728 wird von Kaiser Karl VI. unter größter barocker Prunkentfaltung in Graz die letzte steirische „Erbhuldigung" entgegengenommen, nachdem er bereits die Erbhuldigungen in Krain, Triest und Kärnten erhalten hat. Damit endet ein über Jahrhunderte geübter Rechtsbrauch. Die Erbhuldigung fußt auf dem Jahr 1186 und auf der „Georgenberger Handfeste". In dieser ist nämlich festgelegt, dass jeder neue Landesfürst zunächst einmal die Freiheiten und Rechte der Steirer bestätigen muss. Kaiser Karl geht diese gegenseitige Treueverpflichtung ein, legt vor einem sechsköpfigen Ausschuss von Abgeordneten der Landstände den Eid ab und wird erst dadurch zum Herzog der Steiermark. Im Gegenzug folgt nun die „Erbhuldigung" der steirischen Stände nach einem genau festgelegten Reglement.

Der barocke Aufwand dieser letzten Erbhuldigung in der Geschichte des Landes ist unglaublich. Allein die offiziellen Kosten belaufen sich auf 60.000 Gulden, was nach heutiger Kaufkraft mehr als 700.000 Euro entspricht. Nebenkosten wie der Ausbau der Semmeringstraße anlässlich der Reise des Kaisers nach Graz sind darin natürlich nicht enthalten. Der neue Landesfürst erscheint in Graz mit einem Gefolge von 900 Personen, in dem sich auch seine Gemahlin Elisabeth Christine und die damals elf Jahre alte Maria Theresia befinden.

Das Ende des wichtigsten steirischen Rechtsbrauchs

Dieses Ereignis wird von den Landständen später im großen Wappensaal des Landhauses in einem Gemälde von Josef Ferdinand Fromiller festgehalten. In den Jahren 1740/1741 wird von Johann Georg Edlem von Deyerlsberg das „Erbhuldigungswerk" herausgegeben, angefertigt nach Skizzen von 1728. Es ist die aufwendigste jemals in der Steiermark produzierte Festschrift: eine Kupferstichsammlung mit einem Frontispiz, einer gefalteten Kupferkarte und zwölf doppelblattgroßen Kupfertafeln, gedruckt bei „Widmanstätters Erben" in Graz. Das „Erbhuldigungswerk" ist eines der bedeutendsten Dokumente für die Geschichte des Landes, der Stadt Graz und des barocken Lebens in der Steiermark.

Darstellung der Erbhuldigung Kaiser Karls VI. vor den Abgeordneten der steirischen Landstände aus dem 19. Jahrhundert

Am 9. Juli 1890 erscheint in Graz erstmals der *Arbeiterwille*, eine sozialdemokratische Zeitung, die sich selbst als „Organ des arbeitenden Volkes der Alpenländer" bezeichnet und von Otto Bauer später als bedeutendste sozialdemokratische Zeitung Österreichs nach der *Arbeiter-Zeitung* gewürdigt wird. Gegründet wird sie im „Café Österreichischer Hof" in der Annenstraße vom Buchdrucker Florian Drößler, dem Schuhmachergehilfen Josef Gans, dem Tischlergehilfen Josef Pongratz, dem Hutmachergehilfen Eduard Ehrlich und dem Schneidergesellen Hans Resel.

Letzterer hat schon für die Wiener *Gleichheit* und die *Arbeiter-Zeitung* Korrespondentenberichte geliefert und soll Chefredakteur werden. Ehrlich fungiert als Herausgeber, erster Sitz der Zeitung ist ein schäbiges Kellerlokal in der Sackstraße, auch eine kleine Druckerei wird gefunden.

Das „Organ des arbeitenden Volkes der Alpenländer" ist geboren

So beginnt man am 9. Juli 1890 mit einer Auflage von 2.000 Stück, die zunächst alle 14 Tage mittwochs erscheint. 1891 ist man bereits auf den Lendplatz Nr. 4 übersiedelt und langsam gelingt der Aufstieg zur sozialdemokratischen Tageszeitung, die in der Steiermark und Kärnten gelesen wird. Über den *Arbeiterwillen* funktioniert nicht nur die Mobilisierung der Sozialdemokratie, auch die Organisationsstruktur der Partei wird durch die Zeitung enorm unterstützt – und sie sorgt bei bald eintretendem hohem journalistischem Niveau auch für ein zusätzliches Bildungsangebot für die Arbeiterschaft. Unter den bekannten Mitarbeitern finden sich unter anderen der „Kinderfreunde"-Begründer Anton Afritsch, der spätere KPÖ-Führer Ernst Fischer oder der Maler und Grafiker Axel von Leskoschek. Der *Arbeiterwille* wird am 12. Februar 1934 behördlich eingestellt und gilt als Vorläuferblatt der von 1945 bis 2001 erscheinenden *Neuen Zeit*.

10. Juli 1818
Die steirischen Stände kaufen den Grazer Schlossberg

Spätestens seit der Urnenfelder- oder der Hallstattzeit ist der Grazer Schlossberg besiedelt, die Slawen errichten hier eine Schutzburg und im 12. Jahrhundert wird vom Hochfreien Bernhard von Stübing hier eine romanische Burg erbaut, die, später an den steirischen Landesfürsten gekommen, systematisch zu einer der stärksten Festungsanlagen im gesamten Habsburgerreich ausgebaut wird. Belagert wird diese Festung nur einmal, und

Ein romantischer Landschaftspark entsteht

zwar 1809 von den Franzosen, eingenommen wird sie aufgrund der heldenhaften Verteidigung durch Major Hackher und seine 900 Mann Schlossbergbesatzung nie. Das stört die Franzosen und im Friedensvertrag von Schönbrunn fordern sie die Sprengung der Festung. So geschieht es auch, doch die Mythenbildung erzählt, wie die Grazer Bevölkerung durch große finanzielle Opferbereitschaft zumindest den Uhrturm und den Glockenturm mit der „Liesl" vor der Zerstörung rettet. In Wirklichkeit sind es gerade einmal 2.9/8 Gulden und 41 Kreuzer, die für dieses fantastische Rettungswerk aufgebracht werden müssen, der Gegenwert eines kleinen steirischen Bauernhofes oder von knapp 25.000 Kilogramm Kartoffeln.

Am 10. Juli 1818 kaufen die steirischen Landstände vom Landesfürsten um 10.000 Gulden den ganzen Schlossberg, der nach der Sprengung der Festung einer Trümmerstätte gleicht. Teile des Schlossberges, aufgeteilt in kleine Parzellen, werden in der Folge weiterverkauft. So erwirbt bereits 1819 einer der Verteidiger des Schlossbergs von 1809, Oberstleutnant Carl Freiherr von Cerrini, eine Parzelle östlich des Uhrturms und erbaut hier seinen Wohnsitz, das „Cerrinischlössel". Das „Starckehäuschen" auf der Nordseite des Bergs wiederum wird vom Grazer Rechtsanwalt Bonaventura Hödl zwischen 1820 und 1825 anstelle des 1809 durch einen Volltreffer zerstörten Pulverturms neu erbaut. 1839 verkauft Familie Hödl das Häuschen und andere Grundstücke am Berg, inzwischen mustergültig bepflanzt, den Landständen wieder zurück und nun ist der Weg endgültig frei für die schon lange angedachte planmäßige Umgestaltung des Felsklotzes in einen Landschaftspark. 1840 beginnen die Arbeiten unter Franz von Welden, rasch etablieren sich auch erste Gastronomiebetriebe auf dem Schlossberg und in kurzer Zeit ist er eines der beliebtesten Naherholungsgebiete der Grazer Bevölkerung – sowie ein Fixpunkt jeder Schülerreise aus der Provinz in die Landeshauptstadt. Und so ist es bis heute geblieben.

Der Uhrturm, Wahrzeichen des Grazer Schlossbergs

12. Juli 1892

In Öblarn wird Paula Grogger geboren

Der 12. Juli 1892 markiert den Geburtstag einer steirischen Schriftstellerin, die hohe Literatur schafft und ein komplexes, nur schwer in Normen einzuordnendes Leben führt: Paula Grogger. Hoch talentiert, besucht die Kaufmanns-

Hohe Literatur und ein komplexes Leben

tochter aus Öblarn im Ennstal die Lehrerinnenbildungsanstalt der Ursulinen in Salzburg und legt dort auch die Reifeprüfung ab. Ein Studium bleibt ihr verwehrt, die einzige Liebe ihres Lebens fällt während des Ersten Weltkriegs. Paula kehrt ins Ennstal zurück und unterrichtet bis 1929 in einigen Schulen ihres Heimattals Handarbeiten. Ihre Liebe gilt aber der Literatur. Schon während ihrer Zeit als Lehrerin verfasst sie ihren Erstlingsroman „Das Grimmingtor", der ein großartiger Erfolg wird und sie über Nacht im ganzen deutschen Sprachraum bekannt macht. An diesen Erfolg wird sie zeitlebens nicht mehr anschließen können, auch wenn ihre weiteren Romane und Gedichtbände von höchster Qualität sind. Paula Grogger gehört der deutschnational geprägten „Südmarkrunde" an, ist aber im Gegensatz zu ihrem Vater niemals NSDAP-Mitglied. Im Gegenteil: Sie arrangiert sich mit dem christlichen Ständestaat, verkehrt mit Legitimisten und ist sehr angetan vom christlichsozialen Landeshauptmann Karl Stepan. 1936 verfasst sie für den ersten „Steirischen Volkstag" das Stück „Die Hochzeit. Ein Spiel vom Prinzen Johann", das bis heute mit viel Erfolg in Öblarn aufgeführt wird.

Mit der NSDAP versucht sie sich ab 1938 so weit zu arrangieren, dass sie weiter schriftstellerisch tätig sein kann. So ist sie einerseits 1938 im „Bekenntnisbuch österreichischer Dichter" mit einem Werk verewigt, tritt der „Reichsschrifttumskammer" bei, sorgt aber andererseits bei der „Anschluss-Abstimmung" 1938 für Aufsehen, als sie im Wahllokal wutentbrannt ihre Öblarner Ehrenbürgerurkunde hinwirft und auf ihre Ehrenbürgerschaft verzichtet. Ab 1939 wird sie von den Öblarner Nationalsozialisten bei der GESTAPO denunziert, hat sich 1941 wegen „Diffamierung der deutschen Wehrmacht" vor der „Reichsschrifttumskammer" zu verantworten und verliert mit Rudolf Heß nach dessen Englandflug ihren wichtigsten Mentor. All dies macht eine exakte Einordnung ihrer Gesinnung unmöglich. Dessen ungeachtet erfährt Paula Grogger nach 1945 wieder hohe Ehren, sie erhält unter anderem 1952 den „Peter-Rosegger-Preis", 1961 den „Ehrenring des Landes Steiermark" und 1966 den Professorentitel. 1980 beendet sie ihre schriftstellerische Tätigkeit. Sie verstirbt am 1. Jänner 1984 in Öblarn. Ihr Werk prägt das Land literarisch bis heute stark mit.

Büste Paula Groggers in der „Steirischen Ehrengalerie"

14. Juli 1828

Die „Grazer Wechselseitige Brandschaden-versicherung" wird gegründet

Wieder einmal steckt Erzherzog Johann hinter einer bahnbrechenden Initiative. Die Mitglieder der 1819 gegründeten „Landwirtschaftsgesellschaft" erkennen rasch, dass die Schaffung einer Feuerversicherung für die Bauern notwendig ist. Erzherzog Johann lässt daraufhin vom Wiener Universitätsprofessor Josef Kudler eine Studie zur Errichtung einer derartigen „Brandschaden-Versicherungsanstalt" auf dem Prinzip der Gemeinnützigkeit und Wechselseitigkeit ausarbeiten. Diese Studie legt der Erzherzog seinem Bruder, Kaiser Franz I., vor und dieser genehmigt am 14. Juli 1828 mit allerhöchster Entschließung die Errichtung der „Wechselseitigen Brandschaden- k. k. privilegierten Versicherungs-Anstalt für Steiermark, Kärnten und Krain".

Mit 1. Juli 1829 nimmt die Versicherungsanstalt unter Generaldirektor Landeshauptmann Ignaz Maria Graf Attems ihre offizielle Tätigkeit auf. Binnen einiger Jahre entwickelt sich die Versicherung zu einer bis in der letzten steirischen Gemeinde vertretenen Institution, Georg Göth zählt um 1840 bereits Tausende Kunden in den einzelnen Orten des Landes auf.

Am Anfang steht moderne Selbsthilfe

Die Versicherung wird bis heute von Nachfahren Erzherzog Johanns, den Grafen Meran, als Vorsitzende des Aufsichtsrates maßgeblich mitgetragen und mitbestimmt. 1913 weist sie mit 100.000 Versicherungsverträgen, mittlerweile auch auf Hagelversicherungen erweitert, und einer Gesamtversicherungssumme von beinahe 1.000 Millionen Kronen (entspricht heute rund 7 Milliarden Euro) einen lange nicht mehr erreichten Höhepunkt ihrer Entwicklung auf. 1918 wird die Versicherung durch den Wegfall der Untersteiermark und Krains wirtschaftlich beinahe halbiert.

Allen Wirren der Zeit zum Trotz entwickelt sich das Unternehmen aber gut weiter, 1969 erhält es den Namen „Grazer Wechselseitige Versicherung". Das Unternehmen steht heute unter der Leitung von Othmar Ederer, Aufsichtsrat ist Philipp Meran. Insgesamt werden europaweit 4.200 Mitarbeiter beschäftigt, 1.900 davon in Österreich. Die „GraWe" ist damit einer der wichtigsten Arbeitgeber des Landes.

15. Juli 1927

Die Justizpalastbrand-Unruhen und die Steiermark

Mehrere obersteirische „Schutzbund"-Ortsgruppen beteiligen sich am Tag des Wiener Justizpalastbrandes am 15. Juli 1927 im Rahmen des Generalstreiks an der Besetzung der öffentlichen Gebäude, der Bahnhöfe und der wichtigsten Einfallspunkte in die Steiermark. Der Verkehrsstreik wird aber nicht lückenlos durchgeführt, nicht einmal in der Obersteiermark. Walter Pfrimer gelingt es in Judenburg, mit seinem „Heimatschutz" den Generalstreik zu brechen – ohne beim schwachen Zwischenzeit-Landeshauptmann Hans Paul die Erlaubnis dazu eingeholt zu haben. In Bruck an der Mur besetzt der „Schutzbund" unter der Führung von Koloman Wallisch die Ortseingänge sowie den Hauptplatz, errichtet Straßensperren, kontrolliert bewaffnet alle Fußgänger und durch die Stadt fahrende Autos. Er besetzt die öffentlichen Einrichtungen wie Bahnhof und Postämter sowie private Geschäftslokale, erklärt dem Bezirkshauptmann, dass er die Kommandogewalt übernommen habe und dass jetzt die „Rote Diktatur" sowie das Standrecht herrschten. Erst die Entsendung des sozialdemokratischen Landesrats Oberzaucher durch die Landesparteileitung nach Bruck an der Mur beendet diesen Spuk. Gleichzeitig fordert „Heimatschutz"-

Räterepublik Bruck an der Mur?

Führer Pfrimer den „Schutzbund" in Bruck auf, den Generalstreik zu beenden, da man sonst zu Gewaltmaßnahmen greifen müsse, der „Heimatschutz" werde das Murtal bis Bruck und das Mürztal bis auf den Semmering räumen. Insgesamt stünden 20.000 Mann marschbereit.

Dass sich der „Schutzbund" in Bruck an der Mur „polizeiliche Ordnungsgewalt" anmaßt, erregt die bürgerliche Presse und die Bürgerlichen im Land enorm, dies umso mehr, als das Brucker Vorgehen unter der Leitung Wallischs einzigartig in Österreich dasteht. Die katholische *Reichspost* spricht gar von einer „Sowjetsteiermark", die Wallisch errichten wolle. Sogar im Wiener Nationalrat kommt es aufgrund dieser Vorfälle zu erregten Diskussionen. Vor dem Hintergrund des ein Jahr zuvor verabschiedeten „Linzer Programms" der Sozialdemokratie sowie der darin als möglich erachteten und in ihrer Bedeutung offensichtlich missverstandenen „Diktatur des Proletariats" reagiert das Bürgertum verschreckt bis aggressiv. Das alles macht Pfrimer zum Helden der Bürgerlichen, der „Steirische Heimatschutz" beginnt an diesem 15. Juli 1927 seinen kurzen, kometenhaften Aufstieg. Gleichzeitig beginnt parallel dazu der Niedergang des „Republikanischen Schutzbunds".

16. Juli 1408

Der „Schladminger Bergbrief" wird erlassen

Am 16. Juli 1408 versammelt sich die Schladminger Berggemeinde – Bürger und Knappen, Unternehmer und Arbeiter –, um das bisher geübte Gewohnheitsrecht beim Schladminger Bergbau aufzuzeichnen und zu kodifizieren. Bergrichter Leonhart der Egklzain, schon 1395 in Urkunden erwähnt, legt an diesem Tag diese Rechtsgebräuche im sogenannten „Schladminger Bergbrief" schriftlich nieder. Schladming ist schon seit dem 13. Jahrhundert ein aufstrebender Bergwerksort. Hier und in den angrenzenden Tauerntälern werden Silber-, Kupfer- und Bleierze gewonnen und weiterverarbeitet. Das Original des Bergbriefs ist wahrscheinlich schon 1525 bei der Niederbrennung der ganzen Stadt Schladming vernichtet worden. Es existieren aber fünf Abschriften dieses wohl wichtigsten Rechtsdokuments der Berggesetzgebung in Zentraleuropa.

In 18 Punkten werden hier alle für den Bergbau relevanten Rechtsgebräuche festgehalten, und das dermaßen vorbildhaft, dass der „Schladminger Bergbrief" zur Basis aller weiteren Bergordnungen im weiten Umkreis wird. Ab 1427 wird er zur Rechtsgrundlage aller Tiroler Bergbaue, insbesondere für die 1463 erlassene „Rattenberger Bergordnung", 1486 folgen die Grafen von Görz mit der Übernahme dieser Ordnung für ihre Bergbaue, die „Kurpfälzische Bergordnung" des Jahres 1472 fußt ebenso darauf wie die „Salzbur-

Ganz Mitteleuropa betreibt seine Bergbaue nach steirischem Vorbild

ger Bergwerksordnung" des Jahres 1477. 1488 folgt der „Rat der Zehn" in Venedig, der die Ordnung für alle seine Bergbaue auf der Terre Ferma übernimmt und sie als „capitoli et ordini minerali" kodifiziert. Dieses Statut wird 1779 auch von den Bergbauen in Dalmatien übernommen. Ein Teil der Bestimmungen des „Schladminger Bergbriefs" fließt auch in die „Ferdinandeische Bergordnung" des Jahres 1553 ein, und so gelten deren Grundsätze bis zum „Allgemeinen Berggesetz" vom 23. Mai 1854 als rechtliche Basis des gesamten alpenländischen Bergbaus.

Text des Schladminger Bergbriefs nach der Freiberger Abschrift

Kaum eine der von der Wiener Regierung gefällten Entscheidungen erlangt für die Steiermark solche Bedeutung wie jene, die Semmeringbahn zu errichten. Schon zu Beginn der 1830er-Jahre spukt die Idee von einer Südbahn in den Köpfen der Mächtigen in Wien. Sie soll von Wien über Graz und Laibach nach Triest führen und so eine Verbindung zwischen dem Mittelmeer mit der Hauptstadt des Habsburgerreichs schaffen. Laut Inschrift auf dem alten Semmeringscheiteltunnel soll diese Bahnstrecke „den Norden mit dem Süden verbinden". Zunächst scheint dieses Ziel aber noch in weiter Ferne, die Streckenführung bereitet Probleme, bis im Auftrag Erzherzog Johanns 1836/1837 Ingenieur Karl Lobminger eine Streckenführung über Pitten und Maria Schutz nach Mürzzuschlag entwirft. Dem Erzherzog geht es darum, die obersteirische Industrie in das Bahnprojekt einzubinden.

Eine Bahnstrecke, die Wien mit der Adria verbindet

1842 tritt erstmals Carl Ghega auf den Plan. Er bricht 1842 auf allerhöchsten Befehl nach Nordamerika auf, um dort Erfahrungen im Bau von Gebirgsbahnen zu sammeln. Der erste Plan Ghegas nach seiner Rückkehr deckt sich beinahe völlig mit der Streckenführung Lobmingers, schließlich entscheidet man sich aber für die heutige Variante. Wenige Tage nach dem Ausbruch der Märzunruhen des Jahres 1848 wird mit der Ausführung des Projekts auf niederösterreichischer Seite begonnen, man will die revolutionären Arbeiter aus der Hauptstadt Wien weghaben. Dafür fehlt die Infrastruktur vor Ort noch zur Gänze, diese wird erst nach dem Eintreffen der Arbeiter geschaffen. Am 13. September 1848 wird auf steirischer Seite die erste Streckenbegehung unternommen und bald steht die Baustelle in Vollbetrieb. Zeitweilig arbeiten mehr als 16.000 Menschen am Bau der Semmeringbahn. Die Arbeiter stammen aus allen Teilen der Monarchie. Viele bringen ihre Familien mit, die Kindersterblichkeit in diesen Kreisen ist hoch. Da auch die sanitären Anlagen in den Baracken und Notwohnbehelfen mehr als zu wünschen übrig lassen, greifen bald Seuchen wie die Cholera um sich, die Hunderte Menschen das Leben kosten, wie der Cholerafriedhof in Klamm bei Schottwien zeigt.

Im Oktober 1853 jubelt die *Wiener Zeitung: „Es gibt keine Alpen mehr als behindernde Schranken!"* Zwar sind noch einige kleine Arbeiten zu erledigen bis die Gesamtstrecke mit 15 Tunnels und 17 Brücken voll befahrbar ist, aber lange lässt die Jungfernfahrt nicht mehr auf sich warten. Am 17.

Streckenwärterhaus Nr. 123 an der Semmeringstrecke

April 1854 wird dem Kaiser die Strecke vom mittlerweile zum „Ritter von Ghega" aufgestiegenen Ingenieur während einer Befahrung erklärt, und am 17. Juli erfolgt schließlich die offizielle Eröffnung der Semmeringstrecke in der *einfachsten und geräuschlosesten Weise,* wie eine zeitgenössische Quelle weiß. In Mürzzuschlag werden am Bahnhof aus Schienen zwei Obelisken errichtet, die mit Blumen und Reisiggirlanden sowie an der Spitze mit Fahnen geschmückt sind. Am Bahnhof stehen sechs mit Blumen und Fahnen geschmückte Berglokomotiven nach dem System Engerth Spalier und auch die beiden ersten Züge, die die Semmeringstrecke befahren,

sind geschmückt. Die Züge, der aus Wien kommende Postzug und *der von der Maschine „Hirschwang" geführte Grazer Posttrain* kreuzen sich genau um 12 Uhr mittags in Spital am Semmering. Billig sind die kaum 42 Kilometer Schienenweg nicht gerade: Die Angaben über die Baukosten differieren zwischen 19 und 25 Millionen Gulden, je nachdem, ob die Forscher nur den reinen Schienenstrang oder auch die Bahnhöfe, deren Zufahrten und den Cholerafriedhof in Klamm sowie andere, nicht direkt zum Bahnstrang gehörende Details mitberechnen. Der Betrag von 22.596.858 Gulden, den die Endabrechnung ergibt, ist wohl sehr genau.

Die wichtigsten Bauten der Bahnstrecke befinden sich auf niederösterreichischem Territorium: hier die Viadukte Kalte Rinne („20 Schilling-Blick") und Krauselklause.

127

An manchen Tagen häufen sich Katastrophen. Der 23. Juli 1905, ein Sonntag, ist für die kleine Gemeinde Arzberg bei Passail nordwestlich von Weiz ein solcher Tag, der in der steirischen Geschichte wohl einmalig dasteht. Zweimal geht es gut aus, beim dritten Mal schlägt das Schicksal unerbittlich zu. Es beginnt damit, dass einige Burschen vormittags in der Kirche unbedachter Weise eine schwere Eisenstange durch das Schallloch im Kirchengewölbe in den Kirchenraum werfen, während

Ein besonderer Unglückstag in Arzberg bei Passail

sich die Kirchgänger im Kirchenschiff soeben zur Jakobi-Prozession sammeln. Zum Glück wird bei diesem Bubenstreich niemand verletzt. Als dieselbe Prozession dann über den nahen Raabsteg auf das andere, rechte Flussufer zieht, bricht der Steg ein, auch hier gibt es keine Verletzten.

Am Nachmittag dieses Tages aber sind dann doch noch sechs Tote zu beklagen. Mehrere Burschen sind gerade damit beschäftigt, beim „Lenzvoltl" in Buchberg bei Arzberg Früchte vom Kirschbaum zu pflücken, als gegen 17 Uhr ein schweres Gewitter aufzieht. Trotz mehrerer ernsthafter Warnungen verschiedener Personen bleiben insgesamt zehn der Burschen im Alter von sieben bis 25 Jahren weiter am Baum sitzen, als ein Blitz genau in diesen einschlägt. Sechs der zehn sind sofort tot, nämlich der sieben Jahre alte Taglöhnerssohn Peter Ranner vom Arzberger Grubenhaus, der elf Jahre alte Brack-Sohn Josef Pösinger, der 14 Jahre alte Halbbruder des Peter Ranner, Anton Rath, der 16 Jahre alte Patrizersohn Ferdinand Knoll, der ebenfalls 16 Jahre alte Johann Schöberl vom „Sigllenz" und der 25 Jahre alte Knecht Johann Grundauer aus dem Schöcklgraben. Vier weitere Burschen, die ebenfalls noch am Baum sitzen, werden teilweise lebensgefährlich verletzt, kommen aber schließlich mit dem Leben davon. Die sechs Toten werden kurz aufgebahrt und wenig später, nach einer mündlichen Überlieferung noch am selben Tag, am neuen Arzberger Friedhof begraben.

Arzberg heute: Pfarrhof mit Pfarrplatz

Am 25. und 26. Juli 1934 wird die Steiermark neben den Bundesländern Kärnten und Wien zum Brennpunkt der Ereignisse und Kämpfe im Rahmen des sogenannten „Juliputsches" der illegalen Nationalsozialisten gegen den „Ständestaat" unter Bundeskanzler Engelbert Dollfuß. Dollfuß selbst fällt in Wien dem Handstreich der Wiener SS-Standarte 89 zum Opfer, die das Bundeskanzleramt besetzt, wo der Kanzler durch einen Revolverschuss getötet wird. Die Besetzung der RAVAG in Wien durch die Putschisten und entsprechende Radiodurchsagen geben dann den Startschuss für die Erhebung der NSDAP in weiten Teilen des Bundesgebietes.

In der Steiermark herrschen diesbezüglich ganz besondere Verhältnisse. Der ehemalige Landeshauptmann Anton Rintelen, schon seinerzeit in den „Pfrimerputsch" verstrickt und deshalb als Botschafter nach Rom abgeschoben, soll nach dem Willen der österreichischen Putschisten neuer Kanzler eines nationalsozialistischen Österreichs werden und verübt dann auch nach dem Scheitern des Putsches einen halbherzigen Selbstmordversuch. Der ehemalige „Steirische Heimatschutz" Walter Pfrimers, inzwischen beinahe zur Gänze in der NSDAP und insbesondere in der steirischen SA aufgegangen, trägt die Erhebung in der Steiermark. An den Schalthebeln sitzen hier neben Gauleiter Walter Oberhaidacher die ehemaligen „Heimatschützer" und nunmehrigen Nationalsozialisten Hanns Albin Rauter und August von Meyszner als Führer der mittelsteirischen SA sowie Konstantin Kammerhofer, ebenfalls aus dem „Steirischen Heimatschutz"

Aufstand illegaler Nationalsozialisten

stammend und mittlerweile Führer der obersteirischen SA.

Gauleiter Oberhaidacher beruft bereits am 20. Juli 1934 eine Tagung der Kreisleiter ein und gibt dabei detaillierte Anweisungen für die kommenden Tage, ein Radio-Abhördienst wird eingerichtet, um die Rundfunkmeldung nach der RAVAG-Erstürmung nicht zu überhören. Brennpunkte des Geschehens werden in der Steiermark das Industriegebiet zwischen Judenburg und Leoben, also das ehemalige Kerngebiet des „Pfrimer-Heimatschutzes", das steirische Ennstal, insbesondere der Raum um Schladming, Gröbming und Bad Aussee–Irdning sowie Liezen, der Bezirk Deutschlandsberg in der Weststeiermark, wo etwa 800 Nationalsozialisten unter Waffen stehen, der Raum Weiz–Gleisdorf in der Oststeiermark, wo es ebenso zu Kampfhandlungen mit Toten kommt, und der Raum um Radkersburg–Mureck in der Südoststeiermark. Hart umkämpft ist auch der Pyhrnpass.

Im Raum Leoben–Trofaiach stehen angeblich rund 80 Prozent der Bevölkerung hinter den Aufständischen, Unterstützung kommt aus der inzwischen stark unter deutschem Einfluss stehenden „Alpine-Montan" in Donawitz. Die Leobener Putschisten, verstärkt durch die Studenten der „Montanistischen Hochschule", können erst nach zwei Tagen mithilfe von Artillerie und Bundesheer aus dem Burgenland niedergekämpft werden. Im Raum Leoben allein werden in den kommenden Tagen ab dem 27. Juli rund 1.100 Putschisten verhaftet. Tausende steirische Nationalsozialisten haben sich inzwischen über die Grenze in Richtung SHS-Staat abgesetzt und werden in der Folge in der „Österreichischen Legion" gesammelt. Ruhe im Land herrscht erst wieder am 26. Juli abends. Auf der Seite des Staates stehen neben dem Bundesheer die Gendarmerie, die Einheiten des „Österreichischen Heimatschutzes" Fürst Starhembergs und die katholischen „Ostmärkischen Sturmscharen" Kurt Schuschniggs. Diese Freiwilligenverbände haben eine hohe Opferzahl zu verzeichnen. Insgesamt fordern die Kämpfe allein in der Steiermark 88 Todesopfer und 164 Verwundete.

Der steirische „Juliputsch" in den Wiener Bildern

Wann genau der Beginn der Katastrophe anzusetzen ist, wird wohl nicht mehr zu klären sein. Sicher ist jedenfalls, das im seit 1901 betriebenen Talkum-Untertagebau in Lassing bei Liezen spätestens seit der Übernahme durch die „Rio Tinto Group" im Jahr 1988 im Bereich des Südfeldes im 204 Meter tiefen Renée-Schacht auch illegal abgebaut wird. Am 17. Juli 1998 arbeiten insgesamt 34 Mitarbeiter im Unternehmen, darunter acht im untertägigen Abbau. An diesem Tag bricht nach lang andauernden Regenfällen die Decke einer illegal abgebauten Sohle ein, Wasser- und Schlammmassen dringen in die Stollen und Schächte ein, im Ortsteil Lassing-Moos stürzen Häuser ein oder werden zumindest schwer beschädigt, ein riesiger Krater bildet sich. Bei diesem ersten Einbruch wird auch der Bergmann Georg Hainzl aus Lassing in der Jausenkammer verschüttet, der anfängliche Telefonkontakt zu ihm reißt bald ab. Ein Rettungstrupp, bestehend aus neun Bergmännern und einem Geologen, fährt gegen 22 Uhr gerade in die Grube ein, um Hainzl zu retten, als ein weiterer Schlammeinbruch die Lassinger Grube endgültig implodieren lässt. Der Rettungstrupp wird nun ohne Kontakt vermisst, der Krater weitet sich; nun setzen Hilfsmaßnahmen in großem Umfang ein. Landeshauptmann Waltraud Klasnic eilt zur Unfallstelle, um vor Ort koordinierend zu helfen und Kommunikationswege kurz zu halten. Sie und der Ortspfarrer übernehmen die erste psychologische Betreuung der Angehörigen, bald jedoch fordert Klasnic ein Team von Psychologen an, die Geburtsstunde des steirischen

Georg Hainzl wird nach neun Tagen gerettet

„Kriseninterventionsteams" schlägt. Die Lassinger Werksleitung hingegen erweckt den Eindruck, als ob sie Hilfe von außen nicht wünschen und die Rettungsmaßnahmen nur widerwillig einleiten würde.

Schließlich wird doch ein Spezialbohrer aus Deutschland angefordert, der OMV-Techniker Leopold Abraham beginnt mit Bohrarbeiten in Richtung Jausenkammer und tatsächlich kann man dort nach neun Tagen mit Georg Hainzl Kontakt aufnehmen. Nun wird in Deutschland ein Spezialbohrer angefordert, gleichzeitig beginnt unter der Leitung des niederösterreichischen Landesfeuerwehrkommandanten Josef Buchta der Bau einer maßangefertigten Druckkammer für eine allfällige Bergung Hainzls. Am 26. Juli 1998 kann Georg Hainzl in erstaunlich guter gesundheitlicher Verfassung gerettet werden. Die zehn Mitglieder der Rettungsmannschaft hingegen bleiben im Berg und werden für tot erklärt. Im Jahr 2000 wird die Suche nach ihnen offiziell eingestellt. An die Toten erinnert eine Gedenkstätte an der Stelle der Pinge in Lassing-Moos.

Die Gedenkstätte in Lassing im Sommer 2014

Das Trio S.T.S. wird 1975 von Gert Steinbäcker, Günter Timischl und Helmut Röhrling (alias „Schiffkowitz") im Raum Fürstenfeld gegründet; die Bandlegende berichtet von einem ersten gemeinsamen Auftritt im Zuge einer Veranstaltung im Grazer „Forum Stadtpark". Am 4. Dezember 1975 folgt der erste offizielle Auftritt der Band, die im April 1976 ihr vermeintliches Abschiedskonzert gibt. Die drei Musiker trennen sich zunächst und leben in den USA und auf Zypern, bevor sie sich 1978 in der Steiermark wieder treffen und offiziell die Gruppe „S.T.S." neu gründen. Auftritte im Raum zwischen Graz und Fürstenfeld folgen. 1979 spielt man einige Zeit für die „Erste Allgemeine Verunsicherung", Günter Timischl unterstützt auch die Band „Opus" und 1980 produziert „Ariola" die Single „Da kummt die Sunn", eine Adaption des Beatles-Klassikers „Here comes the sun". Im März 1981 folgt die erste LP „Gegenlicht", der große Erfolg bleibt aber vorerst aus.

Anfang 1984 will man die Band erneut auflösen, doch in dieser Phase kommt es zu einem folgenschweren Anruf der Wiener Plattenfirma „Amadeo", die auf Demobänder der Band aufmerksam geworden ist. Die Langspielplatte „Überdosis G'fühl" wird produziert, 500 Stück sollen gepresst werden. Zehn Lieder sind bereits eingespielt, für eines, meint die Plattenfirma, sei noch Platz, und in dieser Situation erinnert sich Schiffkowitz an das 1982 vom Oststeirer Josef Jandrisits komponierte Lied „With a little help", dessen Text von Schiffkowitz stammt. Das Lied wird mit Zustimmung von Jandrisits neu arrangiert und mit einem deutschen Text versehen: „Fürstenfeld" ist fertig.

Von der Provinz aus Österreich erobern

Das Lied schlägt ein, wird der österreichische Sommerhit des Jahres 1984. Am 29. Juli wird der Titel zur Nummer 1 der Ö3-Hitparade (Sendetermin: 1. August). Das ist bislang noch keiner steirischen Band geglückt. 14 Wochen hält sich das Lied in der Hitparade, davon sechs Wochen auf Platz 1. Bis Jahresende werden 70.000 LPs und 140.000 Singles verkauft, schon am 15. November erhält man für „Fürstenfeld" „Gold" und der Erfolg von S.T.S. ist grundgelegt. Im Windschatten des Erfolgs etablieren sich nun auch andere steirische Bands im Austropop; Wien hat ernsthafte Konkurrenz erhalten, mit „Fürstenfeld" wird der erste echte „Wiesnhit" des Münchner Oktoberfestes geboren, das Lied wird schließlich zur inoffiziellen zweiten steirischen Landeshymne. „Fürstenfeld" spricht aber auch viele jener Österreicher und Österreicherinnen an, die in Wien arbeiten oder studieren, aber sich niemals als Wiener fühlen.

31. Juli 1843

Peter K. Rosegger wird geboren

Am 31. Juli 1843 als Sohn von Kleinbauern am Alpl bei Krieglach geboren, wird Peter Kettenfeier Rosegger von Meister Ignaz Orthofer zum Schneider ausgebildet und durch die Hilfe ihm wohlgesonnener bürgerlicher Freunde in St. Kathrein am Hauenstein (Eustach Haselbacher), Krieglach (Familie Wampl von Sommerstorff) sowie Spital am Semmering (Dr. Alfons Morawetz) mit Dr. Adalbert Swoboda, dem Herausgeber der liberalen Grazer *Tagespost*, bekanntgemacht. Dieser erkennt das literarische Talent des jungen Bauernsohnes und ermöglicht ihm ab dem Jahr 1863 eine Ausbildung an der Grazer Handelsakademie und legt so den Grundstock für Roseggers späteren Welterfolg als Autor und Dichter. 1869 erscheint Roseggers erste Sammlung von Mundartgedichten als Sammelband: „Zither und Hackbrett". Mehrere Prosaerzählungen in steirischer Mundart folgen im Band „Tannenharz und Fichtennadeln". Seine unverfälschte Sicht auf das Leben der einfachen Leute, seine Frische in der Landschafts- und Menschenschilderung machen seine Romane „Die Gottsucher", „Jakob der Letzte", „Erdsegen" und „Die Schriften des Waldschulmeisters" rasch zu großen Erfolgen im ganzen deutschen Sprachraum. Eigenes Erleben, Wahrheit und Dichtung

Knapp am Literaturnobelpreis vorbeigeschrammt

vereinigen sich in seinen „Geschichten aus der Waldheimat", die ein gutes Bild des steirischen Bauern- und Dorflebens in den Jahren zwischen 1850 und 1865 geben.

Die 1876 von Peter Rosegger gegründete Zeitschrift *Heimgarten* dient nicht nur ihm selbst als Plattform, sondern eröffnet auch manch anderen Literaten des Landes und jungen Talenten die Möglichkeit, ihre Schöpfungen einer großen Leserschar näherzubringen.

Immer stärker wandelt sich der *Heimgarten* auch zu einem Organ, in dem Rosegger zu brennenden politischen, religiösen und sozialen Fragen der Steiermark und der Monarchie Stellung nimmt. Rosegger ist ein bürgerliches Geisteskind seiner Zeit. Obwohl selbst katholisch, setzt er sich für die Errichtung der evangelischen Heilandskirche in Mürzzuschlag ein und ruft über Zeitungen in ganz Österreich sowie im Deutschen Reich zu einer Sammelaktion zum Bau dieser Kirche auf. Dieses Engagement bringt ihn in schwere Konflikte mit der katholischen Amtskirche der Steiermark. Karl Kraus reibt sich an seiner nationalen Lyrik, die sich im gemeinsam mit Ottokar Kernstock 1914 verfassten „Steirischen Waffensegen" findet. So ist es auch nicht verwunderlich, dass er knapp an der Verleihung des Literaturnobelpreises im Jahr 1913 vorbeischrammt. Die Nichtverleihung ist politisch motiviert und hat Roseggers hin und wieder durchschimmernden nationalistischen und antisemitischen Untertöne zur Ursache. Der Literaturnobelpreis 1913 geht schließlich an den Inder Rabindranath Tagore. Von persönlichen Schicksalsschlägen nicht verschont, verstirbt der zweimal verheiratete „Poet der Waldheimat" am 26. Juni 1918 in seinem Sommerhaus in Krieglach und findet am dortigen Ortsfriedhof in einem schlicht gehaltenen Grab seine letzte Ruhstätte. Sterbe- und Geburtshaus des Dichters zählen bis heute zu den beliebtesten Ausflugszielen für Schulklassen, Familien und Wanderer.

Peter Rosegger in seinen letzten Lebenstagen

August

Jänner 1585 • Die Grazer Universität wird gegründet | 4. Jänner 1974 • Die Einführung des Pickerls
eier Tag" | 6. Jänner 1497 • Die Juden werden aus der Steiermark vertrieben | 8. Jänner 1819
sikschule des „Steiermärkischen Musikvereins" wird offiziell anerkannt | 11. Jänner 1782 • Graz wir
enen Stadt" erklärt | 15. Jänner 1959 • Konstituierende Versammlung des FORUM STADTPARK | 17.
1856 • Die Grazer Tagespost erscheint erstmals | 21. Jänner 1988 • Der Noricum-Skandal wird öffe
4. Jänner 1945 • Heinrich Dalla R... wird hingerichtet | 27. ... 1919 • Der „Marburger Blutson
9. Jänner 1978 • Sepp Walcher ... | 30. Jänner 2002: Die Fotografin
rath stirbt | 1. Februar 1835 • Der Domherr ... Politiker Alois Karlon wird geboren | 5. Februar 19
Bombenattentat von Oberwart verändert die steirische Zeitgeschichte | 8. Februar 1924 • Die Lawin
rophe von Hieflau | 12.–14. Februar 1934 • Bürgerkrieg im Land | 15. Februar 1975 • Massenkündigu
Wirtschaftswunderland | 16. Februar 1903 • Landeshauptmann Josef Krainer senior wird geboren
ruar 1973 • Der Plabutschtunnel führt zur bürgerlichen Mehrheit in Graz | 26. Februar 1965 • Späte
den steirischen Abschnitt der Südautobahn Graz – Gleisdorf | 1. März 1807 • Jožef Muršec wird gebo
–16. März 1848 • Die Revolution in Graz beginnt | 17. März 1689 • Erdäpfel für die Steiermark | 19.
65 • In Graz entsteht die erste Freiwillige Feuerwehr des Landes | 26. März 1983 • Großes Lipizzane
| 31. März 1912 • Die offizielle Gründung des SK Sturm geht über die Bühne | 1. April 1822 • Erzhe
ann erwirbt das Vordernberger Radwerk | 2. April 1945 • Graz wird mit Phosphorbomben angegriffen
il 1000 • Eine Königsschenkung als Meilenstein in der Landwerdung der Steiermark | 26. April 1848
tische Verein „Slovenija" wird gegründet | 29. April 1608 • Erzherzogin Maria von Innerösterreich stirb
1890 • Feiern zum 1. Mai in der Steiermark | 2. Mai 1864 • Die „Steirische Gemeinde-Ordnung" wi
sen | 10. Mai 1834 • Der Kurort Bad Gleichenberg wird gegründet | 11. Mai 1919 • In den steiermärkis
dtag ziehen die ersten drei Frauen ein | 19. Mai 1892 • Die Pichler-Werke gehen in Betrieb | 2. Juni
ie weltweit erste Postrakete startet vom Schöckl | 11. Juni 1872 • Die Gründung der „Welt-Schuhfa
t neue Maßstäbe | 23. Juni 1984 • In Graz kommt das erste „Retortenbaby" zur Welt | 28. Juni 1914
esschüsse von Sarajewo | 3. Juli 1929 • Das „Dachsteinlied" wird zur steirischen Landeshymne | 16
8 • Der „Schladminger Bergbrief" wird erlassen | 17. Juli 1854 • Die Semmeringbahn wird eröffnet
1905 • Sechs Kinder und Jugendliche gleichzeitig vom Blitz erschlagen | 29. Juli 1984 • S.T.S. errei
„Fürstenfeld" Platz 1 der Ö3-Hitparade | 31. Juli 1843 • Peter K. Rosegger wird geboren | 2. August 1
Kapfenberger Hexenprozesse | 14. August 1992: Das steirische Kürbiskernöl ist geschützt! | 18. A
9 • Die Erstbesteigung des Dachsteins | 29. August 1959 • Der Schatz im Toplitzsee wird gehoben
tember 1939 • Der Zweite Weltkrieg beginnt | 5. September 1970 • Jochen Rindt verunglückt in M
2.–13. Sept. 1931 • Der „Pfrimerputsch" des „Steirischen Heimatschutzes" | 16. September 1899
zer Oper wird eröffnet | 30. September 1906 • Die erste Grazer Herbstmesse wird eröffnet | 3. Ok
3 • Die ersten Jesuiten lassen sich in Graz nieder | 12. Oktober 1910 • Die Wechselbahn wird eröff
Oktober 1625 • Die „Innerberger Hauptgewerkschaft" wird gegründet | 21. Oktober 1844 • Die Bah
zzuschlag – Graz wird eröffnet | 1. November 1827 • Der Wallfahrtsort Mariazell brennt | 5. Nove
8 • Der Höhepunkt der Pockenepidemie in Leoben | 10. November 1938 • Die „Reichspogromnac
Steiermark | 25. November 1894 • Die Grazer Schlossbergbahn wird eröffnet | 26. November 1811
zer Joanneum wird gegründet | 1. Dezember 1671 • Erasmus Graf Tattenbach wird in Graz hinger
Dezember 1850: Alexander Girardi wird geboren | 8. Dezember 1866 • Der „Wunderdoktor" Höller
geboren | 9. Dezember 1905 • Oktavia Aigner-Rollett wird zur Ärztin promoviert | 14. Dezember 1
Bahnstrecke Weiz – Birkfeld wird eröffnet | 16. Dezember 1931 • Die Folgen des „Pfrimerputsches"
steiermark | 24. Dezember 1823 • Das „Grazer Landständische Theater" brennt | 31. Dezember

1. August 1664

Sieg in der Schlacht bei Mogersdorf

Im Jahr 1664 soll das Habsburgerreich erneut von den Osmanen erobert werden, eine ungeheure Armee wälzt sich über den Balkan und Ungarn nach Norden. Die Schlacht bei Mogersdorf an der Raab bei St. Gotthard am 1. August 1664, geschlagen vom kaiserlichen Generalissimus Raimondo Graf Montecuccoli mit Unterstützung starker Reichsaufgebote, bringt den Vormarsch der Osmanen noch vor der Grenze zur Steiermark zum Stehen. Dabei ist die Situation der sogenannten „Mur-Armee" prekär genug, zumal es ihr an Lebensmitteln mangelt. Außerdem stehen 24.000 bunt zusammengewürfelte „Kaiserliche" aus halb Europa einer doppelt so starken osmanischen Übermacht gegenüber. Tatsächlich geling es Montecuccoli erst durch einen Gegenangriff, den er persönlich anführt, die Osmanen wieder aus Mogersdorf zu vertreiben und gegen die Hochwasser führende Raab zurückzudrängen. Der ungeordnete Rückzug der Osmanen durch den Fluss endet für diese im Fiasko. Dennoch verbreitet sich bereits am Tag nach der Schlacht in Graz das Gerücht, Montecuccoli habe diese verloren, die Osmanen befänden sich auf dem Weg in die Landeshauptstadt. Panik und Flucht der Bevölkerung sowie der Regierung stehen im Raum, viele Grazer verlassen die Stadt in Richtung des gebirgigen Oberlands. In Graz wird später aus Dankbarkeit über den glücklichen Ausgang der Schlacht jene Mariensäule gestiftet, die vom Karmeliterplatz später auf den Jakominiplatz wandert und heute am Eisernen Tor steht. Sie wird 1988 durch den Brandanschlag eines Neonazis schwer in Mitleidenschaft gezogen.

Der Erfolg der Schlacht bei Mogersdorf hingegen wird militärisch nur schlecht genutzt. Streitigkeiten unter den Heerführern, ausbrechende Seuchen und mangelnde Verpflegung der Truppen lassen eine Verfolgung des geschlagenen osmanischen Heeres nicht zu. Kaiser Leopold I. schließt, nicht zuletzt auch aufgrund der drohenden Haltung des mit den Osmanen verbündeten Frankreich im Westen, den eher ungünstigen „Frieden von Vasvar/Eisenburg", der den Türken einerseits ihre bisherigen Eroberungen bestätigt, andererseits dem steirischen Eisenwesen zu ungeahnter Blüte verhilft. Eisenprodukte dürfen nunmehr wieder auf den Balkan verhandelt werden und in der Folge entwickelt sich südlich des Erzbergs binnen weniger Jahre eine bedeutende Finalindustrie, insbesondere im Bereich der Sensen- und Pfannenerzeugung. Dutzende neue Hammerwerke hauchen den Tälern der Ober- und Mittelsteiermark neues wirtschaftliches Leben ein und verhelfen der Bevölkerung nach Jahrzehnten der Krise rasch zu Wohlstand. Auch das ist eine direkte Folge dieses 1. August 1664.

Der Anfang vom Ende der osmanischen Hegemonie am Balkan

Die Steiermark wird ab dem 16. Jahrhundert in den Strudel der europaweit durchgeführten Hexen- und Zaubereiprozesse gerissen, wobei der Höhepunkt der Entwicklung im 17. Jahrhundert zu verzeichnen ist. Am 2. August 1657 geht über dem Grazer Feld, südlich der Hauptstadt, ein verheerendes Hagelunwetter nieder. Faustdicke Hagelschlossen vernichten die gesamte Ernte und vorerst findet man keinen „Schuldigen" für dieses Unglück. Noch im selben Jahr werden im Landgericht Kapfenberg im Mürztal aber die beiden Bettler und angeblichen Wettermacher Max Ruprecht und Sebastian Kügl aufgegriffen und auf Schloss Wieden vor Gericht gestellt. In der peinlichen Befragung mit glühenden Zangen gibt Ruprecht dann zu, gestohlene Hostien zum Wettermachen verwendet zu haben, um den Teufel zu beschwören. Mit diesem und anderen Wettermachern aus Graz habe er dann das große Unwetter vom 2. August gebraut. Dies habe er zuwege gebracht, indem er die gestohlenen Hostien in eine Schüssel gelegt und auf diese uriniert habe. Aus dem entstandenen Brei wären in weiterer Folge kleine Kugeln produziert worden. Gestohlene Hostien habe er auch an einen Juden verkauft.

Im Zuge des Verhörs nennt Ruprecht als weiteren Komplizen noch Hans Glaser oder „Grindigen Hansl" und andere Personen als Mitverursacher des Hagelunwetters. Die innerösterreichische Regierung gibt daraufhin einen Runderlass an alle Landgerichte der Steiermark heraus, in dem die Genannten zur Ergreifung ausgeschrieben werden. Die von Ruprecht ebenso denunzierte Anna Susanna Prandtauer aus Graz, die schon 1653 bei einem Prozess in St. Lambrecht in den Geruch gekommen war, mit dem Teufel auf dem Schöckl zusammengetroffen zu sein, wird auch beim Kapfenberger Prozess des Jahres 1657 der Wettermacherei beschuldigt. Unter der Folter widerruft Ruprecht später aber seine Anschuldigungen wieder und die Prandtauerin kann mit ihren Anwälten nach Graz zurückkehren.

Der Hexen- und Zaubererwahn fordert Opfer

Max Ruprecht und Sebastian Kügl aber werden vom berüchtigten Grazer Bannrichter Johann Andreas Barth schließlich zum Tode verurteilt, daraufhin erdrosselt und ihre Leichen anschließend verbrannt.

Hexen beim Wetterzauber, Holzschnitt aus dem 17. Jahrhundert

Die Traungauer trachten als Landesfürsten ab 1122 danach, ihre Machtbasis im Land zu stärken und auszubauen. Dazu beschreiten sie mehrere Wege, darunter die planmäßige Modernisierung des Landes. Bei der Sicherung der eigenen Macht hilft Markgraf Otakar III. auch die gleichzeitige Schwächung des Hochadels im Land. Diese hat viele Ursachen, wobei auffällt, dass mehrere dieser Familien innerhalb von zwei Jahrzehnten ohne männliche Nachfolger aussterben, wie zum Beispiel die Hagenberger im Ennstal. Ob dies reiner Zufall ist oder ob dabei auch die Zunahme von Erbkrankheiten dazu beiträgt, die sich nach mehreren Generationen von Eheschließungen zwischen den wenigen hochfreien Familien verstärkt, kann nur Mutmaßung bleiben. Wer nicht ausstirbt, muss sich beugen, die Macht des Landesfürsten anerkennen. Zwei Brüder aus dem Geschlecht der Traisen-Feistritzer, Adalram und Konrad von Feistritz-Henneberg, die rund um Übelbach und Deutschfeistritz große Güter besitzen, beugen sich dem Landesfürsten nicht. Sie werden daher an einem 3. August im Zeitraum zwischen den Jahren 1152 und 1155 enthauptet. Das genaue Jahr dieser Hinrichtung ist nicht überliefert, ihr tatsächliches Vergehen ist ebenso nicht bekannt. Es kann sich aber nur um eine ausgeprägte Gegnerschaft zum Landesfürsten handeln, vorgeworfen wird ihnen nämlich Hochverrat. Die Güter der beiden werden vom Landesfürsten Otakar III. eingezogen. Er verfügt damit über die strategisch wichtige Enge von Badl zwischen Peggau und dem späteren Frohnleiten, kann damit den gesamten Verkehr auf der Straße und auf der Mur im mittleren Murtal kontrollieren. Dass sich auf den Gütern der beiden Enthaupteten auch wichtige Silbervorkommen befinden, ist wohl auch kein Zufall.

Der Landesfürst entledigt sich unbotmäßiger Widersacher

Anders als Adalram und Konrad verhält sich zuvor der vermutlich von den Aribonen abstammende Traisen-Feistritzer Adalram von Waldeck-Feistritz, der 1140 beziehungsweise 1142 gemeinsam mit seiner Frau Richinza das älteste Chorherrenstift des Landes, Seckau, gründet und damit einen Großteil seines Grundes und seiner Machtbasis der Kirche überantwortet. Sein Onkel Adalbero tritt als Mitstifter selbst in das Kloster ein. Der Traisener Dieter von Reidling wechselt vom hochfreien Stand freiwillig in die Dienstmannschaft des Landesfürsten und begründet 1140 die Familie der Liechtensteiner. Sein Cousin Hartnit von Traisen tut es ihm gleich, benennt sich vorerst nach der Herrschaft Orth im Traunsee bei Gmunden und nennt sich ab 1142 nach der von ihm erheirateten Riegersburg in der Oststeiermark. Der Hochfreie Udalrich von Graz wiederum tritt 1156 in das Kloster Seckau ein, damit fällt auch dessen Besitz im Grazer Boden und östlich der Mur bis zum Salzburger Gut St. Ruprecht an der Raab an Otakar III. Ob bei diesem Übertritt in das Kloster Seckau das Schicksal von Adalram und Konrad von Feistritz-Henneberg eine Rolle spielt, muss ebenso Mutmaßung bleiben. Sicher aber ist, dass Otakar III. nun den steirischen Zentralraum beherrscht und in Graz sein Machtzentrum errichten kann.

6. August 1943

102 Tote in Fohnsdorf

Im Juli 1998 wird in den österreichischen Medien verbreitet, das Grubenunglück von Lassing sei das schwerste in der Geschichte der Steiermark. Das stimmt, so viel steht fest, ganz sicher nicht. Einerseits will die Überlieferung wissen, dass beim schweren Grubenunglück von Oberzeiring, das sich angeblich am 16. August 1361 ereignete, sicher aber zwischen 1361 und 1365, durch einen Einbruch von Tagwässern binnen einer Viertelstunde 1.400 Personen den Tod fanden. Diese Zahl ist sehr wahrscheinlich übertrieben, der Silberbergbau von Oberzeiring hat seine Blütezeit nach diesem Unglück allerdings definitiv hinter sich.

Ganz sicher nachgewiesen aber ist das Ausmaß des Grubenunglücks von Fohnsdorf am 6. August 1943. Dieses ist zumindest das schwerste Grubenunglück des Landes seit dem 14. Jahrhundert und hängt mit dem Raubbau im dortigen Kohlebergbau während des Zweiten Weltkrieges zusammen. Schon am 20. Juni 1940 wird durch einen Wassereinbruch die weitere Abteufung des ertragreichen Wodzicki-Schachts verhindert und erst nach langen, aufwendigen Arbeiten kann hier ab 1944 weiter abge-

Das schwerste Grubenunglück in der Geschichte des Landes

teuft werden. 1936 wurden in Fohnsdorf die langen Abbaufronten eingeführt und dieser Raubbau führt schon am Heiligen Abend 1940 zu einer Schlagwetterexplosion im Karl-August-Schacht, die sechs Todesopfer fordert. Am 6. August 1943 kommt es dann um 7 Uhr 30 im selben Schacht zur Katastrophe. Schlamperei und allzu hastiges Arbeiten, die falschen Grubenlampen und der Ausfall beider Lutten zur Bewetterung der betroffenen Strecken an diesem Tag führen dazu, dass bei der nun folgenden Schlagwetterexplosion insgesamt 102 Menschen ihr Leben verlieren, wobei sich bei den Rettungsarbeiten die beiden Werksärzte Dr. Hulla und Dr. Blacher große menschliche Verdienste erwerben. Unter den 102 Toten befinden sich 72 Fohnsdorfer Bergleute, 22 Zwangsarbeiter aus dem Lager Wasendorf und acht französische Kriegsgefangene aus dem Lager Dietersdorf. Dem Zeitgeist entsprechend erhalten die 72 Fohnsdorfer Kumpel ein gemeinsames Ehrengrab, von ihnen getrennt werden die Zwangsarbeiter und die Franzosen bestattet. Letztere werden am 7. Jänner 1948 exhumiert und nach Frankreich überführt.

8. August 1600

In Graz werden 10.000 evangelische Bücher verbrannt

Den vorläufigen Schlussakt der gewaltsamen Rekatholisierung der Steiermark markieren die sogenannten „Religions-Reformationskommissionen", wobei die erste vom Admonter Abt Johann Hofmann geleitet wird. Man will die Menschen im Land unter Druck wieder „katholisch machen". In weiterer Folge ziehen im November und Dezember 1599 sowie im Lauf des Jahres 1600 unter dem Seckauer Bischof Martin Brenner, mehrere Reformationskommissionen durch das Land, begleitet von Landsknechten, Geistlichen und Beamten. Zuerst wird in Eisenerz hart durchgegriffen, wo die Radmeister und Bürger Berg- und Hüttenleute unter Waffen stellen und sich zunächst nicht beugen wollten. Mithilfe hinzugezogener Neuberger und St. Lambrechter Schützen bricht die Kommission den Widerstand aber. Wieder werden lutherische Bücher eingezogen und verbrannt, evangelische Friedhöfe verwüstet und evangelische Kirchen gesprengt

Die gewaltsame Rekatholisierung hinterlässt ihre Spuren

oder geschliffen. Allerorts werden in der Folge katholische Richter und Geistliche bestellt, die Schulen den Pfarren unterstellt. Die Bauern und Bürger werden in zentral gelegenen Orten zusammengerufen und müssen dort den Eid auf den katholischen Glauben schwören.

In Graz langt der letzte Kommissionszug Ende Juli 1600 an und beginnt hier ein abschließendes Wirken. Am 8. August werden vor dem zweiten Paulustor, aber noch innerhalb der Stadtmauern, rund 10.000 den Bürgern abgeforderte Bücher mit evanglischen Inhalten öffentlich verbrannt. Das Buch, neben der Predigt Hauptträger des Protestantismus, soll vernichtet werden. Auf dieser Bücherbrandstätte wird nur zwei Tage später ein Kreuz errichtet und vom später heiliggesprochenen Laurentius von Brindisi der Grundstein für das erste Kapuzinerkloster im innerösterreichischen Raum gelegt. Offiziell ist mit diesem Akt die Rekatholisierung des Landes vorerst abgeschlossen.

Das „Gottesplagenbild" an der Südwand des Grazer Doms trägt unter anderem folgende Inschrift: *1480 umb unser Frauntag der Schiedung* [15. August, Anm.] *sind hie zu Graz Gotsplag drei gwesen: Haberschreck, Türken und Pestilenz und jede so gros, das den Menschen unerhörlich ist, Got sei uns gnädi.*

Das Jahr 1480 entwickelt sich tatsächlich zum größten Katastrophenjahr des Spätmittelalters in der Steiermark. Am 9. August fallen die Osmanen, aus Unterkärnten kommend, ins Land ein und verwüsten in nur acht Tagen die Gegend um Eibiswald ebenso wie die Obersteiermark. Der Zug der Osmanen durch das Land lässt sich anhand mehrerer chronikaler Aufzeichnungen relativ genau nachvollziehen. So dringen die „Renner und Brenner" von Scheifling bis Frojach an der Mur vor, die Hauptmacht des Heeres bewegt sich aber in Richtung Judenburg, wo bei der Wallfahrtskirche Maria Buch ein Standlager errichtet wird. Ein Teil der Streitmacht zieht in der Folge über den Obdacher Sattel wieder aus dem Land, ein anderer Teil zieht über den Pölshals und die Triebener Tauern bis Rottenmann. Die Legende will wissen, dass eine kleine Gruppe über die Hochebene von Lassing bis gegen Aigen im Ennstal vorstößt und dort von Bauern aufgehalten wird. Die Osmanen ziehen in der Folge über das Palten- und Liesingtal bis St. Michael bei Leoben, der Raum Leoben bis Vordernberg wird ein Raub der Flammen. Von Leoben abwärts bewegen sich die wiedervereinigten Osmanen bis Bruck an der Mur. Von dort aus werden Streifzüge ins untere Mürztal bis zum Ort Allerheiligen unternommen, dann geht es der Mur folgend über Frohnleiten nach Graz, wo man sich aufteilt und einerseits entlang der Mur, andererseits durch die Oststeiermark bis Radkersburg zieht. Eine weitere Gruppe marschiert, aus Kärnten kommend, über den Ort Pack, über Stainz und Dobl sowie das Kainachtal nach Wildon, wo sie sich wieder dem Hauptheer anschließt.

Die Gösser Stiftschronik berichtet über diesen Türkeneinfall: *Ess war niemandt sicher weder in Alben noch Pergen; ess lagen allenthalben vil totter Leyber der Menschen und Vich, vnnd niemandt war vorhanndten, der solliche begraben thete; thailss sein von Hundten vnnd Wölffen verzört worden, thailss in die Pronen geworffen und verschitt wurdten, vnnd war ein sollicher Gstannkh, dass die vbrigen Menschen khaumb bleiben mechten.* Wie auf der oben zitierten Gedenktafel festgehalten, fallen beinahe gleichzeitig auch Wanderheuschrecken ins Land ein und die Pest wütet. Viele Menschen glauben daher an das nahe Ende der Welt.

> *Apokalyptische Verhältnisse im ganzen Land*

Fresko des Türkeneinfalls 1480 an der Trofaiacher Pfarrkirche

141

14. August 1992

Das steirische Kürbiskernöl ist geschützt!

Kaum ein anderes Lebensmittel ist mit der Steiermark so untrennbar verbunden wie das steirische Kürbiskernöl, und viele meinen, es habe bereits eine jahrhundertelange Tradition. Dabei beginnt der Siegeszug dieses Produkts erst relativ spät. Seit 1735 gewinnt man nachgewiesenerweise Öl aus Kürbiskernen, doch in der Steiermark ist noch um 1870 das verbreitetste Öl aus eigenem Anbau noch das Leinöl. Erst durch Selektion und Mutation gelingt es um 1875, eine Kürbisvariante zu züchten,

Steirisches Selbstverständnis auf legistischer Basis

bei der viel mehr und dünnschalige Kerne entstehen, und erst jetzt kommen die Steirer „auf den Geschmack". Zunächst gelingt dies aber nur in der Südsteiermark flächendeckend, erst ab den 1970er-Jahren wird man in ganz Österreich, und bald auch darüber hinaus, auf dieses besondere Öl aufmerksam, woraufhin ein Siegeszug durch die Küchen vieler Länder auch außerhalb Österreichs beginnt. Verwendet wird das Öl ebenso in der Pharmazie und Medizin sowie in der Kosmetik.

Um diese regionale Besonderheit, von der auch wirtschaftlich inzwischen sehr viel abhängt, zu schützen, wendet man sich an die „Europäische Wirtschaftsgemeinschaft" und erreicht dort im Juli 1992 die Unterschutz-Stellung des Produktes unter dem Namen „Steirisches Kürbiskernöl g. g. A. („geschützte geografische Angabe)". Diese Verordnung 2081/82 tritt mit 14. August 1992 in Kraft. Damit sind auch gewisse Auflagen verbunden: Nur geprüfte Hersteller dürfen den Markenschutz auf dem Etikett angeben und ein strenges Kontrollsystem, das vom Feld bis zum Verkauf reicht, sichert, dass die Produktion und die Verarbeitung ausschließlich in Österreich erfolgten. 1998 schließen sich über 2.000 heimische Kürbiskernproduzenten und rund 30 Ölmühlen in der Steiermark und im Burgenland zum „Erzeugerring Steirisches Kürbiskernöl g. g. A." zusammen, der heute als „Gemeinschaft Steirisches Kürbiskernöl g. g. A." dafür sorgt, dass das Kürbiskernöl auch weiterhin steirisch bleibt.

15. August 1909

Das erste Auto am Schöcklgipfel

Der „Groß-Frauen-Tag" des Jahres 1909 (Maria Himmelfahrt) ist ein hoher kirchlicher Feiertag. Manche Menschen zieht es aber nicht in die Kirche, sondern in Gottes freie Natur. So auch den Puch-Oberingenieur Carl Slevogt. Dieser ist kein Unbekannter in der Motorenbranche: Er ist einer der bekanntesten Auto- und Motorenkonstrukteure seiner Zeit, arbeitete zuvor in den Codell-Automotorenwerken in Aachen und wechselt dann zur aufstrebenden Firma Puch nach Graz, wo er unter anderem den Puch-Antriebsmotor für das Luftschff „Estaric" der „Renner-Buben" konstruiert. Nun will er an diesem 15. August ein aufsehenerregendes Wagnis unternehmen. Bergfahrten von Automobilen sind in Österreich nichts Neues mehr, seit 1898 ein „Selbster" vom Semmeringpass aus auf einem Fuhrweg den Gipfel des Sonnwendsteins erreicht hat. Slevogt will aber noch eins draufsetzen: Er möchte über kaum befahrbare Wege beziehungsweise reine Gehwege den Grazer Hausberg, den Schöckl, bezwingen. Es ist dies die erste Fahrt dieser Art in der Steiermark.

Über teils unwegsames Gelände fahren Slevogt und sein Beifahrer, der technische Beamte Gyula Diescher, mit einem „Puch 18", ausgestattet mit einem 22 PS-Motor, vom Kirchplatz in St. Radegund bis vor das Stubenberghaus. Die Bergfahrt ist aufgrund vorangegangener Regenfälle nicht ohne Tücken und dramatische Momente. Stellenweise müssen Ketten angelegt werden, eine besonders schwierige Stelle muss dreimal angefahren werden, bevor sie bewältigt ist. Dennoch brauchen die beiden

Ingenieur Carl Slevogt ist der Held des Tages

von St. Radegund auf den Schöckl nur 29 Minuten. Die Ankunft am Schöcklplateau löst unter den Touristen und Sportlern am Berg Begeisterungsstürme aus. Aber auch die renommierten österreichischen Sportzeitungen und die *Allgemeine Automobilzeitung* werden auf diese Meisterleistung aufmerksam und bringen Bildberichte über die spektakuläre Bergfahrt. Der Werbewert für den Puch-Wagen ist unbezahlbar, gewinnt er doch durch dieses Ereignis weiter an Bedeutung.

Carl Slevogt und Gyula Diescher erobern 1909 den Schöckl (Österreichische Automobilzeitung).

Der Traungauer Otakar IV. erhält 1180 von Kaiser Friedrich Barbarossa die Schwertleite, wird damit für volljährig erklärt und gleichzeitig zum Herzog der Steiermark erhoben. Politisch gleich begabt wie seine Vorfahren, beginnt er eine höchst erfolgreiche Regentschaft. Schon nach wenigen Jahren werden an ihm allerdings Anzeichen einer unheilbaren Krankheit festgestellt. Ob es sich dabei um Lepra, Elephantiasis oder Aussatz handelt, ist nicht sicher überliefert. Es ist allerdings klar, dass Otakar keine Nachkommen haben wird und dass das Herzogtum damit nach seinem Tod verwaist sein wird.

Das weitere Schicksal der Steiermark wird „besiegelt"

In dieser Situation nimmt er Verhandlungen mit einem nahen Verwandten, Herzog Leopold V. von Babenberg, auf. Diese werden mit der Ausstellung einer förmlichen Urkunde auf dem Georgenberg bei Enns, der sogenannten „Georgenberger Handfeste", am 17. August 1186 zu einem guten Abschluss gebracht. Ferdinand Tremel bezeichnet diese Urkunde als „Magna Charta" der Steiermark. Tatsächlich werden in diesem Erb- und Übergabevertrag die wohlerworbenen Sonderrechte des steirischen Adels und der steirischen Kirche festgeschrieben. Das Erbrecht unter Blutsverwandten wird – weibliche Nachkommen mit eingeschlossen – festgeschrieben und alle Beschränkungen beim Verkauf von Eigenbesitz innerhalb des Landes werden aufgehoben. In der Handfeste fixiert werden auch das Recht der Appellation des Adels an das Reich bei tyrannischem und unrechtem Verhalten des neuen Landesfürsten, die Selbstständigkeit der steirischen Hofämter oder die Regelung, dass bestehende Steuern im Babenbergergebiet nicht auf die Steiermark auszudehnen sind. Im kirchlichen Bereich werden das Recht auf die Errichtung von Kirchen auf Eigengut, das Recht zum Eintritt in 15 namentlich genannte Klöster samt Übertragung von Widmungsgut sowie das Recht, Pfarren Grund und Boden zu widmen, festgeschrieben. Der Adel erscheint in dieser Urkunde nicht als Eigentum des steirischen Landesfürsten, sondern als Eigentum des Landes, und in dieser rechtlichen Sonderstellung kann der steirische Adel auch weiterhin verbleiben und verhandeln. Otakar IV. verstirbt am 8. Mai 1192. Begraben wird der letzte Traungauer in der untersteirischen Kartause Seiz, 1783 finden seine sterblichen Überreste in Stift Rein ihre letzte Ruhe. Der Erbfall tritt also im Mai 1192 ein, an diesem Tag wird die Steiermark mit Österreich unter einem Regenten vereint.

Sondermarke zum 800. Jahrestag der Ausstellung der „Georgenberger Handfeste"

18. August 1929

Unruhen in St. Lorenzen im Mürztal

St. Lorenzen im unteren Mürztal ist politisch ein heißes Pflaster. Das weiß man im ganzen Land seit dem „St. Lorenzener Fenstersturz" 1921, bei dem Landeshauptmann Anton Rintelen aus dem ersten Stock eines Gasthauses geworfen wurde und dabei beinahe ums Leben kam. Aus diesem Ort stammt auch Konstantin Kammerhofer, ein wichtiger Führer des „Steirischen Heimatschutzes", der später in der NSDAP Karriere machen wird.

Drei Tote und rund 250 Verletzte sind zu beklagen

Am 18. August 1929 kommt es in St. Lorenzen zur Katastrophe. Das sozialdemokratische Parteisekretariat Bruck an der Mur veranstaltet an diesem Tag anlässlich des zehnjährigen Bestehens der Lokalorganisation St. Lorenzen eine Feier, auf der auch der Brucker Parteisekretär Koloman Wallisch spricht. Rund tausend Festteilnehmer werden erwartet. Just für diesen Tag hat aber auch der „Heimatschutz" eine Versammlung in St. Lorenzen angekündigt, und Konstantin Kammerhofer erklärt im Vorfeld, man würde den verhassten Wallisch keinesfalls reden lassen. Schließlich wird die Werbeversammlung des „Heimatschutzes" ins nahe Thörl verlegt. Der *Arbeiterwille* wiederum nimmt dies zum Anlass für einen Artikel, der den „Heimatschutz" schwer provozieren muss, woraufhin beschlossen wird, die „Heimatschutz"-Versammlung doch in St. Lorenzen durchzuführen.

Das Bemühen der Bezirkshauptmannschaft, beide Versammlungen zu untersagen, scheitert. Nun strebt man zumindest eine räumliche und zeitliche Trennung der Veranstaltungen an. Der zuständige Gendarmerieposten St. Marein wird kurzfristig auf 25 Beamte aufgestockt. 220 „Schutzbund"-Männer fahren am 18. August gegen 14 Uhr offiziell unbewaffnet mit der Eisenbahn von Bruck an der Mur in Richtung St. Lorenzen ab. Inzwischen hat der „Heimatschutz" den Versammlungsplatz der Sozialdemokraten in St. Lorenzen besetzt. Die Sozialdemokraten verlegen daraufhin um 15 Uhr ihre Versammlung, der „Schutzbund" zieht einen Kordon um die Versammelten, um 16 Uhr beginnt die Feier. Da der neue Versammlungsort aber nicht gemeldet ist, interveniert der „Heimatschutz" bei der Bezirkshauptmannschaft, die Versammlung zu verbieten, was auch telefonisch geschieht. Als jedoch Wallisch die Versammlung fortsetzt, greift der „Heimatschutz" an. Es kommt zu blutigen Zusammenstößen der beiden Lager. Wer zuerst schießt, ist bis heute nicht geklärt, entweder die „Schutzbündler" mit ihren heimlich mitgebrachten Pistolen oder aber der „Heimatschutz" mit herbeigeholten Gewehren und einem Maschinengewehr. Jedenfalls werden die „Schutzbündler" Karl Hauer, Franz Hübl und Johann Schifkovits getötet, zwei weitere schwer und rund 200 Schutzbündler leicht verletzt. Aufseiten des „Steirischen Heimatschutzes" werden 30 Schwer- und 20 Leichtverletzte gezählt. Der Zug der Eskalation fährt nach diesem Ereignis ungebremst weiter.

145

Als höchster Berg der Steiermark gilt über Jahrhunderte der Grimming bei Trautenfels im Ennstal. Erst genaue Vermessungen des Landes zu Beginn des 19. Jahrhunderts zeigen jedoch, dass diese Auszeichnung dem Dachstein gebührt.

Lange Zeit wurde als Tag der Erstbesteigung dieses höchsten Berges der Steiermark, durchgeführt im Auftrag Erzherzog Johanns, der 5. August 1823 angegeben. Als Erstbesteiger werden in diesem Zusammenhang der Salzburger Jäger Jakob Buchsteiner und der Landvermesser Georg Kaltschmidt genannt. Sie erfüllen an diesem Tag jedenfalls sicher den Auftrag, im Rahmen der Kartografierung des Landes bei der Anlegung des „Franziszeischen Katasters" eine Signalstange am Gipfel des Dachsteins zu setzen, um damit die trigonometrischen Vermessungsnetze nördlich und südlich des Dachsteinmassivs miteinander verknüpfen zu können.

Neuere Forschungen im Jahr 2000 durch Diplomingenieur Martin Pollner ergaben aber, dass die Erstbesteigung bereits früher stattfand, nämlich am 19. August 1819. Schon bei dieser nachzuweisenden tatsächlichen Erstbesteigung wirkt Erzherzog Johann im Hintergrund. Er beauftragte auch damals den Jäger Jakob Buchsteiner mit der Besteigung des Berges. Buchsteiner hinterlässt an diesem Tag am Gipfel etwas Brot, ein Feuerzeug und eine Flintenkugel, wobei er bei der Zweitbesteigung am 5. August 1823 Feuerzeug und Flintenkugel noch am selben Ort vorfindet. Die Erstbesteigungsroute führt vom Ostrand des Gosaugletschers aus über die Steiner- oder Simonyscharte auf den oberen Westrand des Hallstätter Gletschers. Von dort aus gelangt Buchsteiner über die leicht kletterbare Ostschulter an der Oberkante der Dachstein-Südwand in einem Viertelkreis auf den Gipfel. Der höchste Berg des Landes ist damit offiziell erobert.

> **Früher Alpinismus, angeregt von Erzherzog Johann**

Ramsau mit Blick auf den Dachstein, S. Kölbl, um 1830

26. August 1278

Die Schlacht bei Dürnkrut und Jedenspeigen

Die Steiermark wird 1276 erneut reichsunmittelbar, nachdem der böhmische König Ottokar II. Přemysl sich Rudolf von Habsburg unterwirft und neben anderen Ländern auch auf die Steiermark verzichtet. In Wien verfügt der Přemyslide allerdings noch über Anhänger, die im Frühjahr des Jahres 1278 einen Aufstand gegen den Deutschen König anzetteln. Gleichzeitig kann sich Ottokar auf die Unterstützung der Sachsen, Brandenburger und eines Teils der Baiern verlassen. Neuerlich bricht nun ein Krieg mit Rudolf von Habsburg aus und am 26. August 1278 kommt es bei Dürnkrut und Jedenspeigen im Marchfeld zur Entscheidungsschlacht, in der König Ottokar sein Ende findet. Der wehrlos am Boden liegende Böhmenkönig wird gegen alle Rittersitte getötet, wobei man diese Tat aus Blutrache mit hoher Wahrscheinlichkeit dem steirischen Truchsess Berthold von Emmerberg zuschreiben kann, einem Verwandten des 1272 unter Ottokar als steirischem Landesfürsten hingerichteten Siegfried von Mahrenberg.

Der positive Schlachtausgang wird durch die in der dritten Reihe stehenden Steirer entschieden, nachdem diese den Angriff der böhmischen Ritter zum Stehen bringen und der kleinen Reiterreserve Rudolfs von Habsburg den entscheidenden Angriff ermöglichen. Die Steirer erwerben sich durch diese Tat das „Steirische Vorstreitrecht". Sie dürfen also bei den künftigen Schlachten als Erste auf die

Die Steirer erhalten das „Vorstreitrecht"

Waffenträger des Gegners stoßen, was als besonders ehrenvoll, aber auch besonders riskant gilt. In vielen Feldschlachten dieser Tage entscheidet ja bereits die erste Kampfbegegnung die Schlacht. Das Vorstreitrecht im Deutschen Reich beanspruchen die Grafen und Ritter aus Schwaben für sich, seit sie im Italienfeldzug Karls des Großen gegen die Langobarden 773/774 unter dem Heerführer Gerold erfolgreich waren. Für den Länderkomplex der Habsburger geht diese Ehre am 26. August 1278 an die steirischen Adeligen.

Gedenkstein zur Schlacht auf dem Marchfeld

29. August 1959

Der Schatz im Toplitzsee wird gehoben

In der Nacht zum 29. April 1945 versenken SS-Männer den Rest jenes SS-Transports aus dem KZ Oranienburg, der unterwegs nicht einem alliierten Fliegerangriff zum Opfer fiel, im Toplitzsee. Es handelt sich dabei um Material, das im Rahmen der „Aktion Bernhard" hergestellt worden ist, um die englische Wirtschaft auszuhebeln. Bereits der Mussolini-Befreier Otto Skorzeny macht Hitler auf die ideale Lage des Ausseerlandes als „Schatzkammer des Dritten Reiches" aufmerksam, und auf den etwas abgelegenen Toplitzsee, wo seit 1943 eine Marineversuchsstation beheimatet ist, die Torpedos testet. Dutzende schwere Kisten werden also in dieser Nacht im See versenkt und schaffen damit die Legende vom SS-Schatz im Toplitzsee, der sofort Schatzsucher anlockt. Nur wenige Tage nach Kriegsende findet man am Seeufer die Leichen von vier SS-Männern, im Sommer 1945 werden Bergungsversuche des US-Militärs nach dem Tod eines Tauchers abgebrochen und zwischen 1946 und 1958 finden vier weitere Menschen auf ungeklärte Weise den Tod am Seeufer. Alle waren früher in der Marineversuchs-

Statt Tonnen von Gold werden Tonnen falscher Pfundnoten gefunden

station beschäftigt. Im August 1959 ist es schließlich der *Stern*-Journalist Wolfgang Loehde, der bei Tauchgängen in 80 Metern Tiefe die Kisten findet. Der „Schatz vom Toplitzsee" besteht aus 17 Kisten mit gefälschten englischen Pfundnoten im nominellen Wert von 700 Millionen Pfund und SS-Ausweispapieren. Am 29. August 1959 werden die Funde der Grazer Sicherheitsdirektion übergeben.

Noch 1959 wird am See unter der Regie von Franz Antel auch der Kinofilm „Der Schatz vom Toplitzsee" mit Gerd Fröbe gedreht, der allerdings kein großer Erfolg wird. Auch weiterhin wird aber nach dem vermeintlichen SS-Schatz getaucht, der in Wirklichkeit schon längst von den US-Amerikanern, der Gemeinde Bad Aussee und weiteren Unbekannten an anderen Orten des Salzkammergutes sichergestellt worden ist. Aber das wissen die Amateur-Schatzsucher nicht und weiterhin kommen Taucher um. Das Innenministerium in Wien befiehlt daraufhin noch 1963 das Ausräumen dieses „Mülleimers des Dritten Reiches", wie die *Arbeiter-Zeitung* den Toplitzsee nennt, und erlässt ein Tauchverbot.

30. August 1917

Erster Fliegeralarm in Graz

Ein Aspekt der neuen technisierten Kriegsführung, die im Ersten Weltkrieg unglaubliche Zerstörung mit sich bringt, ist auch der Luftkrieg, der mittels Bombenangriffen den Krieg fernab der Schlachtfelder auch in die Städte trägt. Bereits im Dezember 1916 wird daher vom Grazer Statthalter auf die Möglichkeit des Erscheinens feindlicher Flieger hingewiesen und werden Verhaltensregeln für den Angriffsfall ausgegeben. Diese werden von der Bevölkerung aber mehr oder weniger ignoriert oder bald wieder vergessen. Am 30. August 1917 meldet eine Fliegerbeobachtungsstation in der Obersteiermark nach Graz, dass im Raum Bruck an der Mur feindliche Flugzeuge gesichtet worden seien, und binnen zehn Minuten wird über die Staatstelefonzentrale Graz der erste Fliegeralarm der Geschichte für die Stadt Graz ausgelöst. Vom Schlossberg erfolgen die als Zeichen für diesen Fall schon zuvor bekanntgegebenen Kanonenschüsse. Die Stimmung auf den Straßen ist nach der Alarmierung zweigeteilt. Viele Menschen, besonders jene in Begleitung von Kindern, versuchen auf raschestem Weg nach Hause zu kommen, manche sind stark beunruhigt, viele bleiben aber auch auf den vom Vollmond beleuchteten Straßen stehen und bilden größere Gruppen, um das kommende Schauspiel in den Lüften zu beobachten und gegebenenfalls auch zu kommentieren. Zum Glück geschieht über Graz an diesem Abend aber nichts, auch wenn Gerüchte von einem abgeschossenen Flugzeug am Schönaugürtel die Runde machen. Am 11. September 1917 veröffentlicht dann der Grazer Stadtrat neuerlich eine Kundmachung über das Verhalten bei Fliegergefahr. Angezeigt wird diese durch zehn Kanonenschüsse vom Schlossberg, durch Fabriksdampfpfeifen und das Hornsignal „Retraite" in allen Kasernen. Während des Alarms ist Ruhe zu bewahren, man soll nicht auf Dächern und Balkonen verweilen, sondern Fenster und Türen schließen und sich in kleine, sichere Räume, Hausdurchfahrten oder in Keller begeben, wobei ein Zusammendrängen von Menschen zu vermeiden ist. Der private Telefonverkehr während des Alarms wird unterbunden, Straßenbahn- und Fuhrwerksverkehr sind einzustellen und in der Dunkelheit wird die öffentliche Straßenbeleuchtung eingestellt. Alle aus Gebäuden ins Freie wirkenden Lichtquellen sind gleichzeitig abzublenden und nicht explodierende Bomben und Zünder sind den Behörden zu melden. Entwarnung gegeben wird nach dieser Kundmachung durch das Glockengeläute von allen Kirchen und durch das Hornsignal „Tagwache" in allen Kasernen.

Eine neue Art der Kriegsführung hat Auswirkungen auf die Steiermark

Der Arbeiterwille *machte im September 1917 das Verhalten bei Fliegeralarmen kund.*

September

Jänner 1585 • Die Grazer Universität wird gegründet | 4. Jänner 1974 • Die Einführung des Pickerls
eier Tag" | 6. Jänner 1497 • Die Juden werden aus der Steiermark vertrieben | 8. Jänner 1819
sikschule des „Steiermärkischen Musikvereins" wird offiziell anerkannt | 11. Jänner 1782 • Graz wir
enen Stadt" erklärt | 15. Jänner 1959 • Konstituierende Versammlung des FORUM STADTPARK | 17.
1856 • Die Grazer Tagespost erscheint erstmals | 21. Jänner 1988 • Der Noricum-Skandal wird öffe
4. Jänner 1945 • Heinz Dalla Rosa wird hingerichtet | 2. Jänner 1919 • Der „Marburger Blutson
9. Jänner 1978 • Sep Dalla Dalla Bora wird hingerichtet | 2. Jänner 1919 • Der „Marburger Blutson
rath stirbt | 1. Februar 1835 • Domherr und Politiker Alois Karlon wird geboren | 5. Februar 19
Bombenattentat von Oberwart verändert die steirische Zeitgeschichte | 8. Februar 1924 • Die Lawin
rophe von Hieflau | 12.–14. Februar 1934 • Bürgerkrieg im Land | 15. Februar 1975 • Massenkündigu
Wirtschaftswunderland | 16. Februar 1903 • Landeshauptmann Josef Krainer senior wird geboren
ruar 1973 • Der Plabutschtunnel führt zur bürgerlichen Mehrheit in Graz | 26. Februar 1965 • Spater
den steirischen Abschnitt der Südautobahn Graz – Gleisdorf | 1. März 1807 • Jožef Muršec wird gebo
–16. März 1848 • Die Revolution in Graz beginnt | 17. März 1689 • Erdäpfel für die Steiermark |
55 • In Graz entsteht die erste Freiwillige Feuerwehr des Landes | 26. März 1983 • Großes Lipizzane
| 31. März 1912 • Die offizielle Gründung des SK Sturm geht über die Bühne | 1. April 1822 • Erzh
ann erwirbt das Vordernberger Radwerk | 2. April 1945 • Graz wird mit Phosphorbomben angegriffen
il 1000 • Eine Königsschenkung als Meilenstein in der Landwerdung der Steiermark | 26. April 1848
tische Verein „Slovenija" wird gegründet | 29. April 1608 • Erzherzogin Maria von Innerösterreich stirb
1890 • Feiern zum 1. Mai in der Steiermark | 2. Mai 1864 • Die „Steirische Gemeinde-Ordnung" wi
sen | 10. Mai 1834 • Der Kurort Bad Gleichenberg wird gegründet | 11. Mai 1919 • In den steiermärkis
dtag ziehen die ersten drei Frauen ein | 19. Mai 1892 • Die Pichler-Werke gehen in Betrieb | 2.
ie weltweit erste Postrakete startet vom Schöckl | 11. Juni 1872 • Die Gründung der „Welt-Schuhfa
t neue Maßstäbe | 23. Juni 1984 • In Graz kommt das erste „Retortenbaby" zur Welt | 28. Juni 1914
esschüsse von Sarajewo | 3. Juli 1929 • Das „Dachsteinlied" wird zur steirischen Landeshymne | 16
8 • Der „Schladminger Bergbrief" wird erlassen | 17. Juli 1854 • Die Semmeringbahn wird eröffnet
1905 • Sechs Kinder und Jugendliche gleichzeitig vom Blitz erschlagen | 29. Juli 1984 • S.T.S. erre
„Fürstenfeld" Platz 1 der Ö3-Hitparade | 31. Juli 1843 • Peter K. Rosegger wird geboren | 2. August
Kapfenberger Hexenprozesse | 14. August 1992: Das steirische Kürbiskernöl ist geschützt! | 19. A
9 • Die Erstbesteigung des Dachsteins | 29. August 1959 • Der Schatz im Toplitzsee wird gehober
tember 1939 • Der Zweite Weltkrieg beginnt | 5. September 1970 • Jochen Rindt verunglückt in M
2.–13. Sept. 1931 • Der „Pfrimerputsch" des „Steirischen Heimatschutzes" | 16. September 1899
er Oper wird eröffnet | 30. September 1906 • Die erste Grazer Herbstmesse wird eröffnet | 3. Ok
3 • Die ersten Jesuiten lassen sich in Graz nieder | 12. Oktober 1910 • Die Wechselbahn wird eröf
Oktober 1625 • Die „Innerberger Hauptgewerkschaft" wird gegründet | 21. Oktober 1844 • Die Bah
zzuschlag – Graz wird eröffnet | 1. November 1827 • Der Wallfahrtsort Mariazell brennt | 5.
8 • Der Höhepunkt der Pockenepidemie in Leoben | 10. November 1938 • Die „Reichspogromnac
Steiermark | 25. November 1894 • Die Grazer Schlossbergbahn wird eröffnet | 26. November 1811
er Joanneum wird gegründet | 1. Dezember 1671 • Erasmus Graf Tattenbach wird in Graz
Dezember 1850: Alexander Girardi wird geboren | 8. Dezember 1866 • Der „Wunderdoktor" Höller
geboren | 9. Dezember 1905 • Oktavia Aigner-Rollett wird zur Ärztin promoviert | 14. Dezember
Bahnstrecke Weiz – Birkfeld wird eröffnet | 16. Dezember 1931 • Die Folgen des „Pfrimerputsches"
steiermark | 24. Dezember 1823 • Das „Grazer Landständische Theater" brennt | 31. Dezember

1. September 1939

Der Zweite Weltkrieg beginnt

Der 1. September 1939 ist in der Steiermark ein wunderschöner Spätsommertag und kaum jemand ist auf den Ausbruch des Krieges vorbereitet. Dass sich aber in absehbarer Zeit etwas ereignen wird, ist den meisten Menschen im Land sehr wohl präsent, wahrhaben will es aber niemand so recht. Dabei verdichten sich die Vorzeichen auf eine größere Militäraktion seit Anfang Juli. Die Deutsche Wehrmacht führt im Land groß angelegte Nachtübungen durch, Hunderte Kraftfahrzeuge werden unbeleuchtet durch das Land dirigiert und Ende August beginnen Landesschützenkompanien damit, die Bahnanlagen zu sichern, um so Sabotage zu verhindern und einen reibungslosen Truppentransport zu gewährleisten. Es wird mobilisiert. Pünktlich mit 1. September, also mit Kriegsbeginn, lebt auch das Bezugsmarkensystem des Ersten Weltkrieges in modifizierter Form wieder auf und beinahe gleichzeitig wird auch der Treibstoffbezug für Private drastisch gedrosselt.

Offiziell herrscht bei der Kriegserklärung an Polen Hochstimmung im Land. Die Lageberichte der Gendarmerie und Polizei vermitteln aber ein anderes Bild: Besonders in den Arbeiterregionen der Steiermark melden sich bereits am 1. September 1939 kritische Stimmen gegen den Krieg und den Führer, die Lebensmittelkarten werden scharf kritisiert und erste Verhaftungen sowie Anzeigen bei der GESTAPO erfolgen. Davon betroffen sind unter anderem die Regionen um Voitsberg und Köflach sowie der Raum Bruck an der Mur–Kapfenberg.

Die Auswirkungen auf die Steiermark

Am 1. September 1939 erlässt Hitler auch den Befehl, „unheilbar Kranken" den „Gnadentod" zu gewähren. In der Steiermark werden unter anderem die Patienten des Landessonderkrankenhauses am „Feldhof" südlich von Graz in das „Euthanasieprogramm" mit einbezogen.

Als der Krieg schließlich am 8. Mai 1945, ebenso bei wunderschönem Wetter, endet, haben die Menschen im Land teilweise schwere Schicksale durchlitten. Etwa 28.000 Steirer sind gefallen, 12.400 sind dauernd vermisst, 9.000 Zivilisten haben bei Luftangriffen und Kriegshandlungen im Land ihr Leben verloren, 8.000 Menschen sind aus politischen Gründen hingerichtet worden oder in Gefängnissen und Konzentrationslagern verstorben, 2.500 steirische Juden und 300 steirische Roma und Sinti sind ermordet worden.

3. September 1869

Nobelpreisträger Fritz Pregl wird geboren

Der Chemiker und Nobelpreisträger Hofrat Dr. Fritz Pregl wird am 3. September 1869 in Laibach geboren. Er entstammt einer altösterreichischen Beamtenfamilie. Nach dem Besuch des Laibacher Gymnasiums studiert er in Graz bei Professor Alexander Rollett und Karl B. Hofmann sowie an mehreren deutschen Universitäten Medizin und Chemie und wird im Jahr 1893 zum Doktor promoviert. Sein von Anfang an vorhandenes Interesse für Chemie führt dazu, dass er, ab dem Jahr 1899 für Physiologie habilitiert, als Lektor an der Grazer Universität tätig wird. Nach mehreren Studienreisen durch Deutschland kehrt er im Jahr 1905 nach Graz zurück und wird

Ein Krainer sorgt für den Weltruhm der Grazer Universität

hier Assistent am Medizinisch-Chemischen Institut. Im Jahr 1910 übernimmt er als Ordinarius das Innsbrucker Institut für Medizinische Chemie und widmet sich von nun an seinem Spezialgebiet, der Mikroanalyse chemischer Stoffe. Im Jahr 1913 als ordentlicher Professor an die Universität Graz zurückberufen, setzt er diese Arbeit nach der Verleihung des „Lieben-Preises" der Österreichischen Akademie der Wissenschaften im Jahr 1914 fort und publiziert seine Ergebnisse bereits 1917. Für die Erforschung der quantitativen Mikroanalyse organischer Verbindungen wird Fritz Pregl im Jahr 1923 mit dem Nobelpreis für Chemie ausgezeichnet. Er schafft damit die Voraussetzungen für weitere umwälzende Forschungsarbeiten auf dem Gebiet des Stoffwechsels, der Ferment-, Vitamin- und Hormonchemie sowie für die Verbesserung der medizinischen Praxis im Bereich der Blut- und Harnuntersuchung

und der Nierenfunktionsprüfung. Durch Pregls Arbeit wird die Universität Graz auch über seinen Tod hinaus über Jahrzehnte zum Zentrum der Mikroanalyse.

Fritz Pregl arbeitet in Graz auch als Gerichtsmediziner und klärt mit seiner Arbeit so manchen Kriminalfall auf, da durch seine mikroanalytischen Methoden Manipulationen an Lebensmitteln oder Medikamenten sicher nachweisbar sind. Der Forscher, seit dem Jahr 1921 auch korrespondierendes Mitglied der Österreichischen Akademie der Wissenschaften in Wien und ab dem Jahr 1929 Ehrenbürger der Stadt Graz, verstirbt am 13. Dezember 1930 in Graz. An ihn erinnern der Fritz-Pregl-Weg in Graz, eine Büste im Vorraum der Aula der Universität Graz und seit dem Jahr 1970 auch eine Gedenktafel vor seinem letzten Wohnsitz, dem Haus Geidorfgürtel 40.

Fritz Pregl um 1925

153

4. September 1988

Weihe der „Hundertwasser-Kirche" in Bärnbach

Am 4. September 1988 wird im weststeirischen Bärnbach die sogenannte „Hundertwasser-Kirche" eingeweiht, die sich rasch zum bedeutenden steirischen Tourismusmagnet entwickelt. Wer die Lipizzaner in Piber besucht, schaut sicher auch hier vorbei. Dabei hat die Kirche, die übrigens Hundertwassers einziger Sakralbau bleibt, bereits eine bewegte Geschichte hinter sich. Errichtet wird sie in den Jahren 1949 bis 1956 nach Plänen des bedeutenden steirischen Kirchenarchitekten Karl Lebwohl vor allem mit Unterstützung freiwilliger Helfer. Sie ist eine der typischen Nachkriegskirchen in Arbeiterregionen, wie sie im Land nach 1945 allerorten entstehen. Der Bau der Bärnbacher Kirche entzweit die Arbeiterschaft vor Ort. Manche lehnen den Bau als sinnlos ab, andere fahren in den Kohlengruben Sonderschichten zugunsten des Kirchenbaus und helfen, wie auch die „Katholische Jugend" der Region, beim Bau freiwillig mit. Letztere nimmt am 21. Oktober 1949 auch den offiziellen Spatenstich vor, und so ist es auch nicht verwunderlich, dass das große, zentrale Kreuz der Kirche vom Voitsberger Künstler Franz Weiß stammt, der selbst aus der katholischen Jugendbewegung des Bezirks kommt und dort seine prägenden Spuren hinterlässt. Die Weihe der Kirche, zu der auch ein modernes Seelsorgezentrum samt Pfarrkindergarten gehört, erfolgt am 27. Oktober 1957.

In den Jahren 1987 und 1988 wird die einschiffige Hallenkirche mit vorgesetztem Turm dann nach Plänen des Künstlers Friedensreich Hundertwasser neu gestaltet,

Touristenattraktion und Gotteshaus mit Geschichte

wobei dieser auf alle Honorare verzichtet und sogar das Vergolden der Turmzwiebel und der zehn goldenen Kugeln im Umfeld der Kirche selbst bezahlt. Am 4. September 1988 kann die Kirche dann neu geweiht werden. Im Inneren der Kirche verewigen sich heimische Künstler wie Franz Weiß mit den nach seinen Entwürfen in Schlierbach gefertigten Fenstern, Erwin Talker mit dem Volksaltar aus Glas sowie zwölf verschiedenen Erdschichten aus dem weststeirischen Bergbaugebiet oder Gustav Troger mit dem Werktagsaltar aus 690 quadratischen Glastafeln. Die Außenhülle und die Umgebung der Kirche tragen dafür die Handschrift Friedensreich Hundertwassers. Umgeben ist das Kirchengebäude von zwölf symbolgeschmückten Toren, die die großen Religionen und Kulturen der Welt verkörpern.

Von Friedensreich Hundertwasser gestaltet: die Bärnbacher Barbarakirche

5. September 1970

Jochen Rindt verunglückt in Monza

Geboren wird Jochen Rindt am 18. März 1942 in Mainz, seine Eltern sterben im Bombenhagel des Zweiten Weltkriegs und so kommt er als Vollwaise bereits 1943 zu den Großeltern nach Graz, wo er auch aufwächst. Er ist ein Wildfang, bricht sich mit zwölf Jahren beim Befahren der schwierigen Schöckl-Nordabfahrt den Oberschenkel und beginnt sich für den Motorsport zu interessieren. In der 7. Klasse des Grazer Pestalozzi-Gymnasiums wird ihm nahegelegt, die Schule zu wechseln, da er bei einer Mopedfahrt seinen Chemieprofessor ramponiert hat. Mehrere Schulwechsel führen Rindt schließlich in das berüchtigte Internat von Bad Aussee, wo er seine früheren Grazer Mopedfreunde, darunter einen gewissen Helmut Marko, wieder trifft. Nach der Matura folgen erste „Privatrennen" und „Bestzeiten" auf der Grazer Ries-Straße. Mit dem Erlös aus dem Verkauf einer ererbten Gewürzmühle beginnt Jochen, mit einer österreichischen Lizenz ausgestattet, 1962 seine Motorsportkarriere und dominiert rasch die Formel-2-Szene. 1964 gewinn er in Crystal Palace die „London-Trophy" und an diesen Sieg reihen sich noch 28 weitere Formel-2-Siege an. Daneben bestreitet er 1964 sein erstes Formel-1-Rennen und gewinnt 1965 das 24-Stunden-Rennen von Le Mans. Erst bei seinem 48. Grand-Prix-Start gelingt ihm 1969 nach dem Wechsel von Cooper zu Brabham und schließlich zu Colin Chapmans Lotus-Team in den USA der erste Formel-1-Sieg. Die Saison 1970 wird für Jochen Rindt zum Triumph. Auf dem Höhepunkt seiner Karriere angelangt, liegt

Der Tod des Formel-1-Weltmeisters erschüttert das Land

er in der Wertung bereits mit 45 Punkten klar in Führung, als er während einer Trainingsfahrt zum „Großen Preis von Italien" mit einem Lotus 72 am 5. September 1970 tödlich verunglückt. Schuld ist eine gebrochene Bremswelle. Jochen Rindt verletzt sich nach dem Aufprall seines Boliden aufgrund seiner nicht fixierten Oberschenkel, indem er ins Rutschen gerät und sich die Halsschlagader am Armaturenbrett seines Wagens verletzt. Er verblutet auf dem Weg ins Krankenhaus. Die Nachricht von seinem Tod verbreitet sich wie ein Lauffeuer in ganz Österreich und insbesondere in seiner Heimatstadt Graz. Hier wird er am 11. September 1970 bei strahlendem Sonnenschein auch zu Grabe getragen. Beinahe alle Grand-Prix-Kollegen sind beim Begräbnis anwesend, auch Landeshauptmann Krainer, der Rindts Verdienste um die Etablierung der Formel-1-Rennen in der Steiermark würdigt. Zu den Klängen seines Lieblingsliedes „At the End of a Rainbow" von Earl Grant wird der Leichnam Jochen Rindts in ein Ehrengrab der Stadt Graz am Grazer Zentralfriedhof gesenkt. Rindt wird posthum als erster deutschsprachiger Fahrer zum Formel-1-Weltmeister erklärt.

Grab von Jochen Rindt am Grazer Zentralfriedhof

Fortunat Spöck wird um das Jahr 1743 geboren und tritt in den Franziskanerorden ein. Er legt die Profess ab und wird zum Priester geweiht, aber noch vor der Aufhebung seines slowenischen Klosters durch die josephinischen Reformen aus dem dortigen monastischen Leben ausgeschlossen. Spöck lässt sich in der Folge in der Landeshauptstadt Graz nieder und wird hier 1783 als Weltpriester angestellt. Als solcher betreut er die Leechkirche, die ehemalige Kirche des „Deutschen Ordens" in Graz.

Das sonderbare Leben einer bedeutenden Persönlichkeit

Ohne ein Medizinstudium absolviert zu haben, beginnt Fortunat Spöck gleichzeitig mit seiner Anstellung im Jahr 1783 auch mit der Behandlung von Kranken und erwirbt sich rasch den Ruf, ein „Wunderdoktor" zu sein. Rund 400 Patienten heilt er insgesamt, darunter auch viele an Geschlechtskrankheiten leidende Frauen, was ihm mehrfach Anfeindungen und Gerichtsverhandlungen wegen Kurpfuscherei einträgt. Der Grazer Kreishauptmann Christoph von Schwitzen interveniert jedoch höheren Ortes für Spöck. Das entsprechende Dokument wird nicht nur von von Schwitzen, sondern auch vom Grazer Bürgermeister Franz Caspar von Helinger und dem Buchdrucker und Verleger Andreas Leykam unterzeichnet, wobei zumindest von Schwitzen und Spöck sicher auch der Grazer Freimaurerloge „Zu den vereinigten Herzen" angehören. Neben seiner Tätigkeit als Priester und Heiler betätigt sich Fortunat Spöck aber auch erfolgreich als Montanist, kauft sich in mehrere steirische Eisengewerkschaften ein und betreibt selbst mit Erfolg Kohlenbergbau im Raum Leoben und Voitsberg. In Graz erwirbt er bereits 1784 von Karoline von Schwitzen ein Haus im Herbersteingarten. Dort verstirbt diese außergewöhnliche Priesterpersönlichkeit auch am 11. September 1813 und hinterlässt im Land eine bedeutende Lücke.

Das merkwürdige Grabdenkmal des Wunderheilers Fortunat Spöck befindet sich in der Grazer Leechkirche, an der er bis zu seinem Tod auch als Priester wirkte.

Das Unheil hat sich schon zusammengebraut, noch ehe die handelnden Personen am 12. September 1931 vom Schloss Pichlarn bei Irdning aus den sogenannten „Pfrimerputsch" des „Steirischen Heimatschutzes" vom Zaun brechen. Die Ursachen für den Putsch sind vielfältig. Nach den Vorfällen vom St. Lorenzen am 18. August 1929 beginnt sich die inhomogene steirische „Heimwehr"-Bewegung in zwei Richtungen zu trennen, den deutschnationalen „Pfrimer-Heimatschutz" mit seinem Zentrum in der Obersteiermark und die den Christlichsozialen nahestehenden „Heimwehren", die ihre stärksten Bastionen in der Ost- und Weststeiermark haben. Die Kandidatur des „Heimatblocks" bei den Nationalratswahlen 1930 mit einem Grundmandat der Pfrimer-Kandidaten im Wahlkreis Leoben auf Kosten der Christlichsozialen verschärft die Entfremdung zwischen den einzelnen Flügeln; am 18. Mai 1931 beschließt die christlichsoziale Landesparteileitung auf Druck der obersteirischen Christgewerkschafter den Bruch mit Pfrimer. Der Landbund schafft mit der „Grünen Wehr" eine eigene paramilitärische Formation, und die Nationalsozialisten beginnen nach den Wahlsiegen Hitlers im Oktober 1930 damit, die „Turnerwehren", den „Bund Oberland" und andere Wehrformationen aus der Front der „Heimwehren" zu brechen. 1931 findet der Gauparteitag der NSDAP mit Gastredner Heinrich Himmler im Kerngebiet des Pfrimer-„Heimatschutzes" statt: eine offene Kriegserklärung.

In dieser Situation sieht der steirische „Heimatschutz"-Führer Walter Pfrimer, ge-

Ein Operettenputsch, der keiner war

stützt von seinem Adjutanten Carl Ottmar Graf Lamberg auf Pichlarn und Stabschef Hans Rauter, sein Heil in der Flucht nach vorn. Ein Putsch, von der Steiermark ausgehend, soll die an den „Steirischen Heimatschutz" angeschlossenen Formationen der niederösterreichischen „Heimwehr" und die oberösterreichische „Heimwehr" unter Fürst Starhemberg dazu bewegen, gemeinsam einen „Marsch auf Wien" anzutreten, die Stadt zu zernieren, die Regierung abzusetzen und einen faschistischen „Heimwehr"-Staat zu errichten. Vorbild ist Mussolinis „Marsch auf Rom". Pfrimer lanciert mit seinen Mitverschwörern daher am 12. September 1931 von Pichlarn aus frei erfundene Unruhen im Ennstal, um 21 Uhr beginnt die Fahrt in die vorläufige Kommandozentrale, das „Hotel Gärner" in Leoben. Von dort aus werden Boten mit Einsatzbefehlen, einem provisorischen Verfassungspatent und der Proklamation der Machtübernahme durch Pfrimer in viele Gemeinden der Steiermark und darüber hinaus entsandt. Um 23 Uhr besetzt Pfrimers Sohn mit Stabsleiter Rauter die Bezirkshauptmannschaft Judenburg, um Mitternacht bricht der Putsch in der gesamten Obersteiermark und im Raum Graz los. Ämter und Behörden werden besetzt, Verhaftungen durchgeführt, Straßen und Brücken besetzt.

Die Landesregierung unter Landeshauptmann Anton Rintelen handelt erst mit Verzögerung. Nur langsam werden Militäreinheiten in Richtung Bruck an der Mur in Bewegung gesetzt, gegen 6 Uhr morgens am 13. September beschließt auch die Bundesregierung in Wien den Einsatz des Militärs gegen die steirischen Putschisten.

Die Polizei und Exekutive stellen sich den Aufrührern entgegen, die Niederösterreicher und vor allem die Oberösterreicher leisten Pfrimer keine Gefolgschaft, und bereits gegen 8 Uhr morgens ist dem Stab der Putschisten, der sich inzwischen auf das Schloss Spielerhof bei Graz begeben hat, klar, dass der „Aufstand" gescheitert ist. Dennoch kommt es den ganzen Tag über zu Truppenbewegungen und zu bewaffneten Zusammenstößen, denen in Kapfenberg mittags zwei „Schutzbündler" zum Opfer fallen, drei werden schwer verletzt. Einen weiteren Toten fordert der Putsch in Pernegg, südlich von Bruck an der Mur, und am 14. September noch einen weiteren im oberösterreichischen Grieskirchen. Walter Pfrimer flüchtet mit wenigen Getreuen am frühen Abend des 13. September über die Südsteiermark ins benachbarte Slowenien, der Putsch ist in der ganzen Steiermark spätestens gegen 21 Uhr 45 auch militärisch beendet. Die Folgen sind weitreichend: Obwohl Pfrimer im Dezember 1931 von einem Gericht vom Vorwurf des Hochverrats freigesprochen wird, zerbricht die steirische „Heimwehrbewegung" endgültig in zwei Flügel. Enttäuschte Teile des „Heimatschutzes" laufen zur NSDAP über, 1932 kommt es zu einem Kampfbündnis des „Pfrimer-Heimatschutzes" mit der NSDAP. Viele Personen, die im September 1931 maßgeblich am Putsch beteiligt waren, werden sich auch am Putsch der NSDAP im Juli 1934 in der Steiermark beteiligen.

Das Bundesheer sichert am 13. September abends die nördliche Ortseinfahrt des Marktes Kindberg.

14. September 1892

Einweihung der Grazer Synagoge

Im Jahr 1496 wurden die jüdischen Mitbürger unter Maximilian I. endgültig aus der Steiermark vertrieben, die damalige Grazer Synagoge in der heutigen Frauengasse wurde rasch profanen Zwecken gewidmet. Anders als in den meisten anderen Kronländern ist es Juden bis zum Jahr 1864 strikt verboten, sich in der Steiermark ständig niederzulassen. Als dieses Verbot fällt, entstehen rasch wieder jüdische Gemeinden, die wichtigsten natürlich in der Landeshauptstadt Graz und in Leoben. In Graz bildet sich 1869 eine neue Israelitische Kultusgemeinde, die den Wunsch nach einem repräsentativen religiösen Mittelpunkt hegt. Dieser Wunsch kann im Jahr 1892 umgesetzt werden: In der Murvorstadt im Griesviertel entsteht die neue Grazer Synagoge mit anschließendem Schul- und Amtsgebäude. Für die Planung zeichnet der Architekt Maximilian Katscher verantwortlich. Der Synagogenbau selbst wird im romanisch-byzantinischen Stil des Historismus als Backsteingebäude errichtet, ausführender Baumeister ist Meister Heller.

Die feierliche Einweihung der Synagoge findet am 14. September 1892 um 10 Uhr vormittags statt, wobei Statthalter Freiherr von Kübeck ebenso erscheint wie Graf Attems als Vertreter des Landesausschusses und der Grazer Bürgermeister Ferdinand Portugall mit zahlreichen Stadt- und Gemeinderäten. Viele weitere Vertreter des öffentlichen Lebens nehmen an der Einweihung ebenso teil wie der Wiener Oberrabbiner Dr. Güdemann und eine Abordnung der benachbarten Kultusgemeinde Steinamanger in Westungarn.

Das Zentrum des steirischen jüdischen Lebens

An der Südseite der Synagoge ist im Freien vor dem Amtsgebäude der Kultusgemeinde ein Thronhimmel für den Statthalter vorbereitet, reich verziert und mit Bildern des Kaiserpaares geschmückt. Architekt Katscher übergibt nach der Ankunft des Statthalters dem Präses der Grazer Kultusgemeinde feierlich den Schlüssel zum Tempel und dann folgt eine feierliche Ansprache des Präsesstellvertreters Samuel Reisner mit Dankesworten an alle, die zum Entstehen des Baus beigetragen haben. Nach der Rede wird die rituelle Zeremonie der Weihe in feierlicher Form begangen. Die Grazer Synagoge und das angeschlossene Amtshaus sowie die Schule sind das eigentliche Zentrum des jüdisch-religiösen Lebens im Land und fallen der Reichspogromnacht des Jahres 1938 zum Opfer.

Die Grazer Synagoge und das südlich anschließende Schul- und Amtsgebäude um 1910

Das Grazer Opernhaus entsteht nach der um 1860 erfolgten Schleifung der Bastionen im Bereich zwischen dem damaligen Carl-Ludwig-Ring (heute Opernring) und dem Kaiser-Joseph-Platz. Erste Anregungen durch den Grazer Gemeinderat erfolgen schon 1893, nachdem klar geworden ist, dass die Modernisierung und Adaptierung der Grazer Thalia zum Opernhaus undurchführbar ist. Der Beschluss zum Neubau der Grazer Oper fällt im Jahr 1897. Nach Plänen von Ferdinand Fellner wird in den Jahren 1898 und 1899 das Opernhaus als Stadttheater in nur 17 Monaten als monumentaler Blockbau im späthistorisch-neobarocken Stil errichtet, nachdem das ursprünglich vorgelegte Projekt zweimal verkleinert worden ist. Bei der Errichtung werden Stilformen Johann Bernhard Fischer von Erlachs imitiert. Die ehedem vorgebaute Säulenhalle an der Nordostfront und die reiche Bauplastik von Ernst Hegenbarth, Hans Brandstetter und Leopold Kosig gehen durch Beschädigungen während des Zweiten Weltkriegs großteils verloren. Der Südtympanon mit dem Relief „Apoll und Lauscher", signiert von Hans Brandstetter, aus dem Jahr 1898 bleibt hingegen erhalten. Die prächtige Innenausstattung bleibt über die Kriegszerstörungen hinaus erhalten. Der Zuschauerraum, ursprünglich 1.800 Personen fassend, stellt eine Synthese aus italienischem Logentheater und französischem Rangtheater dar und ist mit einer reich verzierten Flachkuppel abgeschlossen. Die Deckenmalerei des Künstlers Hugo Löffler zeigt unter anderem Szenen aus „Lohengrin".

Musentempel und Wagner-Bühne von Rang

Die Eröffnung des neuen Opernhauses findet am 16. September 1899 mit einer Aufführung von Schillers „Wilhelm Tell" statt, wobei sich zahlreiche prominente Festgäste aus Graz und Wien einfinden. Das rauschende Fest wird zum großen gesellschaftlichen Ereignis. Die Grazer Bevölkerung ist stolz auf ihr neues Opernhaus, das nach modernsten technischen Maßstäben eingerichtet ist. Zwei Tage nach der Eröffnung folgt als erste Operninszenierung „Lohengrin" von Richard Wagner, dirigiert von Carl Muck. Damit wird der Ruf der Grazer Oper als Wagner-Bühne weit über Österreich hinaus begründet und nach 1945 werden von Graz aus zahlreiche internationale Sänger- und Sängerinnenkarrieren starten.

Die Grazer Oper im heutigen Bauzustand

20. September 1955

Der letzte britische Soldat verlässt die Steiermark

Am 8. Mai 1945 wird die Steiermark von Angehörigen fünf verschiedener Armeen besetzt. Die Sowjettruppen stoßen in der Obersteiermark bis zur Ennsbrücke bei Liezen und bis über Judenbug hinaus weiter gegen Westen vor. Südlich des Gleinalmzugs besetzen sie noch die Linie Köflach–Deutschlandsberg. Nördlich der Enns und westlich von Liezen stehen die Amerikaner, an sie anschließend im Murtal die Briten, die – aus Kärnten über die Pack kommend – bis Köflach vorstoßen. Im Süden des Landes marschieren Tito-Partisanen und bulgarische Truppen ein. Vorerst herrscht besonders in jenen Landesteilen, die von den Sowjettruppen und den Partisanen besetzt sind, das Faustrecht. Vergewaltigungen und Plünderungen stehen ebenso auf der Tagesordnung wie Viehdiebstähle und Requirierungen der schlecht versorgten Sowjettruppen. Durch die Sowjets wird auch sofort mit Demontagen in Industrie- und Bergbaubetrieben begonnen. Nach dem alliierten Zonenplan sollen die Sowjettruppen am 24. Juli 1945 die Steiermark endgültig verlassen. Ganz ziehen sie sich jedoch nicht zurück, sondern sie behalten einen etwa 600 Meter breiten Grenzstreifen am Semmering zurück. Die im Juli 1945 die Verwaltung übernehmenden britischen Truppen werden daher, bei allen Problemen, auch als Befreier und nicht als Besatzer betrachtet. Die britische Militärregierung unter Oberst Alexander Wilkinson unterstützt in der Folge nach Kräften auch die steirische Politik und Verwaltung im Aufbau neuer funktionierender demokratischer Strukturen und vor allem der Wirtschaft. Schon im Lauf des Jahres 1946 wird die britische Militärregierung in der Steiermark in eine britische Zivilverwaltung umgewandelt, rasch werden auch die meisten Soldaten aus dem Land abgezogen. Stufenweise erfolgt die Übergabe aller Verwaltungsbereiche in steirische Hände, 1953 werden die Grenzschranken am Semmering abmontiert und 1955, nach der Unterzeichnung des Staatsvertrags, verlassen die letzten britischen Soldaten das Land, oftmals begleitet von steirischen Ehefrauen. Am 20. September 1955 verabschiedet sich der Oberbefehlshaber der britischen Besatzungstruppen, General Robert Urquhart, bei Landeshauptmann Krainer und erklärt: „Der letzte britische Soldat hat heute die Steiermark verlassen." Übrig bleiben ein britisches Konsulat in Graz unter der Leitung von Fred Murray und beste Beziehungen zwischen der Steiermark und England.

Die Besatzungszeit ist vorüber

21. September 1977

Baubeginn in Loipersdorf

Erdöl ist in Österreich gefragte Mangelware und um das Jahr 1970 beginnt eine neue Bohrungskampagne in einigen Hoffnungsgebieten. Zu diesen zählt auch die Oststeiermark. In Loipersdorf nahe Fürstenfeld stößt man im Rahmen dieser Erdölbohrungen im Jahr 1972 in 1.100 Metern Tiefe auf eine ergiebige heiße Mineralwasserquelle, die der Gruppe der Natrium-Chlorid-Hydrogencarbonat-Mineralsäuerlinge angehört und bei kaum vorhandenem Radiumgehalt ähnliche Eigenschaften wie das Bad Radkersburger Mineralwasser aufweist. Die ÖMV weiß mit dem heißen Wasser nichts anzufangen – anders das Land Steiermark. Dieses veranlasst weitere, gezielte Bohrungen und noch im Jahr 1972 wird in Binderberg in 1.278,7 Metern Tiefe eine Quelle mit einer Austrittstemperatur von 48,6 Grad Celsius entdeckt. 1977 folgt noch eine weitere Quelle in 1.205 Metern Tiefe in Lauterberg, die eine Austrittstemperatur von 60 Grad Celsius aufweist. Es ist somit genügend Thermalwasser vorhanden, um in großen Maßstäben denken zu können. Am 21. September 1977 fällt der Startschuss zum Bau der Therme Loipersdorf, wobei zunächst das kleine, einfach ausgestattete Schaffelbad entsteht. Dieses bildet die Keimzelle des heutigen Kurbetriebs. Schon im Lauf des Jahres 1978 kann der Badebetrieb in Loipersdorf beginnen. Die Therme wird rasch bekannt und entsprechend groß ausgebaut. Diesen Aufschwung kann auch der Vollbrand der Anlage am 24. September 1983, der durch einen defekten Saunaofen verursacht wurde, nicht gefährden. Nach dem Brand wird die Anlage noch größer und moderner wieder aufgebaut und neu eröffnet. In engem zeitlichem Zusammenhang mit den Loipersdorfer Bohrungen stehen übrigens auch jene in Waltersdorf und Blumau, wo in der Folge ebenso bedeutende Kur- und Thermalbadeanlagen entstehen. Der oststeirische Thermentourismus in großem Stil beginnt und ist bis heute ein essenzieller Wirtschaftsfaktor für die Region.

Der steirische Thermentourismus beginnt

Der „Schwarze Sonntag" von Wies

Die Verehrung des apokryphen bayrischen „gegeißelten Heilands auf der Wies" dringt im Spätbarock auch in die Steiermark vor. Hier werden zwei am Original angerührte Statuen des bayrischen Originalschmerzensmannes bald zu viel besuchten Wallfahrtszielen. So entstehen die Wallfahrten zum Kalvarienberg nach St. Radegund am Schöckl und die Wallfahrt zum gegeißelten Heiland auf der Wies bei Eibiswald. 1738 findet die erste Wallfahrt dorthin statt. Besonders am sogenannten „Einsetzsonntag" versammeln sich Tausende Wallfahrer im Gnadenort.

Eine Brandkatastrophe fordert Dutzende Todesopfer

Am 23. September 1850 soll wieder der „Einsetzsonntag" gefeiert werden. Schon am Tag zuvor, am 22., kommen viele Wallfahrer bei prachtvollem Herbstwetter im Ort an. Sie werden in teils provisorischen Quartieren untergebracht, auch am Dachboden des Stalls des Bäckermeisters und Gemeinderichters Brauchart, wo rund 250 Menschen ein billiges Nachtquartier finden.

Es ist üblich, am Morgen nach der konsumierten Nachtruhe von diesen Herbergsgästen den „Schlafkreuzer" zu fordern, und damit ihm dieser nicht entgeht, versperrt der zuständige Hausknecht die Zugänge zum Dachboden, entfernt die Leitern und Stiegen und geht anschließend ins nahe gelegene Gasthaus auf Zechtour. Um 3 Uhr morgens bricht im Stall unterhalb des Massenlagers aus ungeklärter Ursache ein Feuer aus, böse Zungen munkeln von Brandstiftung. Im dicht besetzten Dachboden darüber kämpft man vorerst mit der starken Rauchentwicklung, dann mit den verschlossenen, angeblich sogar vernagelten Ausgängen. Die Eingeschlossenen zwängen sich in dieser Notsituation zum Teil durch die Giebelfenster, brechen die Dachsparren durch und wagen den Sprung in die Tiefe. Dabei verletzen sich viele an den Beinen, anderen werden von den Nachspringenden die Rippen gebrochen. Als endlich nach drei Stunden Hilfe aus den umliegenden Orten eintrifft, sind offiziell sechs Personen verbrannt, drei weitere sterben noch am 23. September in Wies. Die *Laibacher Zeitung* listet schließlich glaubhaft 32 sichere Todesfälle vor Ort auf, jene, die später in häuslicher Pflege versterben, nicht mitgerechnet. Der Stern der Wieser Wallfahrt verblasst nach diesem Unglückstag. Die Zeitungen berichten ausführlich über die Katastrophe, Flugblätter erscheinen, Bänkelsänger verbreiten die Kunde der Katastrophe auf den Jahrmärkten im Land. Es dauert Jahre, bis sich wieder größere Wallfahrergruppen in Wies einfinden.

Zeitgenössische Darstellung der Brandkatastrophe am „Einsetz-Sonntag" 1850 in Wies bei Eibiswald

23. September 1675

Der Tod der „Blumenhexe"

In den Jahren 1672 bis 1675 findet in der Oststeiermark im Raum Feldbach, Hatzendorf und Riegersburg der größte Hexen- und Zaubereiprozess des Landes statt. Mehr als 100 Personen werden der Hexerei und Zauberei bezichtigt, über 60 der angezeigten Personen sind namentlich bekannt. 16 werden hingerichtet, drei versterben während der Haft, bei Pfarrer Georg Agricola aus Riegersburg weiß man nicht, ob er im Gefängnis ermordet wird oder dort Selbstmord begeht, zwei Angeklagten gelingt die Flucht aus dem Gefängnis. Eines der berühmtesten Opfer dieses Prozesses ist die sogenannte „Blumenhexe" Katharina Paldauf.

Katharina Paldauf wird hingerichtet

Am 15. März 1675 beginnt der Prozess gegen die „Riegersburger Gruppe". Eine der Hauptangeklagten ist Katharina Paldauf, um 1625 als Tochter eines Spenglers in Fürstenfeld geboren. Sie tritt mit 20 Jahren in die Dienste der Katharina von Galler auf der Riegersburg und lernt dort auch ihren späteren Ehemann, den Burgpfleger Johann Simon Paldauf, kennen. Anfang 1675 wird Katharina Paldauf von einer befreundeten Bäckermeisterin aus Riegersburg als „Hagel- und Wettermacherin" sowie als Teilnehmerin an einem Hexensabbat diffamiert, eine weitere Angeklagte bezichtigt sie des Kindsmordes. Katharina wird daraufhin verhaftet und zunächst in Feldbach verhört. Während dieser Verhöre erleidet Katharina regelrechte Tobsuchtsanfälle, verflucht ihre Eltern, stößt Gotteslästerungen aus, legt aber vorerst kein Geständnis ab. Gegen Ende der Untersuchung beschuldigt sie, psychisch völlig gebrochen, mehrere Priester, an den Hexensabbaten teilgenommen zu haben, darunter den bereits verstorbenen Riegersburger Hauptpfarrer Zirkelius, den Hartmannsdorfer Pfarrer Jakob Nöst und den Paldauer Pfarrer Balthasar Meixner.

Im August 1675 wird Katharina nach Riegersburg gebracht, um dort den von ihr beschuldigten Geistlichen gegenübergestellt zu werden. Das Ergebnis dieser Gegenüberstellung ist ebenso unbekannt wie das Schicksal der Priester, da ein Teil der Prozessakten nicht mehr existiert. Sicher aber ist, dass Katharina Paldauf am 23. September 1675 verbrannt wird, wobei ihr als besondere Gnade aufgrund ihrer gehobenen sozialen Stellung noch zugebilligt wird, dass man sie vorher tötet. Die Überlieferung will wissen, dass es Katharina gelingt, im Winter blühende Blumen zu ziehen, woher ihr Beiname „Blumenhexe" stammt. In den Prozessakten findet sich dazu kein Hinweis. Unter ihren Papieren wird aber ein „Zauberspruch" gefunden. Dieser lautet:

Nelken und Rosen – Nestl und Hosen
Mäuse und Schwarten – Spieler und Karten
Bänke und Sessel – Pfannen und Kessel
Flinten und Sabel – Schaufel und Gabel
Flauten und Harfen – Hechten und Karpfen
Riesel und Schauer – Bitter und Sauer
Kommet zusammen – in Teufels Namen.

Der Tod Rudolfs IV. während der Vorbereitungen zu einem Kriegszug gegen das Patriarchat Aquileia im Jahr 1365 in Mailand trifft die Steiermark zu einem sehr ungünstigen Zeitpunkt. Seine beiden Brüder, Albrecht III. und Leopold III., sind zu diesem Zeitpunkt noch minderjährig, ihre Nachbarn verbünden sich bereits kurz nach dem Tod Rudolfs mit dem Zweck, die habsburgischen Erblande unter sich aufzuteilen, und Leopolds Ehrgeiz ist kaum zu zügeln. Mehrere Vereinbarungen der Brüder, die ihr weiteres Verhältnis regeln sollen, gelten nur kurz oder bewähren sich nicht. Dazu kommt im April 1378 die turbulente Wahl Papst Urbans VI. mit dem darauffolgenden Schisma, das auch die beiden Brüder trennt, da Leopold den Gegenpapst Clemens VII. unterstützt, während Albrecht Papst Urban als rechtmäßig gewählt anerkennt.

In dieser Situation wird nun im abgeschiedenen Stift Neuberg an der Mürz binnen weniger Tage ein Vertragswerk ausgehandelt, dessen Hauptstück als „Vertrag von Neuberg" am 25. September 1379 das Habsburgerreich zwischen den beiden Brüdern teilt, wobei Leopold III. die Steiermark mit Teilen des Pittner Gebietes sowie Kärnten, Krain, die Windische Mark, Portenau, Binnenistrien, Feltre, Belluno, die Grafschaft Tirol und die Vorlande erhält. Mit diesem „Teilungsvertrag von Neuberg"

Die Steiermark wird aufgewertet

entstehen zwei getrennte Habsburgerlinien, die sich nicht immer nur freundschaftlich gegenüberstehen. Gleichzeitig steigt durch den Vertrag von Neuberg aber auch die Bedeutung der Steiermark innerhalb der innerösterreichischen Ländergruppe stark an und Graz wird als wichtigste Residenzstadt dieses Gebiets stark aufgewertet.

Ein zweiter Vertrag regelt in der Folge das Verhalten beim frühen Tod eines der beiden Vertragspartner, ein dritter Vertrag hat das ewige Bündnis zwischen den beiden Herschaftsgebieten samt gegenseitiger Beistandspflicht und mehrere andere außenpolitische Regelungen zum Inhalt. Ein vierter Vertrag schließlich regelt den unsicheren Grenzverlauf zwischen dem Herzogtum Steiermark und der Herrschaft Steyr, während ein fünfter und letzter Vertrag die Einhebung und Teilung des „Ungelds", eine Getränkesteuer, im Landgericht Wiener Neustadt zum Inhalt hat. Die „Alpen- und Donauländer" werden an diesem 25. September 1379 also getrennt und in der Folge kommt es zu einer unterschiedlichen Außenpolitik der beiden Länderkomplexe. Die habsburgischen Länder werden nach diesem Vertrag de facto 78 Jahre lang getrennt bleiben. Erst 1457, nach dem Tod von Ladislaus Postumus, des letzten „Albertiners", fallen diese Gebiete wieder an die Leopoldinische Linie zurück und bilden seitdem wieder eine Einheit.

Die Grazer Artistenfamilie Renner leistet bald nach der Wende zum 20. Jahrhundert Bedeutendes für die Entwicklung der österreichischen Luftfahrt. Gemeinsam mit ihrem Vater Franz Renner (1866–1912) betreiben Alexander, geboren am 29. Mai 1892 in Reval, und Anatol, geboren am 2. Jänner 1890 in Minsk, ein Unternehmen für Luftattraktionen. Von 1906 bis 1909 bauen die drei am ersten lenkbaren Luftschiff Österreichs, Idee und Ausführung liegen hauptsächlich beim erst 18 Jahre alten Anatol. Am 26. September 1909 kommt es dann am Grazer Trabrennplatz während der vierten Grazer Herbstmesse zum ersten erfolgreichen Flug eines lenkbaren Prall-Luftschiffs auf dem Gebiet der Monarchie. Und das nur einen Tag, nachdem bei einem furchtbaren Unglück in Frankreich der Militärballon „La République" in 100 Metern Höhe explodiert ist, wobei alle Insassen das Leben verloren, was auch in Öster-

Der erste Start eines Luftschiffs in Österreich erfolgt in Graz

reich Bestürzung hervorruft. Erst fünf Minuten vor dem programmierten Start wird das „Grazer Luftschiff" fertiggestellt. Die 30 Meter lange „Estaric I", wie das erste österreichische Luftschiff getauft wurde, hat einen Puch-Motor als Antrieb, erdacht von Oberingenieur Carl Slevogt, und eine hellgelbe Ballonhülle der Firma Semperit aus Wien-Breitensee, die etwa 700 Kubikmeter fasst. 6.000 Menschen erleben den Jungfernflug. Um 18:30 Uhr hebt das Luftschiff ab und landet wenig später wohlbehalten in St. Peter südlich von Graz. Stadt und Land beben nur zum Teil vor Begeisterung. Die Deutschnationalen sprechen hingegen verächtlich von einer „Zirkusnummer". So weit reicht der Nationalismus in diesen Tagen. Der *Grazer Volksbote* schreibt jedoch: *Wir haben dem erfolgreichen Aufstieg des ersten lenkbaren Luftschiffes in Österreich angewohnt und dieses Ereignis drückt dem gestrigen Tage den Stempel historischer Bedeutung auf.* Im Lauf der nächsten Tage vollführt die „Estaric" noch acht weitere Fahrten über Graz. Nur wenige Tage nach dem ersten erfolgreichen Start, am 17. Oktober, feiern die „Rennerbuben" vor Kaiser Franz Joseph auf der Wiener Rotunde im Prater mit der „Estaric I" einen weiteren großen Erfolg. Das verbesserte Nachfolgemodell, die „Graz II", ist vorerst ebenso erfolgreich. Eine Bruchlandung dieses Luftschiffs nur wenig später bedeutet jedoch gleichzeitig den finanziellen Ruin der Familie, weitere Versuche mit Luftschiffen werden nach dem Tod des Vaters im Jahr 1912 aufgegeben. Anatol Renner wird während des Ersten Weltkrieges noch als Jagdflieger von sich reden machen.

Jungfernflug der „Estaric I" am 26. September 1909 in Graz

29. September 1525

Die Stadt Schladming wird niedergebrannt

Im Jahr 1525 rollt der Bauernkrieg durch das Heilige Römische Reich und auch Tirol, Salzburg sowie Teile der Steiermark werden in den Bann der Ereignisse gezogen. Gerade von den Schladminger Bergleuten, inzwischen großteils lutherisch gesinnt, und den angrenzenden Ennstaler Bauern wird nicht zuletzt wegen der engen Verbindungen zu den nahen Salzburger Bergbaugebieten der steirische Anteil am Bauernkrieg des Jahres 1525 getragen. Nachdem sich die Tiroler und Salzburger Knappen empören und den Salzburger Erzbischof in der Festung Hohensalzburg belagern, verweigern auch die benachbarten Oberösterreicher sowie die Enns- und Murtaler Dienste und Zinse an Grundherren und Kirche. Enns- und Murtaler Bauern schließen sich zu einem Bund zusammen und rasch greift der Aufstand auch auf die Bergleute im Ausseerland und am Erzberg über. Das städtische Proletariat der betroffenen Bergbausiedlungen schließt sich an, in Schladming auch die Bürger der Stadt. Die Führung des Aufstandes übernimmt der evangelische Schladminger Bergrichter Gabriel Renstl. Man erklärt, Gott und den Erzherzog als Herren anzuerkennen, lehnt aber alle anderen weltlichen Grundherren ab.

In dieser Situation marschiert der steirische Landeshauptmann Siegmund von Dietrichstein, selbst ein Anhänger der evangelischen Lehre, mit den steirischen Gültreitern und einer bunt zusammengewürfelten Söldnerarmee von Bruck an der Mur aus den Aufständischen entgegen, wird aber am Schoberpass bei Gaishorn geschlagen. Durch neue Truppen verstärkt, dringt Dietrichstein schließlich aber bis zum Aufstandszentrum Schladming vor, belagert die Stadt, erobert sie und lässt die Rädelsführer „spießen, schinden und vierteilen". Den Mitgliedern des Bundes werden die Bauernhäuser niedergebrannt.

Doch die Vergeltung folgt auf dem Fuß. Noch in Schladming wird Dietrichstein von Bauern und Knappen unter der Führung Michael Grubers überfallen, sein Heer zersprengt und er selbst gefangen genommen, während die tschechischen und ungarischen Söldner wegen der von ihnen verübten Grausamkeiten am 3. Juli 1525 in Schladming enthauptet werden. Erst dem kaiserlichen Feldhauptmann Niklas Graf Salm gelingt es im September, die Ruhe wieder herzustellen. Die Stadt Schladming wird am 29. September 1525 niedergebrannt und verliert ihr Stadtrecht, das sie erst nach genau 400 Jahren wiedererlangen sollte, ein in der Geschichte des Landes einzigartiger Fall. Schladming erleidet durch diese Vergeltungsmaßnahmen einen wirtschaftlichen Rückschlag, von dem es sich über Jahrzehnte nicht richtig erholt. Lutherisch gesinnt bleiben die Bewohner der Region, ob Bürger, Bauern oder Bergleute, aber bis zuletzt.

Der Landesfürst rächt sich an den aufständischen Bauern, Bürgern und Knappen

167

Die Modernisierung und Industrialisierung der Stadt Graz und der Steiermark finden ihren Ausdruck auch in neuen Formen der Leistungsschau. Im Jahr 1870 wird auf den Gründen des ehemaligen landwirtschaftlichen Versuchshofes der steirischen Stände, der von der steirischen Landwirtschaftsgesellschaft betrieben wird, eine erste Ausstellung der steirischen Industrie und Landwirtschaft organisiert. Diese „Landesausstellung" markiert den Beginn des modernen Grazer Messewesens. Glaubt man den zeitgenössischen Berichten, wird diese Leistungsschau mit ihren 1.600 Ausstellern in 14 Tagen von rund 200.000 Menschen besucht, also von mehr als einem Fünftel der gesamten steirischen Bevölkerung. Man muss sich nach einem neuen Ausstellungsgelände umsehen und findet dieses am heutigen Messegelände, parallel zur späteren Conrad-von-Hötzendorf-Straße gelegen. Auf diesen „Althaller Gründen" wird anlässlich der zweiten Landesausstellung dann die sogenannte

Die Wirtschaft des Landes profitiert stark von der neuen Einrichtung

„Industriehalle", später „Halle 1" der Grazer Messe errichtet: ein architektonisches Prunkstück des Holzbaus. Noch eine dritte Landesausstellung findet 1890 auf diesem Gelände statt, bevor finanzielle Probleme eine weitere Durchführung dieses Ereignisses verhindern.

Im Jahr 1906 versuchen dann verschiedene Gruppierungen, das Grazer Messewesen auf neue Beine zu stellen, wobei sich die Verbindung der Veranstalter mit der Grazer Handels- und Gewerbekammer als Segen erweist. Die Idee einer Ende September und Anfang Oktober stattfindenden „Grazer Herbstmesse" wird geboren und am 30. September 1906 kann die erste dieser erfolgreichen Leistungsschauen feierlich eröffnet werden. Landwirtschaft und Industrie profitieren von der Herbstmesse derart, dass sie sich sofort zum alljährlich wiederkehrenden Ereignis entwickelt. Besonders erfolgreich ist die dritte Herbstmesse im Jahr 1908, die ganz im Zeichen des 60. Regierungsjubiläums Kaiser Franz Josephs steht und 400.000 Besucher zur „Kaisermesse" bringt. Die Grazer Messe wird von Beginn an zur überregionalen Leistungsschau der wirtschaftlichen Steiermark und strahlt bereits vor dem Ersten Weltkrieg weit in den Südosten Europas aus. In den Krisenjahren der Zwischenkriegszeit leidet das Messewesen zwar, aber nach 1945 gelingt mit dem einsetzenden „Wirtschaftswunder" ein Neustart. Die Grazer Herbstmesse wird insbesondere für den jugoslawischen und ungarischen Raum bis etwa 1990 von großer Bedeutung, und das zum Wohl der Wirtschaft im Land.

Werbe-Ansichtskarte für die Grazer Herbstmesse, 1908

Oktober

11. Oktober 1771

Der heilige Joseph wird zum Landespatron der Steiermark erklärt

Der eigentliche, erste Landespatron der Steiermark ist der heilige Rupert, dessen Festtag am 24. September begangen wird und der aus gutem Grund Landesheiliger der Steiermark und Kärntens ist. Er ist als ehemaliger und später heiliggesprochener Salzburger Bischof gleichzeitig auch der Salzburger Diözesanpatron. Da die Christianisierung der Alpenslawen in

Ein Landesheiligenwechsel aus politischer Motivation

der Steiermark und in Kärnten nördlich der Drau von Salzburg aus erfolgt und der Salzburger Einfluss auf die Kirche in der Steiermark auch nach der Gründung des Bistums Seckau im Jahr 1218 mehr oder weniger ungeschmälert anhält, bleibt es somit beim Salzburger Heiligen auch als Landespatron der Steiermark.

Durch ein Regierungsdekret vom 11. Oktober 1771 wird dieser Tatsache jedoch ein Ende bereitet. Das mag damit zusammenhängen, dass Papst Clemens IV. in diesem Jahr die offizielle Einführung von Landesheiligen gestattet. An die Stelle des heiligen Rupert tritt nun für die Steiermark der heilige Joseph als habsburgischer Haus- und Reichsheiliger. Ob die Habsburger in Österreich dem Papst und der Kirche damit signalisieren wollen, dass sie die eigentlichen Herren im Haus sind, kann nicht eindeutig geklärt werden, wäre aber grundsätzlich eine Option. Es ist jedenfalls eine eindeutige politische Ansage der Regentin Maria Theresia an die Kirche.

Der heilige Joseph ist bereits seit 1675 der Patron Österreichs, wobei sein Feiertag von Papst Gregor XV. im Jahr 1621 mit dem 19. März festgelegt wurde. Als offizieller kirchlicher Feiertag wird er in der Steiermark seit 1771 sehr lange feierlich begangen und die Landesbeamten haben bis vor wenigen Jahren an diesem Tag frei.

Der Heilige Joseph mit dem Jesusknaben, Darstellung aus dem ehemaligen Stift Göss

Oktober

Jänner 1585 • Die Grazer Universität wird gegründet | 4. Jänner 1974 • Die Einführung des Pickerls
eier Tag" | 6. Jänner 1497 • Die Juden werden aus der Steiermark vertrieben | 8. Jänner 1819
sikschule des „Steiermärkischen Musikvereins" wird offiziell anerkannt | 11. Jänner 1782 • Graz wi
enen Stadt" erklärt | 15. Jänner 1959 • Konstituierende Versammlung des FORUM STADTPARK | 17
1856 • Die Grazer Tagespost erscheint erstmals | 21. Jänner 1988 • Der Noricum-Skandal wird öffe
4. Jänner 1945 • Heinrich Drda stirbt | 27. Jänner 1919 • Der „Marburger Blutson
9. Jänner 1978 • Sepp Walcher | 30. Jänner 2002: Die Fotografir
rath stirbt | 1. Februar 1835 • Der Domherr und Politiker Alois Karlon wird geboren | 5. Februar 19
s Bombenattentat von Oberwart verändert die steirische Zeitgeschichte | 8. Februar 1924 • Die Lawin
trophe von Hieflau | 12.–14. Februar 1934 • Bürgerkrieg im Land | 15. Februar 1975 • Massenkündigu
Wirtschaftswunderland | 16. Februar 1903 • Landeshauptmann Josef Krainer senior wird geboren | 2
ruar 1973 • Der Plabutschtunnel führt zur bürgerlichen Mehrheit in Graz | 26. Februar 1965 • Spater
den steirischen Abschnitt der Südautobahn Graz – Gleisdorf | 1. März 1807 • Jožef Muršec wird gebo
–16. März 1848 • Die Revolution in Graz beginnt | 17. März 1689 • Erdäpfel für die Steiermark | 19.
65 • In Graz entsteht die erste Freiwillige Feuerwehr des Landes | 26. März 1983 • Großes Lipizzane
| 31. März 1912 • Die offizielle Gründung des SK Sturm geht über die Bühne | 1. April 1822 • Erzh
ann erwirbt das Vordernberger Radwerk | 2. April 1945 • Graz wird mit Phosphorbomben angegriffen
il 1000 • Eine Königsschenkung als Meilenstein in der Landwerdung der Steiermark | 26. April 1848
tische Verein „Slovenija" wird gegründet | 29. April 1608 • Erzherzogin Maria von Innerösterreich stirb
1890 • Feiern zum 1. Mai in der Steiermark | 2. Mai 1864 • Die „Steirische Gemeinde-Ordnung" wi
sen | 10. Mai 1834 • Der Kurort Bad Gleichenberg wird gegründet | 11. Mai 1919 • In den steiermärkis
dtag ziehen die ersten drei Frauen ein | 19. Mai 1892 • Die Pichler-Werke gehen in Betrieb | 2. Juni
ie weltweit erste Postrakete startet vom Schöckl | 11. Juni 1872 • Die Gründung der „Welt-Schuhfa
t neue Maßstäbe | 23. Juni 1984 • In Graz kommt das erste „Retortenbaby" zur Welt | 28. Juni 1914
esschüsse von Sarajewo | 3. Juli 1929 • Das „Dachsteinlied" wird zur steirischen Landeshymne | 16
8 • Der „Schladminger Bergbrief" wird erlassen | 17. Juli 1854 • Die Semmeringbahn wird eröffnet
1905 • Sechs Kinder und Jugendliche gleichzeitig vom Blitz erschlagen | 29. Juli 1984 • S.T.S. erre
„Fürstenfeld" Platz 1 der Ö3-Hitparade | 31. Juli 1843 • Peter K. Rosegger wird geboren | 2. August 1
Kapfenberger Hexenprozesse | 14. August 1992: Das steirische Kürbiskernöl ist geschützt! | 19. A
9 • Die Erstbesteigung des Dachsteins | 29. August 1959 • Der Schatz im Toplitzsee wird gehober
tember 1939 • Der Zweite Weltkrieg beginnt | 5. September 1970 • Jochen Rindt verunglückt in M
2.–13. Sept. 1931 • Der „Pfrimerputsch" des „Steirischen Heimatschutzes" | 16. September 1899
zer Oper wird eröffnet | 30. September 1906 • Die erste Grazer Herbstmesse wird eröffnet | 3. Ok
3 • Die ersten Jesuiten lassen sich in Graz nieder | 12. Oktober 1910 • Die Wechselbahn wird eröf
Oktober 1625 • Die „Innerberger Hauptgewerkschaft" wird gegründet | 21. Oktober 1844 • Die Bah
zzuschlag – Graz wird eröffnet | 1. November 1827 • Der Wallfahrtsort Mariazell brennt | 5. Nove
8 • Der Höhepunkt der Pockenepidemie in Leoben | 10. November 1938 • Die „Reichspogromnac
Steiermark | 25. November 1894 • Die Grazer Schlossbergbahn wird eröffnet | 26. November 1811
zer Joanneum wird gegründet | 1. Dezember 1671 • Erasmus Graf Tattenbach wird in Graz hinger
Dezember 1850: Alexander Girardi wird geboren | 8. Dezember 1866 • Der „Wunderdoktor" Höller
geboren | 9. Dezember 1905 • Oktavia Aigner-Rollett wird zur Ärztin promoviert | 14. Dezember 19
Bahnstrecke Weiz – Birkfeld wird eröffnet | 16. Dezember 1931 • Die Folgen des „Pfrimerputsches"
steiermark | 24. Dezember 1823 • Das „Grazer landständische Theater" brennt | 31.

Am 28. August 1572 heiratet Erzherzog Karl II. von Innerösterreich die Wittelsbacherin Maria von Bayern und lässt sich mit ihr in Graz nieder. Erzherzog Karl, von dem überliefert wird, er und Maria seien die einzigen Teilnehmer an der Grazer Fronleichnamsprozession des Jahres 1573 gewesen, beschließt durch den starken Einfluss seiner Frau noch im selben Jahr, die Jesuiten nach Graz zu berufen. Am 3. Oktober 1573 treffen die ersten Angehörigen dieses Ordens in Graz ein, dieser Tag markiert

Der Beginn der Gegenreformation in der Steiermark

den Beginn der Gegenreformation in der Steiermark. Am 12. November 1573 erhalten die Grazer Jesuiten mehrere Gebäude gegenüber der damaligen Grazer Stadtpfarrkirche St. Egyd, dem heutigen Dom. Dort können sie mithilfe finanzieller Beiträge der Klöster im Land einen eigenen Konvent errichten. Die Jesuiten richten anschließend an den Konvent noch im Jahr 1573 eine eigene Lateinschule ein,

Der sogenannte „Taubenkobel", das erste Grazer Jesuitengymnasium

die im zweiten Jahr ihres Bestehens bereits 150 Schüler aufweist, größtenteils begabte Bauernsöhne. Aus ihr geht das heutige „Akademische Gymnasium" in Graz hervor. 1613 erfolgt die Gründung eines eigenen Jesuitenkollegs in Leoben, 1620 die eines weiteren in Judenburg, beide jeweils mit angeschlossenen Gymnasien. In diesen Bildungseinrichtungen sollen die Söhne obersteirischer Adeliger und Bürger eine solide, katholische Ausbildung erfahren. 1585/1586 wird in Graz auch eine Universität errichtet, deren vornehmste Aufgabe unter der Führung der Jesuiten die Heranbildung des Klerikernachwuchses wird. Sie besteht daher nur aus einer philosophischen und aus einer theologischen Fakultät. Als dann 1587 der katholische Bayer Georg Widmanstetter in Graz als Hofbuchdrucker sein Wirken beginnt und vorerst nur Streitschriften der Gegenreformatoren herausgibt, entstehen bis zum Jahr 1600 auf diese Weise an die 70 Werke, verfasst vor allem von Grazer Jesuiten sowie dem Geistlichen Peter Muchitsch, später Wiener Universitätsprofessor, Grazer Stadtpfarrer und zuletzt Pöllauer Propst. Dazu kommen noch Schriften des Stainzer Propstes Jakob Rosolenz. Zimperlich gehen diese Schriften mit dem evangelischen Gegenüber nicht um. Die Prädikanten werden als „Säue", „Esel", „Hurenbuben" oder „Baalspfaffen" bezeichnet und die zumeist in Tübingen erscheinenden protestantischen Entgegnungen weisen einen ähnlichen Ton auf. Es ist ein harter Kampf, der da geführt wird, und es geht letztlich nur darum, wer ihn gewinnen wird.

5. **Oktober** 1962
In Zeltweg wird das erste Stahlskelett-Hochhaus Österreichs übergeben

Mitte der 1950er-Jahre kommen die modernen Zeiten auch in der Steiermark an, insbesondere in der industrialisierten Obersteiermark. Am 5. Oktober 1962 erfolgt die feierliche Eröffnung des ersten Stahlskelett-Hochhauses Österreichs. Es handelt sich um ein Verwaltungsgebäude der „Maschinenfabrik Zeltweg", Bauherr ist die „Österreichische Alpine-Montan-Gesellschaft". Nach Planungen des Architekten DI Emmerich Donau aus Leoben entsteht das zwölfgeschossige, 40,6 Meter hohe Haus auf einer 15 x 22,5 Meter großen Betonfundamentplatte als Musteranlage für den Stahlskelettbau, wobei eine Reihe von Alpine-Erzeugnissen als Werkstoff Verwendung finden. „Das Haus zeichnet sich durch großräumige Bauweise, leichte Umbaumöglichkeiten, geringe Fundierungskosten und feingliedrige Eleganz aus", berichtet die *Südost-Tagespost*.
In einem U-förmigen Kern sind alle Nebenräume, das Stiegenhaus und die Aufzüge untergebracht und gegen die Büroseite mit einer Drahtglaswand abgeschlossen. Die Fassade besteht aus Stahlspezialprofilen, die der Wärmespannung Rechnung tragen, die Wandverkleidung besteht aus emailliertem Stahlblech, auch die Büros werden mit Stahlmöbeln eingerichtet. Für den Bau werden 232 Tonnen Profil- und Betonstahl, 965 Kubikmeter Stahlbeton, 350 Tonnen Zement sowie 1.600 Tonnen Beton, Kies und Sand benötigt. So entstehen 16.500 Kubikmeter umbauter Raum für 170 Angestellte und eine Gästeetage im 11. Stock. Um die Fenster reinigen zu können, wird von der „Alpine-Montan" eine eigene Fensterputzeinrichtung mit steuerbarem Korb geplant, die man sich auch gleich patentieren lässt. Das allererste Hochhaus des Landes wurde jedoch bereits 1955 in Kapfenberg errichtet und fand sogar Eingang in die steirische Literatur: Reinhard P. Gruber berichtet darüber in seinem Werk „Aus dem Leben Hödlmosers".

41 Meter hoch und 12 Geschosse

Die Steiermark ist, was den Ausbau des Straßennetzes anbelangt, nach 1945 eines der österreichischen Stiefkinder.

Wohl sieht ein Verkehrskonzept des Jahres 1965 neben dem Bau der Südautobahnstrecke durch das Land eine leistungsfähige Autobahnverbindung zwischen Graz und Linz über das Palten-Liesing-Tal vor, dieses Projekt ist eines der Herzensanliegen des Landeshauptmannes Krainer. Doch vorerst muss man auf den Bau der Strecke noch warten. Die sogenannte „Pyhrnautobahn" soll einerseits die Wirtschaftsräume Linz und Graz miteinander verbinden, andererseits für eine Entlastung der gerade ausgebauten Bundesstraße über den Schoberpass sorgen, die als „Gastarbeiterroute" seit eben dieser Zeit vor allem durch ihre vorprogrammierten Staus zur Haupreisezeit und ihre Gefährlichkeit wegen des hohen Verkehrsaufkommens und übermüdeter

Ein wichtiger Schritt für die Autobahnverbindung Linz – Graz

Fahrer mit teilweise gebrechlichen Fahrzeugen österreichweit von sich reden macht.

Im Rahmen des Baus der Pyhrnautobahn plant man auch einen Tunnel, der von St. Michael in der Obersteiermark in das Übelbachertal führen soll und damit das Dreieck Leoben – Bruck an der Mur – Frohnleiten um rund 28 Kilometer abkürzt. Dieser Bauabschnitt ist auch der erste, der in Angriff genommen wird. Der Spatenstich für den Bau der 30 Kilometer langen „Gleinalmautobahn" erfolgt am 6. Oktober 1972 nach fünf Jahren Projektierung und Planung in St. Michael in der Obersteiermark. Vorgenommen wird er von Bautenminister Josef Moser, anwesend ist mehr oder weniger die gesamte steirische Landesregierung. Begonnen wird mit dem Bau der 329 Meter langen Murbrücke in St. Michael, die in zwanzig Metern Höhe über den Fluss führt und 72 Millionen Schilling kosten soll. Für die 30 Autobahnkilometer mit dem 8,3 Kilometer langen Haupttunnel – der aus Kostengründen zunächst nur mit einer Tunnelröhre ausgestattet ist – und die zahlreichen Hangbrückenbauten im Kleintal bei Übelbach sind Baukosten von insgesamt 3,3 Milliarden Schilling budgetiert. 40 Prozent davon übernimmt das Land Steiermark. 1978 wird der Gleinalmabschnitt schließlich dem Verkehr übergeben, er ist durch die Preissteigerungen in den Jahren 1973 und 1974 bedeutend teurer geworden. Die zweite Tunnelröhre befindet sich zum Zeitpunkt des Erscheinens dieses Buches in Bau (Stand Oktober 2014).

Südportal des Gleinalmtunnels

7. Oktober 1970
Eröffnung des „Österreichischen Freilichtmuseums" Stübing

Gegründet wird das „Österreichische Freilichtmuseum" in Stübing bereits am 26. November 1962 im Weißen Saal der Grazer Burg in Anwesenheit von Bundesminister Dr. Heinrich Drimmel. Es ist ein großer und mutiger Schritt, der da gesetzt wird. Vor allem das Vorbild des schwedischen Freilichtmuseums in Skansen ist es, das den Volkskundler Viktor Herbert Pöttler und den Kulturlandesrat Hanns Koren inspiriert. Sie wollen ein „begehbares" Museum schaffen, das auf kleinem Raum zusammengefasst alle Baustile und Besonderheiten der ländlichen beziehungsweise landwirtschaftlichen Architektur Österreichs und Südtirols besuch- und sichtbar, darüber hinaus aber auch wörtlich „begreifbar" macht. Errichtet wird das Museum dann ab dem Jahr 1963 unter der wissenschaftlichen Leitung Pöttlers in einem unberührten Tal zwischen Pfaffenkogel und Gsoller nahe dem Schloss Stübing, einige Kilometer nördlich von Graz, auf einem 60

Das Lebenswerk Viktor Herbert Pöttlers geht in Betrieb

Hektar großen Areal. Ursprünglich sind 50 bis 60 Objekte geplant, wobei Pöttler der richtige Kontext zwischen Gebäuden und Umgebung wichtig ist. Das zeichnet das „Österreichische Freilichtmuseum" gegenüber anderen Museen dieser Art auch besonders aus.

Am 7. Oktober 1970 wird das Freilichtmuseum von Bundespräsident Franz Jonas bei einem Bestand von 32 Objekten aus ganz Österreich eröffnet. 1980 sind bereits rund 60 originale bäuerliche Objekte aus allen österreichischen Bundesländern und Südtirol mit Hausrat und Inventar versehen. Seit 1986 wird das Freilichtmuseum in Form einer gemeinnützigen Stiftung betrieben, an der alle Bundesländer beteiligt sind. Seit 2010 ist das Museum die größte Zusammenschau der historisch bedeutungsvollsten Haus- und Hoftypen Österreichs und Südtirols und mit 97 Objekten eines der zehn größten Freilichtmuseen Europas. Die breite Öffnung des Museums durch besondere Museumstage und Feste verankert seine Beliebtheit in der Steiermark sehr.

Auch ein Bregenzerwälderhaus aus Schwarzenberg, Vorarlberg, befindet sich auf dem ca. 60 Hektar großen Gelände des Freilichtmuseums in Stübing.

173

Der eigentliche, erste Landespatron der Steiermark ist der heilige Rupert, dessen Festtag am 24. September begangen wird und der aus gutem Grund Landesheiliger der Steiermark und Kärntens ist. Er ist als ehemaliger und später heiliggesprochener Salzburger Bischof gleichzeitig auch der Salzburger Diözesanpatron. Da die Christianisierung der Alpenslawen in der Steiermark und in Kärnten nördlich der Drau von Salzburg aus erfolgt und der Salzburger Einfluss auf die Kirche in der Steiermark auch nach der Gründung des Bistums Seckau im Jahr 1218 mehr oder weniger ungeschmälert anhält, bleibt es somit beim Salzburger Heiligen auch als Landespatron der Steiermark.

Ein Landesheiligenwechsel aus politischer Motivation

Durch ein Regierungsdekret vom 11. Oktober 1771 wird dieser Tatsache jedoch ein Ende bereitet. Das mag damit zusammenhängen, dass Papst Clemens IV. in diesem Jahr die offizielle Einführung von Landesheiligen gestattet. An die Stelle des heiligen Rupert tritt nun für die Steiermark der heilige Joseph als habsburgischer Haus- und Reichsheiliger. Ob die Habsburger in Österreich dem Papst und der Kirche damit signalisieren wollen, dass sie die eigentlichen Herren im Haus sind, kann nicht eindeutig geklärt werden, wäre aber grundsätzlich eine Option. Es ist jedenfalls eine eindeutige politische Ansage der Regentin Maria Theresia an die Kirche.

Der heilige Joseph ist bereits seit 1675 der Patron Österreichs, wobei sein Feiertag von Papst Gregor XV. im Jahr 1621 mit dem 19. März festgelegt wurde. Als offizieller kirchlicher Feiertag wird er in der Steiermark seit 1771 sehr lange feierlich begangen und die Landesbeamten haben bis vor wenigen Jahren an diesem Tag frei.

Der Heilige Joseph mit dem Jesusknaben, Darstellung aus dem ehemaligen Stift Göss

Die Erschließung der Oststeiermark durch die Eisenbahn ist eine Geschichte in zahlreichen Etappen. Als wichtigste Verkehrsader wird 1873 die ungarische Westbahn eröffnet, die Budapest über das Raabtal mit Graz verbindet. Vom Bahnhof Fehring aus wird dann 1885 eine Bahnlinie nach Fürstenfeld errichtet, wo sich eine große Tabakfabrik befindet. Von Fürstenfeld nach Hartberg und Friedberg führt eine weitere Bahnlinie, die am 19. Oktober 1891 ihrer Bestimmung übergeben wird. Andererseits entsteht, eröffnet am 28. Oktober 1881, die sogenannte „Aspangbahn", die von Wiener Neustadt bis ins niederösterreichische Aspang am Fuß des Wechsels führt. Zwischen Friedberg und Aspang klafft nach 1891 eine bedeutende Lücke im Bahnnetz der Monarchie, und das trifft vor allem den Raum Hartberg sowie das nördlich anschließende Vorauer Gebiet, die „vergessenen Lande" wie sie Autor Krauss genannt hat. Insbesondere die Burger von Hartberg, aber auch jene des Marktes Pinggau und der Stadt Friedberg, wünschen sich dringend einen Lückenschluss, um wirtschaftlich eine Aufwertung zu erfahren.

Am 12. Oktober 1910 ist es dann so weit: Die „Wechselbahn" wird eröffnet. Der Bau der 21,5 Kilometer langen Bahnlinie hat insgesamt 16 Tote und mehr als 1.600 Verletzte gefordert, aber das tut der Feierfreude keinen Abbruch. Um 9:58 Uhr, pünktlich zum ersten Teil der Eröffnungsfeier, trifft der erste Zug aus Friedberg in Aspang ein. Der Hartberger Bürgermeister lobt das Verdienst des Eisenbahnministers Derschatta sowie des Oberingenieurs Leiß

Das oststeirische Bahnnetz wird geschlossen

um das Zustandekommen der neuen Bahnverbindung. Nach einer ausgiebigen Feier in Aspang geht der Zug um 13:01 Uhr wieder in Richtung Friedberg ab, wobei der Andrang derart groß ist, dass zwei Extrazüge eingeschoben werden müssen. In Friedberg wird die Eröffnung der Bahnlinie dann ein zweites Mal würdig gefeiert. Schließlich begeben sich die Festgäste um 4 Uhr nachmittags erneut nach Aspang, wo die Feier mit einem Festbankett ausklingt. Der Bau der Wechselbahn schließt eine bedeutende Lücke im Eisenbahnnetz der Oststeiermark und hat wichtige Auswirkungen auf die regionale Wirtschaft. Friedberg wird außerdem Bahnknotenpunkt, hier mündet auch die aus Oberwart kommende Pinkatalbahn ein.

Eröffnung der Wechselbahn in Pinggau

In einigen Teilen des Landes haben sich auch über das Jahr 1600 hinaus starke evangelische Bevölkerungsgruppen gehalten, die als sogenannte „Kryptoprotestanten" allen Repressalien zum Trotz weiter standhaft an ihrer Form des Christentums festhalten. Auch die „Konversionshäuser" Maria Theresias, deren Errichtung den Druck auf die evangelischen Christen im Land noch verschärft, ändern daran gar nichts. Dort sollen evangelische Christen oder im Glauben schwankende Personen von ihrer Umwelt isoliert und durch Druck zum Katholizismus bekehrt beziehungsweise konvertiert werden. Die „Erfolgsrate" dieser Einrichtungen ist im Übrigen enden wollend. Die allgemeine Lage ändert sich erst unter Kaiser Joseph II. im Rahmen seiner kirchlichen Reformen. Deren Anfang markiert die Erlassung des sogenannten „Toleranzpatents" am 13. Oktober 1781. Von nun an dürfen die Lutheraner auch in der Steiermark ihren Glauben endlich wieder öffentlich ausüben, wohl gemerkt, diese Glaubensäußerungen werden lediglich „toleriert"! Aber das Patent bringt zumindest zahlreiche Erleichterungen, Freiheiten und neue Möglichkeiten mit sich. Von nun an dürfen eigene Bethäuser und Schulen errichtet werden, wenn auch mit baulichen Einschränkungen hinsichtlich der Fensterform und der Anordnung der Haupteingangstüren. Sofort entstehen in der Folge in den Gebieten der steirischen Kryptoprotestanten wieder eigene evangelische Pfarren, so in Ramsau (1781), Schladming (1782), Gröbming und in Wald am Schoberpass. Bestrebungen von Papst Pius VI., den Kaiser persönlich zum Widerruf dieser Schritte zu bewegen, scheitern.

> In der Steiermark entstehen die ersten „Toleranzgemeinden"

Die erste und die letzte Seite des Toleranzpatents Kaiser Josephs II

In Köflach kommt es am 14. Oktober 1922 zu einem tragischen Zwischenfall. Im Gasthaus Brandl führt ein Tumult betrunkener Arbeiter dazu, dass ein Teil der Gasthauseinrichtung zertrümmert wird. Als zwei Gendarmeriebeamte einen verletzten Arbeiter zum Arzt bringen wollen, versuchen andere Anwesende, sie daran zu hindern. Auf der Höhe des Köflacher Kinos kommt es dann zu einer handgreiflichen Auseinandersetzung, da einige gerade das Gebäude verlassende Kinobesucher meinen, die Gendarmen hätten den Arbeiter misshandelt und verletzt. Da die Lage für die beiden Gendarmen immer bedrohlicher wird, geben sie mehrere Schüsse ab, durch welche der Gradenberger Bauarbeiter Alois Fischer tödlich sowie sechs weitere Arbeiter durch Streifschüsse schwer verletzt werden. Nach diesem Zwischenfall kommt es am darauffolgenden Montag, den 16. Oktober, zu einem Generalstreik im Bezirk, dem sich rund 6.000 Bergleute und Arbeiter anschließen. Ein Protestmarsch zum Köflacher Hauptplatz formiert sich: Die Teilnehmer fordern den Abzug jener Gendarmeriebeamten, die der Landeshauptmann nach Köflach verlegt hatte, nachdem anlässlich der kurz zuvor stattgefundenen Gemeinderatswahlen seitens der Sozialdemokratischen Partei Drohungen gegen andere Wahlwerber ausgesprochen worden waren.

Bezirkshauptmann Dr. Emil Krammer, der versucht, die Situation in Köflach zu beruhigen, wird im Verhandlungsraum von Streikenden schwer misshandelt. Daraufhin ordnet die Landesregierung die sofortige Entsendung einer zusätzlichen starken Gendarmerieabteilung nach Köflach an, während der Abgeordnete Vinzenz Muchitsch aus Graz vorschlägt, den waffenlosen Abzug der Gendarmerie zu gestatten, was Landeshauptmann-Stellvertreter Dr. Jakob Ahrer aber kategorisch ablehnt. Hingegen wird noch am 16. Oktober eine feldmäßig ausgerüstete Kompanie der „Reichswehr" von Graz nach Voitsberg verlegt. Die Gendarmerie nimmt in der Folge zwanzig Verhaftungen vor. Daraufhin begibt sich am 22. Oktober eine größere Anzahl Köflacher Arbeiter und sozialdemokratischer Abgeordneter zum Landeshauptmann nach Graz, um gegen dessen Vorgehen und das der Gendarmerie zu protestieren und den Abzug der Gendarmerie und des Militärs zu fordern; sie haben damit jedoch keinen Erfolg. Dieser Misserfolg ist ein erster schwerer Schlag für die steirische Sozialdemokratie während der Ersten Republik.

Brennpunkt ist Köflach

17. Oktober 1909
Einweihung des Hackher-Löwen am Grazer Schlossberg

Das Jahr 1909 steht ganz im Zeichen der Erinnerung an das „Franzosenjahr" 1809 und die militärischen Ereignisse, die die Steiermark damals betrafen, wie die Schlacht von St. Michael, die Schlacht von Raab in Ungarn oder die Verteidigung des Grazer Schlossbergs durch Oberst Franz Xaver Freiherrn Hackher zu Hart, einen gebürtigen Wiener. Dieser kann, gemeinsam mit einer Besatzung von 900 Mann, durch die kluge wie tapfere Verteidigung des Schlossbergs gegen die Franzosen im Mai und Juni 1809 nicht nur bleibenden Ruhm erringen, sondern auch das Ritterkreuz des „Militär-Maria-Theresia-Ordens". Hackher wird in der Folge 1812 in den Freiherrenstand erhoben und 1813 zum Oberstleutnant befördert.

Hundert Jahre später, am 17. Oktober 1909, wird Hackher auf dem Schlossberg ein Denkmal gesetzt: der vom bekannten Wiener Tierplastiker Otto Jarl geschaffene und von der Wiener Gießerei Selzer hergestellte „Hackher-Löwe". In den ersten

Ein Symbol für steirischen Heldenmut

Morgenstunden dieses Tages dröhnen Kanonenschüsse vom Schlossberg, Hunderte Menschen wohnen der Feier am Berg ebenso bei wie eine Ehrenkompanie der in Graz garnisonierten Infanterieeinheiten und die Nachkommen Hackhers. Der Obmann des Denkmalausschusses, Landeshauptmann Graf Attems, hält eine Festansprache, die vom Vertreter des Kaiserhauses, Erzherzog Friedrich, erwidert wird. Dieser darf auch den Befehl zur Enthüllung des Denkmals geben, was unter den Klängen der Volkshymne, des Generalmarsches, des Geläuts der „Liesl" und unter Kanonendonner vor sich geht. Das Denkmal wird dann vom Landeshauptmann in die Obhut der Stadt Graz, vertreten durch Bürgermeister Dr. Graf, übergeben. Dieser Obhut kommt die Stadt während des Dritten Reiches nicht mehr nach: 1941 wird der Löwe als „Adolf-Hitler-Metallspende" der Stadt Graz entfernt und zwei Jahre später eingeschmolzen. 1966 kann eine frei empfundene, etwas unproportionierte Nachschöpfung von Wilhelm Gösser enthüllt werden.

Der Hackher-Löwe am Grazer Schlossberg kurz nach seiner Einweihung im Jahr 1909

20. Oktober 1625

Die „Innerberger Hauptgewerkschaft" wird gegründet

Wirtschaftlich könnte das steirische Eisenwesen eigentlich nach Jahrzehnten des Niedergangs ab etwa 1580 von der verstärkten Produktion von Kriegsmaterial enorm profitieren. Zwei wichtige Fakten stehen dem vorerst aber im Weg: Einerseits führt die Ausweisung evangelischer Gewerken aus der Steiermark dazu, dass die Rad- und Hammerwerke teils in die Hände unfähiger Nachfolger geraten, und andererseits setzt der Staatsbankrott des Jahres 1623 dem Eisenwesen zusätzlich schwer zu. In dieser Lage ergreift die innerösterreichische Regierung die Initiative und gründet am 20. Oktober 1625 die „Innerberger Hauptgewerkschaft", in der die drei Glieder des Eisenwesens – Verhüttung, Finalindustrie und Handel – zum größten staatlichen Betrieb des damaligen österreichischen Raumes zusammengefasst werden. Die ehemaligen Besitzer der Bergbaue und Werke erhalten nach dem Wert ihrer „Einlage" Antcilsschcine und werden nach diesen Anteilen am Gesamtgewinn der Hauptge-

Die erste Aktiengesellschaft Österreichs entsteht

werkschaft, die ihren Sitz in Eisenerz hat, beteiligt. Ein Kammergraf überwachte nun als oberster Beamter des Landesfürsten das Unternehmen mit einer Heerschar von zumeist fähigen Beamten, unter denen sich wiederum viele ehemalige Gewerken und Gewerkensöhne, also Fachleute, finden. Als „Aufsichtsrat" werden zwölf sogenannte „Vorgeher" eingesetzt, die sich ebenso aus den Reihen der ehemaligen Gewerken und Hammerherren rekrutieren. Mit der nun möglichen gemeinsamen Versorgung des Eisenwesens mit Holzkohle sowie den einsetzenden Rationalisierungsmaßnahmen können die Produktionskosten gesenkt und dem Innerberger Eisenwesen auf Jahrzehnte eine positive Entwicklung ermöglicht werden. Im Vordernberger Bereich tun sich, dem Eisenerzer Vorbild folgend, die Radmeister nur wenig später zur „Vordernberger Radmeister-Kommunität" zusammen, die gemeinsam den Einkauf von Holz, Kohle und Lebensmitteln besorgt und die gegenseitige Konkurrenzierung damit weitestgehend beseitigt.

Eisenerz um 1646, nach einem Merian-Stich

21. Oktober 1844

Die Bahnlinie Mürzzuschlag – Graz wird eröffnet

Um 1840 entsteht im steirischen Eisenwesen eine moderne Finalindustrie, die sich mit der Erzeugung von Schienen, Eisenbahnrädern und sogar Lokomotiven befasst. Diese Entwicklung setzt gerade zum richtigen Zeitpunkt ein, denn in den Jahren von 1841 bis 1844 entsteht die Eisenbahnlinie Graz – Mürzzuschlag. Die schwierigste Stelle der Trasse befindet sich in der Badlenge bei Peggau, wo Hunderte Arbeiter händisch Felsen beseitigen müssen, um Platz für die „Badlwandgalerie" zu schaffen. Viele Menschen sterben auf dieser Baustelle. Die Schienen für die neue Bahnlinie

Eine verkehrstechnische Meisterleistung wird gefeiert

stammen zur Gänze aus der Steiermark. Diese Produktion für den Eisenbahnbau führt zu einer enormen Wertschöpfung im Land selbst, das Kapital kann in die weitere Modernisierung der Eisenindustrie zurückfließen. Dass die Bahnlinie zwischen Wien und Triest nicht über Ungarn verläuft, sondern schließlich von Wien bis Gloggnitz und über die Steiermark geführt wird, wobei eine eindeutige Absicht besteht, die Lücke über den Semmering rasch zu schließen, ist Erzherzog Johann und seiner stetigen Einflussnahme in Wien zu verdanken. Am 21. Oktober 1844 wird die neue Bahnlinie feierlich eröffnet.

Die Badlwandgalerie nördlich von Peggau war das aufwendigste Bauwerk der Bahnstrecke Mürzzuschlag – Graz. Ihre Errichtung kostete viele Menschenleben.

Erzherzog Johann vertritt dabei in Mürzzuschlag den Kaiser. Aber auch Landesgouverneur Graf Wickenburg, Landeshauptmann Graf Attems und zahlreiche hohe Vertreter der Behörden und des Militärs finden sich in Mürzzuschlag ein, wo beim festlich geschmückten Bahnhof eine Ehrenpforte errichtet ist. Erzherzog Johann wird von einer gewaltigen Menschenmenge aus dem gesamten Oberen Mürztal begrüßt, gegen Mittag treffen dann, vom Semmering kommend, noch Wagenkolonnen mit Festteilnehmern aus Wien ein, darunter Hofkammerpräsident Freiherr von Kübeck. Gouverneur Wickenburg hält eine glänzende Ansprache, und nach dem Gabelfrühstück bricht man mit einem Zug von acht Waggons, voran die Lokomotive „Graz" der Wien-Gloggnitzer Lokomotivenfabrik, zur Fahrt nach Graz auf. Es geht an geschmückten Stationsgebäuden und Schlössern vorbei, wobei in Kindberg,

Bruck an der Mur und Peggau haltgemacht wird. Nach einer Fahrtzeit von 3 Stunden und 21 Minuten ist Graz erreicht, wo der Zug von einer großen Menschenmenge samt Ehrenkompanie unter den Klängen der Volkshymne empfangen wird. Fürstbischof Zängerle nimmt daraufhin in der zur Kapelle umgestalteten Remise die Segnung der Bahn und der Lokomotive vor. Abgeschlossen wird die Feier mit einem Festbankett in „Withalms Coliseum" und einer Reunion im ständischen Redoutensaal. Dort trägt der Schauspieler Julius Conradi auch ein von Vinzenz Zusner verfasstes Festgedicht vor. Mit der Eröffnung der rund 100 Kilometer langen Bahnstrecke Mürzzuschlag – Graz ist ein wichtiger Schritt in der modernsten verkehrstechnischen Erschließung der Verbindung Wien – Triest gesetzt – mit allen positiven wirtschaftlichen Folgen für die Steiermark, wie sich bald zeigt.

Historische Ansicht der Bahnlinie aus dem „Malerischen Atlas", 1844

25. Oktober 1972

Sprengstoffanschlag in Attendorf

So etwas wie dieser Sprengstoffanschlag ist in der Steiermark seit dem Jahr 1934 nicht mehr vorgekommen: Am 25. Oktober 1972, einen Tag vor dem Nationalfeiertag, sprengen unbekannte Täter einige Kilometer westlich der Landeshauptstadt Graz, im verschlafenen Attendorf, um 19:42 Uhr einen 27 Meter hohen Stahl-Gittermast der STEWEAG in die Luft.

Brachten Terroristen einen Stommasten zu Fall?

Für die Sprengung verwenden die unbekannten Attentäter rund vier Kilogramm hochexplosives Gelatine-Donarit. Mit der Sprengung des Mastens wird die gesamte 110.000 Volt-Hochspanungsleitung, die vom Kraftwerk Arnstein bei Voitsberg in die Landeshauptstadt Graz führt, völlig lahmgelegt. Zum Glück werden durch den Anschlag keine Menschen in Mitleidenschaft gezogen. Der Sachschaden aber ist enorm.

Die zuständige Grazer Exekutive zieht im Rahmen der Aufklärungsarbeit sofort Experten des Innenministeriums aus Wien zurate, insbesondere den 50 Jahre alten Oberst Alois Massak, den österreichischen Sprengstoffexperten schlechthin. Dieser hat zuvor bereits 1962 erfolgreich bei den Sprengstoffanschlägen in Innsbruck und 1963 im oberösterreichischen Ebensee ermittelt. Massak befindet, dass der Anschlag nur das Werk von absoluten Spezialisten sein könne, die sich sowohl mit dem Sprengstoff und dessen Wirkung auskennen als auch mit dem Stromleitungsbau, da der Sprengsatz „hundertprozentig wirksam" am Mast angebracht wurde. Nach dem Anschlag leiten die steirischen Sicherheitsbehörden Großalarm ein, Gendarmerie und Staatspolizei nehmen die Ermittlungen auf. Es werden aber nicht einmal Hinweise auf die Täter gefunden, ein Bekennerschreiben fehlt ebenso. Damit sind Täter und Motiv für diesen „Terroranschlag" auf steirischem Boden bis heute nicht geklärt.

Die Slowenen und die deutschsprachigen Steirer geraten nach dem Jahr 1848 in der Untersteiermark immer heftiger aneinander, die Nationalismen vergiften das Klima und das Zusammenleben zusehends. Die Ermordung des Thronfolgers Erzherzog Franz Ferdinand in Sarajewo durch südslawische Nationalisten 1914 heizt die Stimmung zusätzlich an, es kommt zu Übergriffen auf Slowenen in der Untersteiermark und schließlich wird es dem Großteil der slowenischen Bevölkerung zu bunt.

Die Steiermark verliert ein Drittel ihrer Bewohner und ihrer Fläche

In der Untersteiermark kündigen sich noch während des Ersten Weltkriegs, im Lauf des Jahres 1917, große Umwälzungen an. Anfang 1918 beginnt der slowenische Priester Anton Korošec damit, die Slowenen, Kroaten und Serben der Habsburgermonarchie um sich zu scharen, und reaktiviert in der Folge die „Allslowenische Volkspartei". die alle Kompromissvorschläge aus Wien ablehnt. Diese Partei kämpft, bestehend aus einem konservativen und einem christlichsozialen Flügel, seit geraumer Zeit für die Vereinigung aller Slowenen in einem eigenen Staatswesen.

Mitte August 1918 wird dann in Ljubljana/ Laibach eine allslawische Tagung abgehalten, die alle teilnehmenden Parteien zu einem slowenischen Volksrat unter der Leitung Korošec' verbindet. Unter seiner Führung wird am 29. Oktober 1918 in Zagreb der „Staat der Slowenen, Kroaten und Serben" (SHS-Staat) gegründet, nachdem die untersteirischen Abgeordneten zum Landtag und zum Reichsrat bereits am 10. Oktober die Parole „Los von Graz"

ausgegeben haben. Rudolf Majster bringt anschließend bis 1. November 1918 mit slowenischen Truppen Marburg und die größten Teile der Untersteiermark in seine Gewalt, und damit ist die Teilung der Steiermark, die Trennung jahrhundertealter politischer, sozialer, wirtschaftlicher und kultureller Gemeinsamkeiten, einer alles in allem Jahrhunderte hindurch gut verlaufenen gemeinsamen Geschichte grundgelegt. Die Steiermark verliert schließlich 1919 im Frieden von Saint Germain die Untersteiermark und damit rund ein Drittel der Landesfläche und Bevölkerung.

Der Priester Anton Korošec in einer Aufnahme aus dem Jahr 1929

Aquilinius Julius Caesar wird geboren

Aquilinius Julius Caesar erblickt am 30. Oktober 1720 in Graz das Licht der Welt. Seine Familie stammt aus Görz, wandert im 16. Jahrhundert in die Steiermark ein und wird 1623 geadelt. Vater Caesar ist Handelsmann und sitzt als Mitglied des Inneren Rates der Stadt Graz an den Schalthebeln der Macht. Sein Sohn Aquilinius besucht die Grazer Jesuitenschule, tritt in das Stift Vorau ein und wird 1742 zum Priester geweiht. Er ist in der Folge an

Der „Vater der steirischen Geschichtsschreibung"

der Vorauer Stiftsschule und von 1761 bis 1784 in der Pfarrseelsorge tätig, unter anderem als Stadtpfarrer von Friedberg.

Neben seinen seelsorglichen Verflichtungen betreibt er umfangreiche kirchenrechtliche und historische Studien und entfaltet eine reiche wissenschaftliche und publizistische Tätigkeit, lehnt aber eine Berufung an die Grazer Lehrkanzel für Kirchenrecht aus gesundheitlichen Gründen ab. Von Aquilinius Julius Caesar stammen die drei Bände der „Annales Ducatus Styriae", die erste wissenschaftlich fundierte, umfassende Geschichte des Landes Steiermark, die bis in das 18. Jahrhundert reicht. Caesar sammelt dafür umfangreiches Quellenmaterial und ediert Urkunden. Für einen breiteren Leserkreis gedacht ist dann die populäre deutsche Bearbeitung der „Annales", die in den Jahren 1786 bis 1788 als „Staats- und Kirchengeschichte des Herzogthums Steyermark" erscheint.

Caesar ist ein Kind seiner Zeit und versucht, die Kirchenreformen Josephs II. nicht nur zu verstehen sondern auch zu rechtfertigen. Dennoch bleiben ihm Enttäuschungen in diesem Zusammenhang nicht erspart. So kann er zwar durch persönlichen Einsatz die Auflösung des Stiftes Vorau verhindern, eine Rückkehr dorthin wird ihm aber verwehrt. So verbringt er seine letzten Jahre im Wallfahrtsort Weizberg bei Weiz, wo einer seiner Jugendfreunde als Kreisdechant wirkt. Dort verstirbt er am 2. Juni 1792. Eine Gedenktafel an der Außenwand der Weizbergkirche erinnert noch heute an den „Vater der steirischen Geschichtsschreibung".

Der „Vater der steirischen Geschichtsschreibung", Aquilinius Julius Caesar, nach einem zeitgenössischen Stich.

Jänner 1585 • Die Grazer Universität wird gegründet | 4. Jänner 1974 • Die Einführung des Pickerls
eier Tag" | 6. Jänner 1497 • Die Juden werden aus der Steiermark vertrieben | 8. Jänner 1819
sikschule des „Steiermärkischen Musikvereins" wird offiziell anerkannt | 11. Jänner 1782 • Graz wir
fenen Stadt" erklärt | 15. Jänner 1959 • Konstituierende Versammlung des FORUM STADTPARK | 17.
1856 • Die Grazer Tagespost erscheint erstmals | 21. Jänner 1988 • Der Noricum-Skandal wird öffe
4. Jänner 1945 • Heinrich la Rosa wird hingerichtet | ... Jänner 1919 • Der „Marburger Blutson
9. Jänner 1978 • Sepp ... Jänner 2002: Die Fotografin
rath stirbt | 1. Februar 1835 • Der Domherr und Politiker Alois Karlon wird geboren | 5. Februar 19
Bombenattentat von Oberwart verändert die steirische Zeitgeschichte | 8. Februar 1924 • Die Lawin
rophe von Hieflau | 12.–14. Februar 1934 • Bürgerkrieg im Land | 15. Februar 1975 • Massenkündigu
Wirtschaftswunderland | 16. Februar 1903 • Landeshauptmann Josef Krainer senior wird geboren
uar 1973 • Der Plabutschtunnel führt zur bürgerlichen Mehrheit in Graz | 26. Februar 1965 • Spater
den steirischen Abschnitt der Südautobahn Graz – Gleisdorf | 1. März 1807 • Jožef Muršec wird gebo
–16. März 1848 • Die Revolution in Graz beginnt | 17. März 1689 • Erdäpfel für die Steiermark | 19.
65 • In Graz entsteht die erste Freiwillige Feuerwehr des Landes | 26. März 1983 • Großes Lipizzane
| 31. März 1912 • Die offizielle Gründung des SK Sturm geht über die Bühne | 1. April 1822 • Erzh
ann erwirbt das Vordernberger Radwerk | 2. April 1945 • Graz wird mit Phosphorbomben angegriffen
il 1000 • Eine Königsschenkung als Meilenstein in der Landwerdung der Steiermark | 26. April 1848
tische Verein „Slovenija" wird gegründet | 29. April 1608 • Erzherzogin Maria von Innerösterreich stirb
1890 • Feiern zum 1. Mai in der Steiermark | 2. Mai 1864 • Die „Steirische Gemeinde-Ordnung" wi
sen | 10. Mai 1834 • Der Kurort Bad Gleichenberg wird gegründet | 11. Mai 1919 • In den steiermärkis
dtag ziehen die ersten drei Frauen ein | 19. Mai 1892 • Die Pichler-Werke gehen in Betrieb | 2. Juni
ie weltweit erste Postrakete startet vom Schöckl | 11. Juni 1872 • Die Gründung der „Welt-Schuhfa
t neue Maßstäbe | 23. Juni 1984 • In Graz kommt das erste „Retortenbaby" zur Welt | 28. Juni 1914
esschüsse von Sarajewo | 3. Juli 1929 • Das „Dachsteinlied" wird zur steirischen Landeshymne | 16
8 • Der „Schladminger Bergbrief" wird erlassen | 17. Juli 1854 • Die Semmeringbahn wird eröffnet |
1905 • Sechs Kinder und Jugendliche gleichzeitig vom Blitz erschlagen | 29. Juli 1984 • S.T.S. erre
„Fürstenfeld" Platz 1 der Ö3-Hitparade | 31. Juli 1843 • Peter K. Rosegger wird geboren |2. August 1
Kapfenberger Hexenprozesse | 14. August 1992: Das steirische Kürbiskernöl ist geschützt! | 19. A
9 • Die Erstbesteigung des Dachsteins | 29. August 1959 • Der Schatz im Toplitzsee wird gehober
tember 1939 • Der Zweite Weltkrieg beginnt | 5. September 1970 • Jochen Rindt verunglückt in M
2.–13. Sept. 1931 • Der „Pfrimerputsch" des „Steirischen Heimatschutzes" | 16. September 1899
zer Oper wird eröffnet | 30. September 1906 • Die erste Grazer Herbstmesse wird eröffnet | 3. Ok
3 • Die ersten Jesuiten lassen sich in Graz nieder | 12. Oktober 1910 • Die Wechselbahn wird eröff
Oktober 1625 • Die „Innerberger Hauptgewerkschaft" wird gegründet | 21. Oktober 1844 • Die Bah
zzuschlag – Graz wird eröffnet | 1. November 1827 • Der Wallfahrtsort Mariazell brennt | 5. Nove
8 • Der Höhepunkt der Pockenepidemie in Leoben | 10. November 1938 • Die „Reichspogromnac
Steiermark | 25. November 1894 • Die Grazer Schlossbergbahn wird eröffnet | 26. November 1811
zer Joanneum wird gegründet | 1. Dezember 1671 • Erasmus Graf Tattenbach wird in Graz hinger
Dezember 1850: Alexander Girardi wird geboren | 8. Dezember 1866 • Der „Wunderdoktor" Höller
3 geboren | 9. Dezember 1905 • Oktavia Aigner-Rollett wird zur Ärztin promoviert | 14. Dezember
Bahnstrecke Weiz – Birkfeld wird eröffnet | 16. Dezember 1931 • Die Folgen des „Pfrimerputsches"
steiermark | 24. Dezember 1823 • Das „Grazer landständische Theater" brennt | 31. Dezember

November

Eine der schwersten Brandkatastrophen in der Geschichte des Landes sucht in der Nacht vom 1. auf den 2. November 1827 den Wallfahrtsort Mariazell heim. Diese Allerheiligennacht wird für alle Bewohner zum unvergesslichen Inferno. Der Brand wird nach seinem Ausbruch in der Kegelstatt des Kugel-Traxlerhauses in der Gräzergasse erst spät entdeckt, ein starker Sturm trägt die Flammen rasch in die Neustädter Gasse weiter und außer der vorerst noch verschonten Wiener Straße steht nach einer halben Stunde der gesamte Markt in Vollbrand. Dann dreht der Wind und die ersten Häuser der Wiener Straße werden von den Flammen erfasst. Zu allem Unglück bricht nun auch noch der Tauchbaum der großen Feuerspritze des Marktes. Die inzwischen hinzugekommene Werksfeuerwehr aus Gußwerk kann aufgrund der Hitze nicht einmal in den Markt einfahren, die Bewohner flüchten in die Umgebung des Ortes. Der Entschluss des Bäckermeisters Franz Xaver Ott, mit Familie und Dienstboten in einer gewölb-

Großkatastrophe aus kleinlicher Rache?

ten, gemauerten Stube Zuflucht zu suchen, ist deren Todesurteil. Sieben Menschen verbrennen dort. Noch drei weitere Personen finden den Tod: der 75 Jahre alte Kirchenwächter Matthäus Schrottbauer, eine 78 Jahre alte Einwohnerin in der Wiener Straße, die ihre Habseligkeiten retten will und an den Rauchgasen erstickt, und vermutlich auch ein Mariazeller Original, der sogenannte „betende Maurer", der nach dem Brand spurlos verschwunden ist und deshalb in den Sterbematrikeln nicht eingetragen wird.

Der Höhepunkt des Brandes ist aber wohl der Einsturz des Mittelturms der Wallfahrtskirche. Das Innere der Kirche kann unter großem Einsatz beherzter Männer gerettet werden, so die Orgel und vor allem die in Sicherheit gebrachte Gnadenstatue. Das Kirchendach, der obere Teil der Türme und die Glocken sind aber nicht zu retten. Verloren ist auch das umfangreiche Marktarchiv. Insgesamt brennen 100 der 111 Häuser ganz oder teilweise aus, die Kuppel der Kirche raucht aufgrund eines Schwelbrandes noch mehrere Tage. Im Meierhof, der späteren Kommunesäge, wird ein Notlazarett für die Verwundeten eingerichtet, Gußwerk hilft nach Kräften. Was zu entbehren ist, wird den Mariazellern zur Verfügung gestellt. Gleichzeitig werden die Obdachlosen in Gußwerk, Rasing und St. Sebastian aufgenommen. Der Wiederaufbau beginnt im großen Stil erst 1828. Die Brandursache wird offiziell nie geklärt. Inoffiziell hält sich lange das Gerücht, ein Kegler, der sein ganzes Geld verspielt hatte, habe in der Kegelstatt aus Rache den Brand gelegt.

Mariazell, Einzug der Grazer Prozession, Lithografie um 1830 (Ausschnitt)

Das Sozialversicherungswesen muss nach dem Ende des Dritten Reiches und dem Wiedererstehen des selbstständigen Staates Österreich neu geregelt werden. Man will aus den Fehlern der Vergangenheit lernen und trachtet danach, in Zukunft ein enges soziales Netzwerk zu errichten, durch das wirklich niemand mehr fallen kann. Auch das ist ein Weg, der politischen Radikalisierung der Menschen vorzubeugen. Um diese Ziele zu erreichen, treffen sich die österreichischen Sozialversicherungsträger vom 2. bis zum 6. November 1946 im steirischen Kurort St. Radegund am Schöckl. Die Gespräche beginnen am 2. und 3. November 1946 mit einer Vortagung der Vertreter der landwirtschaftlichen Krankenkassen mit 36 Teilnehmern im Kursaal. An dieser Vortagung nehmen auch der Vorsitzende des Gewerkschaftsbundes, Nationalrat Johann Böhm, und der Präsident der Wiener Arbeiterkammer sowie der Chefarzt der österreichischen Ärztekammer und Nationalrat Hermann Rainer teil. Am 4. November vormittags wird die Haupttagung eröffnet, zu der 150 Delegierte aus allen Bundsländern erscheinen. Dazu sind als Vertreter des Alliierten Rates für Großbritannien Oberstleutnant Sheffield, für die USA Major Fleicher und Captain Novkat, für die Sowjetunion Oberstleutnant Dukaies und für Frankreich Major Gabriel vertreten. Weiters finden sich in St. Radegund noch ranghohe Vertreter der Landesregierungen ein.

Im Rahmen dieser Tagung wird das zu verabschiedende Sozialversicherungs-Über-leitungsgesetz mit den damit verbundenen Fragen behandelt. So wird in St. Radegund die Grundlage für den funktionierenden Sozialstaat Österreich gelegt, ebenso werden hier die organisatorischen Grundlagen des österreichischen Sozialversicherungswesens geschaffen.

Die wichtigsten Ergebnisse der St. Radegunder Tagung sind dabei die Wiedereinführung der Selbstverwaltung und die Errichtung des Hauptverbandes der Sozialversicherungsträger als österreichweiter Dachorganisation. Dem St. Radegunder Entwurf erwächst nach der parlamentarischen Beratung schließlich am 12. Juni 1947 Rechtskraft.

> *Die Basis für das österreichische Sozialversicherungswesen wird gelegt*

St. Radegund im Jahr 1946

Der Grazer Hautbahnhof leidet schwer unter den Bombardements des Zweiten Weltkriegs. Rund 28 Kilometer zerstörter Gleisanlagen und 75 Weicheneinheiten sind wieder herzustellen, zahlreiche Bomben und Blindgänger zu entfernen. Die Aufräumarbeiten dauern bis zum Jahr 1950, allein die Wiederherstellung der Gleisanlagen kostet 18 Millionen Schilling. Das neue Bahnhofsgebäude wird nach Plänen des Grazer Architekten DI Wilhelm Aduatz errichtet. Im Jahr 1955 wird die große Schalterhalle des neuen Bahnhofs fertiggestellt und damit das Kernstück der gesamten Anlage. Im April 1956 werden noch das Bahnhofsrestaurant sowie der Bürogebäudetrakt folgen. Zunächst aber

Die Anlage entwickelt sich zum „Ausflugsziel" der Grazer

reicht die Fertigstellung des Haupttraktes aus, um die bisherige Leistung zu feiern. Bundesminister DI Karl Waldbrunner übergibt daher den Grazer Hauptbahnhof gemeinsam mit dem Grazer Bürgermeister Dr. Eduard Speck am 3. November 1955 der Öffentlichkeit. Der neue Bahnhof mit seinen Besonderheiten entwickelt sich rasch zum beliebten „Ausflugsziel" der Grazer Familien im Rahmen ihrer sonntäglichen Promenade. Man staunt, ist begeistert und – typisch steirisch, typisch österreichisch – man findet auch ausreichend Anlass zum Kritisieren. Alles in allem genommen ist der neue Hauptbahnhof ein gelungenes Projekt. Er hat aber auch einiges zu bieten: ein blitzblankes, modern eingerichtetes Bahnhofsbuffet, das sogar Milchmischgetränke anbietet, ein Blumengeschäft, das auch an Sonn- und Feiertagen offen hält, einen Süßwarenladen, eine Trafik, in der man neben Rauchwaren auch Bücher, Fotowaren und Parfümerieartikel bekommt, einen Friseursalon, der täglich bis 22 Uhr und darüber hinaus auch an Sonn- und Feiertagen geöffnet hat.

Ja, und schließlich das elegante, modern eingerichtete Wannenbad mit 11 Vollbädern und zehn Duschräumen. Das alles sind Novitäten in der steirischen Landeshauptstadt, die den Hauch der weiten, modernen und fortschrittlichen Welt versprühen. So etwas muss man einfach selbst gesehen haben!

Der Grazer Hauptbahnhof im Jahr 1956

4. November 1885

Der Grazer Stephaniensaal wird eröffnet

In den Jahren von 1882 bis 1885 entsteht an der Ecke Albrechtgasse – Landhausgasse nach Plänen von Matthias Seidl für die „Steiermärkische Sparkasse" jenes Gebäude, das auch den Stephaniensaal beherbergt. Das Gebäude selbst wird in den Jahren von 1905 bis 1908 nach Plänen des bekannten Architekten Leopold Theyer gegen die Stainzerhofgasse hin erweitert sowie mit Stuck verziert und stellt sich danach als monumentaler Baublock mit späthistoristischer Neorenaissance-Fassade dar. Er passt damit perfekt in das Stadtbild des ersten Grazer Bezirks, der Inneren Stadt. Der Stephaniensaal, benannt nach der österreichischen Kronprinzessin Stephanie, entsteht, ebenfalls ursprünglich bereits von der Sparkasse als Konzertsaal geplant, mit dem Neubau des Gebäudes in den 1880er-Jahren. Die Einweihung des Konzertsaales mit rund 1.000 Sitzplätzen findet am 4. November 1885 im Rahmen eines Festkonzerts statt.

Im bis auf den letzten Platz gefüllten Saal wird unter der Leitung des Kapellmeisters Dr. Carl Muck zu Beginn die Ouvertüre der Oper „Der Freischütz" aufgeführt. Dann folgt ein Festprolog Robert Hamerlings, gesprochen von Gräfin Olga Meraviglia. Deren eher monotonen Vortrag macht dann die von Organist Dr. Zechner perfekt vorgetragene „Passacaglia" Johann Sebastian Bachs wieder wett. Den Abschluss des Festkonzerts bildet Ludwig van Beethovens „Symphonie in D-Moll" mit der abschließenden „Ode an die Freude" unter dem Dirigat Dr. Mucks.

Nach seiner Eröffnung wird der Stephaniensaal zum Schauplatz zahlreicher künstlerischer Höhepunkte im Kulturleben der Stadt Graz, und so bleibt es bis zum heutigen Tag. Im Saal befinden sich 14 Komponistenporträts, geschaffen von Julius Schmid. Die erste große Konzertorgel wird von der Firma Walcker errichtet und ist bis 1980 im Einsatz. Neben dem Stephaniensaal befindet sich im selben Gebäude noch der ebenfalls in den Jahren 1905 bis 1908 entstandene Kammermusiksaal, der mit Seccomalereien von Julius Schmid verziert ist.

Ein bedeutendes kulturelles Zentrum des Landes wird geschaffen

Der Stephaniensaal befindet sich im Grazer Kongresszentrum.

5. November 1798

Höhepunkt der Pockenepidemie in Leoben

Die Pocken sind in der Steiermark spätestens seit dem Mittelalter endemisch, immer wieder kommt es zu Seuchenläufen. Besonders schwer wird im November des Jahres 1798 die obersteirische Stadt Leoben heimgesucht, wobei das massive Sterben am 5. November einsetzt. Bis zum 25. April 1799 versterben in der Stadt selbst insgesamt 35 Menschen, im benachbarten Göss, wo die Seuche etwas später beginnt, fallen ihr insgesamt 32 Personen zum Opfer, in der Waasenpfarre sind 17 Tote zu verzeichnen, darunter auch der erst fünf Jahre alte Sohn des Chirurgen Karl Wiener. Wiener wird sich später massiv für die Pockenimpfung einsetzen und selbst eifriger Impfarzt werden. Im Jahr 1798 ist es aber am Leobener Arzt Dr. Johann Peintinger, noch Schlimmeres zu verhindern. Er besorgt sich das Impfserum noch 1798 direkt aus London und beginnt als erster Mediziner in Österreich mit der gezielten Pockenimpfung. Der Wiener Arzt Dr. de Caro folgt erst später nach, nämlich 1801, als die Impfung auch von staatlicher Seite beworben und propagiert wird.

Dr. Johann Peintinger bringt die Pockenimpfung in die Steiermark

Die Kuhpocken-Impfung ist in der Medizin nicht ganz neu. Doch erst 1796 gelingt es dem englischen Arzt Dr. Edward Jenner, die Schutzwirkung dieser Impfung nachzuweisen. Seine Entdeckung publiziert er aber erst 1798 und so erfährt auch Dr. Peintinger in Leoben davon. Der Vorteil der Kuhpocken-Impfung ist, dass der Impfling für seine Umgebung kein Ansteckungsrisiko darstellt und ihm die schweren möglichen Folgeschäden einer Immunisierung mit einem Serum aus menschlichen Pockenerregern, wie sie früher verbreitet war, erspart bleiben. Dem Leobener Arzt Dr. Peintinger steht aber in jedem Fall die Ehre zu, als Erster die Kuhpocken-Impfung in Österreich durchgeführt zu haben, und wie immer man zum Impfen auch stehen mag, eines ist sicher: Die Kindersterblichkeit geht seit 1798 in der Steiermark drastisch zurück.

Darstellung einer Pockenimpfung Anfang des 19. Jahrhunderts („L'inculation" von Louis-Léopold Boilly, 1807, Bildausschnitt).

9. November 1456

Ulrich II. von Cilli wird ermordet

Die Cillier sind ein reich begütertes, traditionsreiches Adelsgeschlecht im Süden der Untersteiermark. Sie nutzen ihren Reichtum und ihre Macht um eine eigene Politik zu betreiben. Diese ist gegen die habsburgischen Landesfürsten gerichtet und in dieser Haltung werden sie in den 1430er-Jahren vom damaligen römisch-deutschen Kaiser unterstützt. Während der steirische Landesfürst, Herzog Friedrich V., anlässlich seiner Volljährigkeit mit 80 Edelleuten als Entourage eine Pilgerfahrt nach Jerusalem unternimmt und dort 1436 am Heiligen Grab zum Ritter geschlagen wird, nutzt der regierende Kaiser Sigismund aus dem Haus der Luxemburger die Gunst der Stunde, um die Grafen von Cilli zu Reichsfürsten zu ernennen und sie mit bedeutenden Sonderrechten auszustatten. Die Cillier dürfen sich nun, wie die Habsburger, ebenfalls „von Gottes Gnaden erwählt" nennen und werden ihnen damit ebenbürtig. Der Einspruch der Habsburger gegen diese Aufwertung der Cillier, denen gerade die Krone Bosniens winkt, bleibt vorerst ohne Erfolg. Im Gegenteil: Friedrich V. muss gegen das skandalumwitterte Haus der Cillier in den Krieg ziehen, nachdem deren Feldhauptmann Jan Witowetz, ein bekennender Hussit, mehrere Festungen des steirischen Landesfürsten erobert

Bedeutende Umwälzungen in der Untersteiermark

hat. Der Konflikt ist damit vorprogrammiert. Nachdem Friedrich im Jahr 1440 aber zum Deutschen König gewählt wird, erkennt auch er die Reichsfürstenwürde der Cillier an und söhnt sich mit diesen aus. Gleichzeitig schließt er auch einen Erbvertrag mit ihnen. Wenn sie im Mannesstamm aussterben, fallen ihre Besitzungen an die Habsburger. Im gegenteiligen Fall sollen mehrere habsburgische Herrschaften in Krain und Istrien an die Cillier fallen.

Graf Ulrich von Cilli erbt schließlich 1453 den Besitz seines Vaters Friedrich und wird damit zu einem der mächtigsten Fürsten im Südosten des Reiches. Über seine serbische Frau mit dem türkischen Sultan verschwägert, bleiben seine zahlreichen Herrschaften auch von den sich inzwischen regelmäßig wiederholenden Einfällen der Osmanen verschont. Allerdings ist Ulrich von Cilli den Ungarn inzwischen zu mächtig geworden und so tötet ihn Ladislaus Hunyadi am 9. November 1456 im Zweikampf. Ulrich wird bei den Minoriten in Cilli/Celje bestattet. Der 9. November ist damit auch ein wichtiger Schicksalstag für die Steiermark. Die mehr als 70 Herrschaften der Cillier fallen nun an die Habsburger. Damit wird die Untersteiermark endgültig und fester als zuvor an das Mutterland gebunden.

10. November 1938

Die „Reichspogromnacht" in der Steiermark

Die Fratze des Dritten Reiches bekommen „Nichtarier" und politisch Andersdenkende nach dem Anschluss der Steiermark im März/April 1938 rasch und in extremster Weise zu sehen. Die Juden werden zu „Volksschädlingen" erklärt und in der Reichspogromnacht am 10. November 1938 entlädt sich der sogenannte „Volkszorn" auf bestialische Weise. Die Grazer Synagoge fällt in der „Reichspogromnacht" der Zerstörungswut der Grazer Nationalsozialisten zum Opfer, sie wird ein Raub der Flammen. Sicherheitsdienst und Polizei beschlagnahmen die Vermögens- und Aktenbestände der Jüdischen Kultusgemeinde, in deren Amtsgebäude zieht die Gauführung der Hitlerjugend ein. Der katholische Theologe, Lebensreformer und Politiker Johannes Ude, zunächst Befürworter des Anschlusses Österreichs an Hitlerdeutschland, für den er auch wirbt, wandelt sich im Zusammenhang mit den Ereignissen rund um die „Reichspogromnacht" zum Gegner des neuen Regimes. Er verfasst Protestschreiben an Reichsstatthalter Seyß-Inquart und Gauleiter Uiberreither. Er wird

Terror gegen die jüdische Bevölkerung im Land

dafür aus dem Gau Steiermark ausgewiesen und 1944 wegen „Kriegsgegnerschaft" beinahe ein Jahr lang in Wels eingekerkert. Neben der Synagoge in Graz werden auch mehrere andere jüdische Kultusbauten im ganzen Land, wie zum Beispiel die Zeremonienhallen auf den Friedhöfen in Graz und in Leoben, ein Raub der Flammen. In Judendorf bei Graz wird die 1918 gegründete und 1935 in den Besitz des jüdischen Unternehmers Josef Selinger übergegangene Schuhfabrik demoliert. Dort werden unter anderem alle Fensterscheiben eingeschlagen. 1938 wird diese Fabrik „arisiert" und besteht dann noch bis 1971. Beinahe alle Juden der Steiermark müssen bald darauf das Land unter großem Druck verlassen, bis dann 1942 die völlige Vernichtung der verbliebenen jüdischen Bevölkerung im Land beschlossen wird. Die Reichspogromnacht in der Steiermark ist nur der erste offensichtliche Ausdruck einer gezielten Verfolgungs- und Vernichtungsstrategie der Nationalsozialisten, der im Land bis 1945 schließlich offiziell mindestens 2.500 Steirer und Steirerinnen jüdischen Glaubens zum Opfer fallen.

11. November 1548

Der „Ketzerhammer" Martin Brenner wird geboren

Am 11. November 1548, dem Martinstag, wird der spätere Seckauer Bischof Martin Brenner als Sohn des Metzgermeisters, Kirchenpflegers und Ratsbeisitzenden Lorenz Brenner in Dietenheim bei Ulm geboren. Er besucht die Ulmer Lateinschule, studiert von 1566 bis 1571 an der Universität Dillingen Theologie und Philosophie und wird auf Empfehlung der Universität Hauslehrer der Familien Montfort und Fugger. Er beginnt sich stark für Geschichte zu interessieren, schlägt die Universitätslaufbahn ein und ist 1578/79 als Vizerektor sowie 1579 bereits als Rektor der Universität Ingolstadt bezeugt. Zwei Jahre später in Padua zum Doktor der Theologie promoviert, tritt er in die Dienste des Salzburger Erzbischofs, wobei seine Hauptagenden die Reformation, Visitationen und Synodalversammlungen werden. Weiters wird er Rektor des neu gegründeten Priesterhauses und Domprediger sowie Stadtpfarrer von Salzburg. Schon 1584 wird Martin Brenner Bischof von Seckau und damit zu einer der Speerspitzen der gewaltsamen Rekatholisierung der Steiermark. Als erster Reformbischof des Trientiner Typs auf dem Seckauer Bischofsstuhl beginnt er mit einer umfassenden Visitationstätigkeit. Von Erzbischof Wolf Dietrich von Raitenau im Amt und in seinen Besitzungen stark aufgewertet und dadurch mächtig geworden, konsolidiert

Einer der wichtigsten Motoren der Rekatholisierung

Brenner das durch die Aufbringung der Mittel zu Türkenabwehr angeschlagene Bistum und erbaut in Seckau selbst ein Zeughaus zur Ausrüstung von 600 Mann. Er übernimmt die Leitung der 1587 eingerichteten „Religions-Reformationskommission für Innerösterreich" und zerschlägt als ersten Schritt ab dem Jahr 1598 in Graz den Kern des evangelischen Religionswesens, das Schulzentrum. Danach weitet er seine Tätigkeit auf die Städte Judenburg, Klagenfurt und Laibach aus. Auf dem Land führen mehrere Reformationszüge unter militärischer Bedeckung zur Zerstörung von insgesamt zehn Kirchen und 57 Friedhöfen der Protestanten, im Spätsommer 1600 sind die Bürger der Stadt Graz an der Reihe. Im zweiten Wirkensabschnitt als Bischof setzt er in seiner Diözese die Trienter Reformdekrete um, legt besonderen Wert auf die Neubewertung der Sakramente und fördert den Einsatz heimischer Priester aus den Kollegien und Konvikten der Jesuiten, neue Klöster entstehen. Hohe politische Ehren lehnt Martin Brenner ab. 1609 wird er zum Geheimen Rat ernannt und verstirbt nach seiner krankheitsbedingten Resignation im August 1615 bereits am 14. Oktober 1616 auf seinem Sommersitz, Schloss Retzhof bei Leibnitz. Beigesetzt wird der „Ketzerhammer", wie ihn seine katholischen Bewunderer nennen, im Stift Seckau.

12. November 1826

Der Buchdrucker und Verleger Andreas Leykam stirbt

Als Sohn des Joseph Leykam und seiner Frau Katharina 1752 angeblich in Wien, nach einer anderen Quelle als Sohn eines österreichischen Soldaten in Mainz geboren, erlernt Andreas Leykam den Buchdruck bei „Trattner" in Wien und heiratet 1782 in Graz eine Tochter des Braumeisters Johann Michael Schönmayer namens Elisabeth. 1781 arbeitet Leykam bereits als Gehilfe in der Druckerei Widmannstetter in Graz. Mit Hofdekret vom 30. September 1781 erhält er die Erlaubnis, neben Widmannstetter eine zweite Buchdruckerei in Graz zu errichten, während Alois Beck-Widmanstetter die Bestätigung seines Hausprivilegs von 1650 verweigert wird, was der seit 1585 in Graz bestehenden Offizin bisher in der Steiermark eine Monopolstellung gesichert hat. Leykam, der ein Haus in der Stempfergasse erwirbt, gelingt es rasch, seine Offizin zur wirtschaftlichen Blüte zu bringen und zu einem führenden Unternehmen der Branche auszubauen. Neben den Druckaufträgen für Normalschulbücher im Jahr 1784 beschäftigt sich seine Druckerei vor allem mit der Herstellung von Kalendern wie dem „Grätzer Schreib-Calender" oder dem „Mandl"-Kalender sowie mit dem Druck von Zeitungen und Broschüren. Leykam druckt aber auch Textbücher zu Dramen, Singspielen und Opern, die in Graz aufgeführt werden, und schließlich die von der Grazer Hochschule herausgegebenen Druckschriften. Schließlich betätigt sich Leykam, wie viele seiner Mitbewerber auch, auf dem Gebiet der Raubdruckerei. Mit Neujahr 1785 erscheint die von ihm

Der Monopolist des steirischen Druck- und Verlagswesens

herausgegebene *Grätzer Zeitung*. 1793 erwirbt Andreas Leykam günstig die traditionsreiche Leuzendorfer Papiermühle bei Graz und baut sie bis 1799 zur leistungsfähigsten des Landes aus. Der Kauf mehrerer kleinerer inzwischen entstandener Grazer Druckereien folgt und schließlich kann er am 9. April 1806 von Alois Beck-Widmannstetter dessen wichtige Buchdruckerei samt Einrichtung und der hier bisher unter dem Titel *Allgemeines Zeitungsblatt für Innerösterreich* verlegten Zeitung erwerben. Er besitzt somit den einzigen Zeitungsverlag im Land. Damit erreicht Leykam innerhalb von zwei Jahrzehnten eine überragende Stellung im steirischen Buchdruck. Besonders die Grazer Hof- und Staatsbehörden sehen Leykam als Nachfolger von Widmanstetter und vergeben, nicht zuletzt aufgrund der Leistungsfähigkeit der Druckerei, Staatsaufträge an Leykam. Auch zum Kreis um Erzherzog Johann steht Leykam in engem Kontakt, insbesondere zum Dichter Johann von Kalchberg. Andreas Leykam stirbt am 12. November 1826 nach längerer Krankheit in seinem Haus in der Stempfergasse 7 im Alter von etwa 74 Jahren. Das Erbe Leykams treten seine Enkel Friedrich und Elise Lenk an, ab 1826 bezeichnet sich die Firma als „Andrä Leykams Erben". Sie entwickelt sich in weiterer Folge zum größten Papierkonzern der Monarchie, dem Zeitungsverlag der *Grazer Tagespost*, während der NS-Zeit zum „NS-Gauverlag" und in der Zweiten Republik ab 1974 zur „Leykam-Mürztaler Papier- und Zellstoff-AG", einem der damals größten Arbeitgeber im Land.

14. November 1599

Die evangelische Kirche von Neuhaus/ Trautenfels im Ennstal wird gesprengt

Im November und Dezember 1599 sowie im Lauf des Jahres 1600 ziehen unter dem „Ketzerhammer", Bischof Martin Brenner, sogenannte „Reformationskommissionen" durch das Land, begleitet von Landsknechten, Geistlichen und Beamten. Zuerst wird in Eisenerz hart durchgegriffen, lutherische Bücher werden eingezogen und verbrannt, evangelische Friedhöfe verwüstet und die evangelischen Kirchen von Neuhaus/Trautenfels im Ennstal sowie von Rottenmann und Windenau bei Marburg gesprengt oder geschliffen. In Neuhaus/Trautenfels kommt der Zug mit 800 Söldnern am 14. November 1599 an. Die Söldner bekommen die Erlaubnis, die 1575 vom Protestantenführer Hans Hofmann von Grünbühel nahe seinem Schloss Trautenfels errichtete evangelische Kirche, das Mesnerhaus und mehrere Marktbuden zu plündern. Nach den Plünderungen werden alle erwähnten Bauten einfach in Brand gesteckt. Die noch stehenden Mauerreste werden

Zerstörungswut aus falsch verstandenem religiösem Sendungsbewusstsein

dann drei Tage später gesprengt und am Ort der ehemaligen Kirche im Jahr 1600 ein Galgen errichtet. Insgesamt fallen den „Reformationszügen" in der Steiermark auf diese und ähnliche Weise nicht weniger als zehn lutherische Bethäuser und 57 evangelische Friedhöfe zum Opfer. Allerorts werden in der Folge katholische Richter und Geistliche bestellt, die Schulen den Pfarren unterstellt. Die gewaltsamen „Reformationszüge" Bischof Brenners verbreiten im Land dermaßen viel Angst und Schrecken, dass es zumindest offiziell rasch wieder katholisch wird. Die protestantischen Bauern und Bürger müssen den Eid auf den katholischen Glauben schwören. Die evangelische Kirchenruine von Neuhaus wird im Laufe einer archäologischen Grabung zu Beginn der 1990er-Jahre wieder freigelegt. 1992 findet als ein spätes Zeichen der Versöhnung ein ökumenischer Gottesdienst unter freiem Himmel statt, weiters wird die Gedenkstätte frei zugänglich gemacht.

Die Grundfesten der 1599 gesprengten evangelischen Kirche von Neuhaus/Trautenfels

17. November 1932

Das Werk Donawitz wird vorübergehend stillgelegt

In der Weltwirtschaftskrise ab dem Jahr 1929 erholt sich der steirische Stahl- und Eisensektor gar nicht mehr. 1931 bricht die „Creditanstalt" in Wien zusammen und besonders das Jahr 1932 wird zum Katastrophenjahr. Schwer getroffen ist auch die „Alpine-Montan-Gesellschaft" mit ihren Betrieben im ganzen Land. Von der Finalindustrie bis zurück zum Bergbau lassen sich die Verzahnungen am Beispiel dieses Unternehmens bestens verfolgen.

Am 15. Mai 1932 wird der letzte mit Holzkohle befeuerte Hochofen in Donawitz ausgeblasen, weil er aufgrund der zurückgegangenen Absatzmengen einfach nicht mehr benötigt wird. Nur fünf Tage später, am 20. Mai, wird das Hüttenwerk Aumühl bei Kindberg der „Alpine-Montan-Gesellschaft" stillgelegt, weil es für seine Finalproduktion nicht mehr genügend Aufträge erhält. Der nun nicht mehr gegebene Absatz, auch in anderen Werken, führt dazu, dass am 17.

Die Wirtschaftskrise trifft den Stahlsektor voll

November 1932 das Paradeunternehmen des „Alpine-Montan-Konzerns", das „Hüttenwerk Donawitz", vorübergehend zur Gänze stillgelegt wird. Wer keinen Stahl produziert, benötigt auch kein Erz. Die Bergdirektion Eisenerz lässt einen Tag später als Reaktion auf die Ereignisse verlautbaren, dass wegen zu geringen Erzabsatzes die gesamte Belegschaft des Erzbergs mit 19. November 1932 gekündigt wird und diese daher ab 2. Dezember als arbeitslos zu betrachten ist. Frühestens im Früjahr 1933 will man mit der Erzproduktion am Erzberg wieder beginnen. Die Zahl der Arbeitslosen und Ausgesteuerten im Land erreicht dadurch ein neues Rekordniveau: 1929 liegt sie noch bei 20.000, 1933 bereits bei 42.000 Menschen.

Diese Verarmung der Bevölkerung durch Arbeitslosigkeit, der Produktionsrückgang in der Industrie, in weiterer Folge auch in der gewerblichen Wirtschaft und das Ausbleiben der deutschen Sommergäste durch die „1000-Mark-Sperre" führen auch zu schweren Ertragsrückgängen in den Gemeinden des Landes, während deren Sozialausgaben stetig steigen. Zahlreiche Gemeinden werden so in die Zahlungsunfähigkeit getrieben. Erst 1936 macht sich eine Entspannung im Stahlsektor bemerkbar und nach langen Jahren gelingt es den Vertretern der ständestaatlichen Gewerkschaften, mit der Werksleitung in Donawitz wieder die Bezahlung nach Kollektivvertrag durchzusetzen. Es geht also wieder aufwärts, wobei hinter dieser Entwicklung bereits die Einwirkung der anlaufenden deutschen Rüstungsindustrie steht.

Das Stahlwerk Donawitz litt schwer unter der Wirtschaftskrise zu Beginn der 1930er-Jahre. Ansichtskarte aus dem Jahr 1930

19. November 1722

Der Arzt Johann Leopold Auenbrugger wird geboren

Am 19. November 1722 erblickt Johann Leopold Edler von Auenbrugger als Sohn eines bürgerlichen Gastwirts im „Schwarzmohrenwirt" in der Grazer Murvorstadt das Licht der Welt. Er besucht das Grazer Jesuitengymnasium und absolviert anschließend ein Medizinstudium an der Wiener Universität. Zu seinen klinischen Lehrern zählt dort unter anderen der Leibarzt Maria Theresias, Gerard van Swieten. Auenbrugger erhält eine fundierte, auf der Höhe ihrer Zeit stehende Ausbildung und wird 1752 zum Mediziner promoviert. Sein beruflicher Werdegang führt ihn zunächst an das „k. k. spanische Militär- und Dreifaltigkeitsspital" in Wien, wo er als Physikus und Primarius tätig ist. Aufgrund seiner gesellschaftlichen und wissenschaftlichen Verdienste wird er später Leibphysikus am Wiener Hof und in den Adelsstand erhoben.

In die Medizingeschichte geht Johann Leopold Auenbrugger durch die von ihm weiterentwickelte „Perkussionsmethode" ein. Durch diese können im Rahmen einer Beklopfung des Patienten anhand der unterschiedlichen Dämpfung des Klopfschalls Erkrankungen der Lunge grob diagnostiziert werden. Diese Kombination von Klinik, Pathologie und Experiment ist in der Medizin neu, innovativ und zukunftsweisend, auch wenn Auenbrugger immer wieder erwähnt, er habe sich diese Methode im elterlichen Weinkeller beim Beklopfen der Weinfässer angeeignet. Auenbrugger befasst sich als Mediziner weiters mit der Entstehung und Behandlung von Geisteskrankheiten.

Wohl werden Auenbruggers Verdienste bereits 1808 vom Leibarzt Napoleons, Jean Nicolas Corvisart de Marest, gewürdigt, richtig zum Durchbruch verhilft dieser Methode aber erst der Mediziner Josef Škoda. Zu Auenbruggers persönlichem Bekanntenkreis in Wien zählen auch Wolfgang Amadeus Mozart und Joseph Haydn. Auenbrugger ist musik- und musiktheateraffin. So verwundert es auch nicht, dass er das Libretto zu Antonio Salieris Oper „Der listige Kaminfeger" schreibt. Johann Leopold von Auenbrugger verstirbt am 17. Mai 1809 in Wien.

Wie man von Weinfässern medizinisch inspiriert wird

Leopold Auenbrugger und seine Frau Marianne (Bildausschnitt)

197

20. November 860

Das Erzbistum Salzburg erhält zahlreiche Curtes

Als Siedlungs- und Verwaltungszentren im Rahmen der bairischen Landnahme in der Steiermark werden ab dem 8. Jahrhundert große Gutshöfe angelegt, die in den Quellen als *curtes* bezeichnet werden.

Eine solche Curtis besteht, wie das gut erforschte Beispiel von Haus im Ennstal zeigt, aus einem festen, im Normalfall in Stein ausgeführten Verwaltungs- und Wohngebäude und einer Vielzahl von daneben angeordneten Wirtschaftsgebäuden und -betrieben wie

Die Organisationsstruktur im Land wird auf eine neue Basis gestellt

Mühlen und Schmieden. Von den Curtes aus wird die Urbarmachung des Landes vorangetrieben, hier erhalten Neusiedler die notwendige Unterstützung zum Beginn ihrer Siedlertätigkeit und hierher können sie sich bei Unruhen und Bedrohungen flüchten. In der Regel befindet sich bei einer solchen Curtis auch immer eine hölzerne Kirche als Zentrum der voranzutreibenden Christianisierung des Umlandes. Eine Urkunde vom 20. November 860 führt all jene Curtes auf, die der ostfränkische König Ludwig II. „der Deutsche" in diesem Jahr dem Erzbistum Salzburg schenkt und die in der Folge zu Zentren einer ausgeweiteten Missionierungstätigkeit werden. Das stellt auch die Organisation des inneren Landesausbaus auf eine gesunde, einheitliche Basis,

der damit besser vorangetrieben werden kann. Bei den in der Urkunde genannten Curtes handelte es sich um folgende Höfe: *ad Peinicahu* – dieser Ort ist bis heute nicht entschlüsselt, die *ecclesia ad Sabnizam* – also an der Safen im Raum Hartberg gelegen, *ad Nezilinpah* – Nestelbach östlich von Graz, *ad Rapam* – in St. Ruprecht an der Raab, *ad Tudleipin* – nach jüngeren Forschungen am Burgberg von Oberradkersburg/ Gorna Radgona vermutet, *ad Sulpam* – an der Sulm in Altenmarkt bei Leibnitz, *ad Crazlupam* – nahe Neumarkt/Maria Hof, *ad Liestinicham* – gleichbedeutend mit dem heutigen St. Michael in der Obersteiermark, *ad Pruccam* – bei der Altsiedlung St. Rupert/Bruck an der Mur, *ad Morizam* – nahe dem heutigen St. Lorenzen im Mürztal, *ad Strazinolum duo loca* – zwei Orte bei Straßengel, wahrscheinlich Gratwein und Gratkorn nördlich von Graz, und *ad Luminicham iuxta Rapam* – im Großraum der heutigen Stadt Weiz zu suchen. Zumindest von den Höfen *ad Rapam, ad Crazlupam, an Liestinicham, ad Morizam, ad Strazinolum* und *ad Luminicham* ist sicher, dass sie später zu Standorten der ersten steirischen Mutterpfarren werden. Die Schenkung dieser Höfe am 20. November 860 ist also ein Meilenstein in der Entwicklung des Landes.

25. November 1894

Die Grazer Schlossbergbahn wird eröffnet

Die Grazer Schlossbergbahn entsteht, unterstützt von Johannes Kleinoscheg und Peter von Reininghaus, in den Jahren 1893 und 1894 als Standseilbahn. Die Konzession zum Betrieb wird am 19. März 1893 erteilt, der Baubeginn ist im August 1893, wobei die Bauleitung bei Ingenieur Johann Korbuly liegt und die Pläne von Architekt Mathias Seidl stammen. Am Bau beteiligt sind die Firmen „Maschinenfabrik Eislingen", ÖAMG, „Waggonfabrik Weitzer", „E-Werke Siemens & Halske", Steinmetzmeister Johann Franz, Zimmermeister Josef Huber und Zementfabrik Priebsch. Die Bahn ist bereits im Oktober 1894 fertig, doch erst am 25.

Eine neue Attraktion bereichert die Stadt

November 1894 langt um 15 Uhr nachmittags bei Betreiber Ingenieur Ludwig Schmidt das heiß ersehnte Telegramm des Handelsministeriums ein, welches die Betriebsbewilligung für die Bahn enthält. Als Zeichen der Eröffnung wird eine Flagge am Schlossbergplateau gehisst, aber diese wird aufgrund des herrschenden starken Schneegestöbers an diesem Nachmittag von niemandem in der Stadt wahrgenommen. Nun stellt man an den Hauptverkehrsplätzen der Stadt Dienstmänner mit Plakaten auf, die von der Eröffnung der Bahn künden, und so wird diese Neuigkeit in der Stadt rasch bekannt. Von 16 Uhr bis 21 Uhr verkehren die beiden Wagen der neuen Bahn dann beinahe ununterbrochen, stets mit zahlreichen Fahrgästen besetzt. Viele Neugierige wollen die neue Bahn nutzen und das dazugehörige neue,

geschmackvoll gestaltete Schlossbergrestaurant, von dem aus man das verschneite Graz sehen kann, ist bald prall gefüllt, wenn auch noch nicht in Betrieb. Die Eröffnung wird am Sonntag darauf nachgeholt.

Die erste Fahrordnung der Schlossbergbahn sieht vor, dass im Winter, vom 30. Oktober bis zum 30. April, zwischen 7 und 21 Uhr alle 15 Minuten eine Fahrt stattfindet und bei Bedarf Extrafahrten eingeschoben werden. Eine Bergfahrt kostet 20 Kreuzer, eine Talfahrt 10 Kreuzer. Um 50 Prozent ermäßigte Karten erhalten die Bewohner der Stadt Graz, Angehörige des Militärs, Beamte und Studenten, während Kinder bis zum vierten Lebensjahr gratis befördert werden. Zehn Coupons für fünf Berg- und zehn Talfahrten sind regulär um 50 Kreuzer zu haben, die Monatskarte kostet 2 Gulden, die Jahreskarte 15 Gulden.

Seit ihrer Eröffnung am 25. November 1894 überwindet die Schlossbergbahn einen Höhenunterschied von 107 Metern, ursprünglich von einer 40 PS starken Dampfmaschine betrieben und mit Waggons der Fabrik „Weitzer" in Graz ausgestattet. Der Umbau auf elektrischen Antrieb erfolgt bereits 1900 und die geplante Stillegung im Jahr 1960 wird zum Glück verhindert. So kann die Schlossbergbahn, inzwischen mehrfach modernisiert (zuletzt 2004), ihre Funktion als Transportmittel und als Attraktion für Graz-Touristen aus dem In- und Ausland noch heute zur vollsten Zufriedenheit erfüllen.

26. November 1811

Das Grazer Joanneum wird gegründet

Im Jahre 1592 erwirbt die Steirische Landschaft den „Rauberhof", um hier ein Konvikt für die Besucher der protestantischen Stiftsschule einzurichten. Bereits vier Jahre später geht das Gebäude an Otto von Herbersdorf und gelangt über zahlreiche weitere Besitzer an die Grafen von Leslie; 1802 erwirbt es Johann Carl Fürst Dietrichstein. Seit 1811 im Besitz der Landschaft, wird dort das von Erzherzog Johann gestiftete „Joanneum" untergebracht. Erzherzog Johann schenkt am 26. November 1811 seine umfangreichen Sammlungen der Steiermark und ruft damit das nach ihm benannte „Joanneum" ins Leben, seine Statuten werden vom Erzherzog persönlich entworfen. Universal konzipiert, entwickelt es sich rasch zum Mittelpunkt der geistigen und materiellen Kultur des Landes. Das „Innerösterreichische Nationalmuseum" soll nicht nur eine naturkundlich-historische Schausammlung sein, sondern nach dem Willen des Erzherzogs durch den an ihm erteilten Unterricht die Verbreitung nützlicher Kenntnisse in allen Berufsklassen, namentlich die „Geistesbildung der Steyermärkischen Jugend", fördern und das Wohl des Landes in geistiger wie wirtschaftlicher Hinsicht heben. Gelehrt wird zu Beginn an den Abteilungen Technologie, Chemie und Botanik (Mineralogie), wobei ein umfassender botanischer Garten zum Joanneum gehört. Bereits im Herbst 1812 wird mit den Vorlesungen begonnen, zu denen sich zahlreiche Zuhörer aller Stände und jeden Alters einfinden.

Der geistige Mittelpunkt des Landes

Das 1811 gegründete Joanneum vom Joanneumsgarten aus gesehen, um 1830

Der Joanneumshof nach der Neugestaltung des Universalmuseums, aufgenommen im Jahr 2014

Bedeutende Gelehrte wie der Mineraloge Friedrich Mohs, der Botaniker Franz Unger oder der Chemiker Lorenz von Vest wirken und lehren an dieser Anstalt, aus der später die „Grazer Technische Hochschule" hervorgeht. 1819 wird der Leseverein „Am Joanneum" gegründet, für den Erzherzog Johann noch 1839 sechzehn von der Polizei verbotene Zeitschriften abonnieren lässt. Nach der Aufhebung der Zensur im Jahr 1848 erlahmt das Interesse am Leseverein jedoch zusehends, 1871 wird er aufgelöst und seine Bestände der Joanneumsbibliothek übergeben. Aus der Bibliothek und dem Leseverein geht damit die „Steiermärkische Landesbibliothek" hervor, die bei Gründung der Techni-

schen Hochschule einen Teil ihres Bestandes an diese abgeben muss. Aus den Geschichtssammlungen des Joanneums wiederum entwickelt sich das Steiermärkische Landesarchiv. Die 1835 errichtete „Lehrkanzel für Berg- und Hüttenkunde" wird später an die Berg- und Hüttenschule in Vordernberg und von dort nach Leoben übertragen. Aus ihr geht 1849 die „k. k. Bergakademie" hervor, die nunmehr als „Montanuniversität Leoben" Weltruf genießt. Im Jahr 1861 übernimmt das Kronland Steiermark die Stiftung, worauf aus den verbliebenen Sammlungsbeständen das „Steiermärkische Landesmuseum Joanneum" entsteht, das älteste, größte und bedeutendste Landesmuseum Österreichs.

Dezember

1. Dezember 1671

Erasmus Graf Tattenbach wird in Graz hingerichtet

Johann Erasmus von Tattenbach-Reinstein wird am 3. Februar 1631 geboren und hat eine große Zukunft vor sich. Noch nicht einmal 35-jährig bekleidet der im heutigen Slowenien begüterte Tattenbach bereits das Amt des Regimentsrats bei der innerösterreichischen Regierung. Gemeinsam mit dem Banus von Kroatien, Peter Zriny, dem Markgrafen Franz Christoph Frangipani und mehreren anderen hohen ungarischen Adeligen, die über den Frieden von Eisenburg/Vasvár im Jahr 1664 nach der Schlacht von Mogersdorf äußerst erbittert sind, beteiligt er sich ab dem Jahr 1667 an einer groß angelegten Verschwörung ungarischer und kroatischer Magnaten gegen Kaiser Leopold I. Angeblich, so lauten die Gerüchte, ist Tattenbach der steirische Herzogshut oder zumindest die Grafschaft Cilli mit ihren rund 70 Grundherrschaften in Aussicht gestellt worden. Im Gegenzug soll er mit einem Bauernaufgebot die Städte Pettau, Marburg, Radkersburg und Graz einnehmen, sobald die Hilfe der Türken gesichert sei. Die Verschwörung wird durch Hinweise der Tattenbach'schen Diener, allen voran seines Kammerdieners und Barbiers Balthasar Riebbel, ab November 1669 vorzeitig aufgedeckt. Unter anderem spielt der Diener der innerösterreichischen Regierung in Graz den Bundesbrief Zrinys und Tattenbachs sowie andere Schriften zu, die er seinem Herrn aus der Reithose gestohlen hat.

Tattenbach wird daraufhin am 22. März 1670 in seinem Grazer Haus gefangen genommen und vorerst auf dem Schlossberg interniert. Als Letzter der Verschwörer wird Tattenbach dann am 1. April 1671 zum Tod durch Enthauptung und zum Verlust sämtlicher Güter verurteilt. Seine Hinrichtung findet am 1. Dezember 1671 um 9 Uhr vormittags im großen Saal des Rathauses statt, wobei das Haupt des Delinquenten erst nach dem dritten Streich fällt. Der Leichnam wird öffentlich ausgestellt und um 6 Uhr abends bei den Dominikanern in der Totenkapelle beigesetzt. Die „Affäre Tattenbach" führt zum Erscheinen mehrerer Druckschriften in Graz und Wien. Das verwendete Richtschwert wird heute im Grazer Joanneum aufbewahrt. Weitere steirische Teilnehmer an der Verschwörung werden übrigens auf dem Grazer Schlossberg interniert, der Görzer Landeshauptmann Karl von Thurn – zu lebenslangem Kerker verurteilt – beschließt hier 1689 sein Leben.

Eine unselige Verschwörung findet ihr Ende

Bildnus des Rebellen
Hans Erasmi gewesten Grafen von Tattenbach welcher im Rathaus zu Grätz in Steyrmarck ist hingerichtet worden. Anno 1671 den 1 Decemper

2. Dezember 1527

Der Wiedertäufer Hans Haas wird hingerichtet

Die „Wiedertäufer" sind eine radikale christliche Sekte, die vor allem im städtischen Proletariat verankert ist und die unter anderem die Erwachsenentaufe und die Gütergemeinschaft predigt. Sie begeben sich damit auf Konfrontationskurs zu Katholiken und Protestanten. Der aus der Gegend um Hallstatt – Gosau – Abtenau stammende, um 1494 geborene Hans Haas ist 1507 als Kandidat in den Wiener Universitätsmatrikeln nachweisbar und wird 1518 zum Priester geweiht. In den folgenden Jahren kommt er mit den Ideen der schweizerischen Reformation und der Wiedertäufer in Kontakt. Danach Inhaber der Spitalskaplanei der Stadt Windischgraz/Slovenj Gradec, beginnt er spätestens 1525 dort mit seiner Predigttätigkeit. Haas' Lehre erfreut sich bald einer großen Anhängerschaft, vor allem unter den Bürgern. Die Obrigkeit greift allerdings rasch ein. Ob Haas noch in Windischgraz verhaftet wird oder auch noch in Graz seine Lehre verbreiten kann, ist nicht völlig klar. Jedenfalls scheint diese in der Landeshauptstadt in wiedertäuferischen Kreisen eine erhebliche Rolle zu spielen. Die Wiedertäufer und deren Treffpunkt werden in Graz, wie bereits in Windischgraz, spöttisch als „Neue Sinagog" bezeichnet. Wie bei den Schweizer Wiedertäufern werden auch in Graz der Aufschub der Kindertaufe und die Glaubenstaufe (Erwachsenentaufe) propagiert. Der Prädikant und seine Anhänger lehnen den Bau von Kirchen ab und verweigern Eide wie den Kriegsdienst, was wiederum dem Staat zur Verfolgung Anlass gibt. Auch lehnt Haas die katholische Lehre von der Realpräsenz des ganzen und ungeteilten Christus in der Eucharistie in den beiden Gestalten von Brot und Wein ab. Die Einsetzungsworte deutete Haas symbolisch. Desgleichen lehnt er Bußsakrament, kirchliche Schlüsselgewalt, Sakramentalien, Lichter, Fegefeuer und die Fürbitten der Heiligen ab. Die Taufe spendet Haas in deutscher Sprache und ohne Chrisam. Eine zentrale Stellung in der Lehre Haas' nehmen auch der Predigtauftrag Christi sowie die Laienpredigt ein, die bei seinen Anhängern ebenso von Frauen ausgeübt wird. Diese feiern auch das Abendmahl. Früh finden wir bei Haas die Befürwortung der Verehelichung von Priestern. Er selbst heiratet seine Magd. Obwohl Haas in seiner Theologie sehr von lutherischem Gedankengut beeinflusst ist, stößt seine Lehre nicht nur auf katholischer, sondern auch auf protestantischer Seite auf heftigen Widerstand.

Die Sekte wird von Katholiken und Protestanten verfolgt

Hans Haas wird am 2. Dezember 1527 in Graz hingerichtet. Er ist damit das erste Opfer der Verfolgung der Wiedertäufer in Graz.

4. Dezember 1122

Heinrich III. von Eppenstein stirbt

Heinrich III. von Eppenstein wird um das Jahr 1050 geboren, er ist einer der mächtigsten Grafen im Südostalpenraum. 1077 wird er Markgraf von Krain, Friaul und Istrien, und als sein älterer Bruder Luitold im Jahr 1090 kinderlos stirbt, wird er auch Herzog von Kärnten und Markgraf von Verona. Diese Machtposition, verbunden mit dem Erbe der Eppensteiner Eigengüter im Raum der heutigen Steiermark, macht ihn auch zur wichtigen politischen Figur seiner Zeit. Er leidet aber unter der von seinem Bruder zuvor begonnenen Entfremdung vom Kaiser. So kann Heinrich nicht verhindern, dass die papsttreuen Spanheimer die Gründung ihres Familienstiftes St. Paul im Lavanttal abschließen, während Heinrichs eigenes Familienstift St. Lambrecht, als geistiges Zentrum ebenso wichtig für die Festigung der eppensteinischen Herrschaft, noch mehrere politische Hürden nehmen muss. Erst 1114 erhält die Stiftung die Bestätigung durch Kaiser Heinrich V., dem er sich ab dem Jahr 1105 stark annähert. Im Jahr 1121 stirbt Heinrichs zweiter Bruder Ulrich kinderlos und am 4. Dezember 1122 folgt ihm, nach drei kinderlos gebliebenen Ehen, Heinrich III. selbst nach. Sein Tod wird gerne als die eigentliche „Geburtsstunde der Steiermark" bezeichnet. Herzog Heinrich vererbt nämlich den größten Teil seines Besitzes in diesem Jahr an den Sohn des Traungauers Otakar II., Leopold, den die Geschichtsschreibung mit dem Beinamen „der Starke" auszeichnet. Mit diesem Erbe erlebt Leopold, der mit der Welfin Sophie – einer Tochter des bayrischen Herzogs Heinrichs des Schwarzen und Schwägerin Friedrichs von Schwaben – verheiratet ist, einen enormen Besitz- und Machtzuwachs. Das Obere Murtal – außer dem Raum Murau – und der Raum Neumarkt können nun mit dem steirisch-landesfürstlichen Besitz der Traungauer vereinigt werden. Das Land nimmt eine geschlossene Gestalt an. Dazu erhält Leopold die Vogtei über das Eppensteiner Hauskloster St. Lambrecht. Mit dieser vergrößerten Machtbasis fällt es ihm leicht, den Landesausbau rasch voranzutreiben. Die Anfänge der Stadt Graz fallen in die Jahre seiner kurzen Regentschaft, im Raum Hartberg errichtet er auf Eigengrund eine Pfalz, aus der später die gleichnamige spätere Stadt hervorgeht, und kurz vor seinem Tod legt Leopold gemeinsam mit seiner Gattin noch die Basis für die Gründung des Zisterzienserstiftes Rein.

Sein Tod markiert die Geburtsstunde der Steiermark

5. Dezember 1850

Alexander Girardi wird geboren

Im Zweiten Hof der Grazer Burg ist im Rahmen der „Steirischen Ehrengalerie" auch der Schauspieler Alexander Girardi in Form einer Büste verewigt. Das hat seinen guten Grund, denn der Sohn eines aus Cortina d'Ampezzo zugewanderten Schlossers, am 5. Dezember 1850 in Graz geboren, gehört zu den größten und beliebtesten Volksschauspielern seiner Zeit und zu den großen Söhnen des Landes. Alexander muss zunächst das Handwerk seines Vaters erlernen und kann erst nach dessen Tod im Jahr 1868 seinen Neigungen folgen und sich der Theaterlaufbahn zuwenden. Er tritt zunächst auf kleinen Dilettantenbühnen auf und spielt im Kurtheater von Rohitsch-Sauerbrunn und Krems (1869/1880), dann in Karlsbad und in Bad Ischl (1870) und schließlich in der Saison 1870/71 in Salzburg, ehe er 1871 an das neu gegründete Wiener Stampfer-Theater engagiert wird. Dort wird er sofort zum Publikumsliebling, wozu seine überzeugende Darstellungsgabe ebenso beiträgt wie seine stimmliche Begabung für das beliebte Couplet. Er wird rasch zum Meister der komischen Operettenpartien, die Triumphe der Wiener Operette sind untrennbar mit der Person Alexander Girardi verbunden.

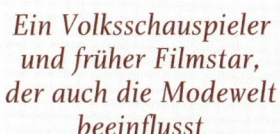

Ein Volksschauspieler und früher Filmstar, der auch die Modewelt beeinflusst

Girardi spielt aber mit Bravour auch Charaktere der Stücke Ferdinand Raimunds, so den Fortunatus Wurzel im „Bauer als Millionär" ebenso wie den Valentin im „Verschwender". Im Raimundtheater, im Theater an der Wien oder im Theater in der Josefstadt entsteht ein regelrechter Girardi-Kult, der auch bei seinen zahlreichen Gastspielen in Berlin, Hamburg und Dresden nachwirkt. Mit seinem „Girardihut" wird er auch zum Idol der Wiener Modewelt. Sein Privatleben hingegen verläuft weniger glücklich: Seine tragische Ehe mit der Schauspielerin Helene Odilon sorgt für Gesprächsstoff in ganz Österreich, erst seine zweite Ehe mit einer Stieftochter des Klavierfabrikanten Bösendorfer bringt ihm die ersehnte Harmonie.

Alexander Girardi erkennt die Zeichen der Zeit und wendet sich bereits vor dem Ersten Weltkrieg dem neuen Medium des Films zu. 1913 dreht er mit der „Sascha-Film" des Grafen Kolowrath den Streifen „Der Millionenonkel", auf den weitere Filme folgen. 1909 von Albert Bassermann als zukünftiger Träger des Iffland-Rings auserkoren, erkrankt Girardi während des Ersten Weltkriegs schwer an Diabetes und Arteriosklerose. Er verstirbt am 20. April 1918, kurz nach der Amputation eines Beines.

8. Dezember 1866

Der „Wunderdoktor" Höllerhansl wird geboren

Am 8. Dezember 1866 erblickt in Dörfl, einer Ortschaft in der Gemeinde Gams bei Stainz, Johann Reinbacher, vulgo „Höllerhansl", das Licht der Welt. Johanns Vater übersiedelt 1870 von dort auf den Höllerhof in Rachling bei Stainz, am Fuß des Rosenkogels. Bereits er befasste sich mit Naturheilkunde und wird mehrfach wegen Kurpfuscherei und unerlaubten Ausschanks alkoholischer Getränke angezeigt, ja, sogar inhaftiert. Der sehr religiöse Johann junior befasst sich bereits früh mit der Naturheilkunde, erlernt um 1885 das Schneiderhandwerk und tritt im Dezember 1890 in das Grazer Karmeliterkloster ein, das er aber im Februar 1891 wieder verlässt. 1905 wird ihm eine Greißlereikonzession bewilligt und so arbeitet Johann Reinbacher junior als

Johann Reinbacher ist mehr als ein Kurpfuscher

Bauer und Greißler. Daneben beginnt er auch sehr erfolgreich, Heilbehandlungen durchzuführen; 1911 heiratet er.

Nach dem Ersten Weltkrieg verbreitet sich der Ruf Johann Reinbachers rasch. Er „ordiniert" an der Kellertür seines 1911 neu errichteten Wohnhauses, indem er Geruch, Farbe und Sedimente des Urins seiner Patienten untersucht. Die Behandlung erfolgt mittels Kräutertees, die er in großen Bottichen im eigenen Keller zubereitet. Reinbacher verrechnet offiziell nichts für seine Behandlungen, verkauft aber Tees und Ansichtskarten und verlangt für die Urinbeschau eine freiwillige Spende, die er auch ordnungsgemäß versteuert. So verlaufen zwei gegen ihn angestrengte Prozesse wegen Kurpfuscherei in den Jahren 1920 und 1921 im Sand. Nach dem Prozess des Jahres 1921 wird er wie ein Held aus dem Gerichtssaal getragen und bleibt fortan unbehelligt. Die Presse ist geteilter Meinung über Reinbacher, macht aber mit der Diskussion um seine Person Werbung für ihn, und bald kann er 200 bis 500 Patienten pro Tag in Rachling empfangen, die größtenteils mit dem sogenannten „Flascherlzug" aus dem Raum Graz anreisen. Er selbst bleibt bescheiden und verwendet den Großteil des lukrierten Geldes für die Unterstützung Bedürftiger, kirchliche Zwecke und den Bau einer Kapelle. Um 1930 wird Reinbacher, völlig überlastet, jedoch alkoholkrank. Die Patientenzahlen verringern sich und schließlich verstirbt der „Höllerhansl" am 20. Jänner 1935 in Rachling. „Flascherlzug" und „Höllerhansllied" erinnern aber noch heute an diese weststeirische Ausnahmeerscheinung.

Das ehemalige Wohn- und „Ordinationshaus" des „Höllerhansls" in Rachling

Oktavia Rollett wird 1877 als erstes Kind des bekannten Arztes Alexander Rollett in Graz geboren. Dem Beispiel ihres Vaters folgend, beginnt Oktavia im Wintersemester 1901/02 das Studium der Medizin an der Universität Graz, wobei sie sich gegen den Willen ihres Vaters, selbst Professor und Rektor an der Grazer Universität, durchsetzt, der dem Frauenstudium nicht viel abgewinnen kann. Oktavia besucht aber bereits im ersten Semester acht Vorlesungsstunden bei ihrem Vater und findet in dessen Assistenten, dem späteren Nobelpreisträger Fritz Pregl, einen wichtigen Fürsprecher.

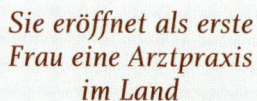

Sie eröffnet als erste Frau eine Arztpraxis im Land

Dr. Oktavia Aigner-Rollett

Am 9. Dezember 1905 wird Oktavia Rollett dann tatsächlich zum „Doktor der gesamten Heilkunde" promoviert und absolviert ihre Praxis im Grazer Stadtphysikat sowie 1906 als unbezahlte Hilfsärztin an der Medizinischen Abteilung des Grazer Anna-Kinderspitals. Dieses Spital, als Privatstiftung geführt, ist relativ liberal, was Frauen angeht, und so erhält sie dort noch 1906 eine Sekundararztstelle. Im Oktober 1907 eröffnet Oktavia Rollett dann als erste Ärztin der Steiermark eine eigene Praxis. Sie wird neben ihrer ärztlichen Tätigkeit auch ein angesehenes Mitglied der Ärztekammer und im „Verein der Ärzte in Steiermark".

1908 heiratet sie den aus Salzburg stammenden Mediziner Walter Aigner und gemeinsam zieht das Paar drei Söhne groß. Oktavia Aigner-Rollett wird im Jahr 1935 mit dem Titel eines Medizinalrates geehrt, setzt sich 1953 zur Ruhe, erhält 1955 ihr Goldenes Doktordiplom und verstirbt 1959. Sie wird im Familiengrab am Grazer Zentralfriedhof beigesetzt. Als erste promovierte und ordinierende weibliche Medizinerin, die sich allen Widrigkeiten zum Trotz durchsetzt, nimmt sie eine wichtige Pionierrolle auf dem Gebiet der Frauenbildungschancen und der Gleichberechtigung ein.

Kurz vor zwölf Uhr mittags versammeln sich an diesem denkwürdigen 10. Dezember 1952 die Spitzen der slowenischen und steirischen Lokalbehörden auf der Mitte der neuen Radkersburger Murbrücke, um sie, nach dem Grenzübergang Spielfeld-Straß, als zweite offizielle Grenzübertrittsstelle zwischen der Steiermark und Jugoslawien für den Personen- und Güterverkehr freizugeben. Die Vorgeschichte dazu ist rasch geschildert: 1945, knapp vor Kriegsende, sprengt die Deutsche Wehrmacht auf dem Rückzug die alte Murbrücke, die britische Besatzungsmacht errichtet an ihrer Stelle mithilfe steirischer und jugoslawischer Firmen vorerst eine Behelfsbrücke aus fertigen Stahlteilen. Nun, 1952, ist eine ganz neue Brücke fertiggestellt worden. Die offiziellen Vertreter der Länder fehlen allerdings bei der Eröffnungsfeier, und das ist nicht weiter verwunderlich: Seit 1945 schwelt ein Grenzkonflikt mit Jugoslawien, die britischen Besatzer sperren die Grenzübergänge, um unkontrollierte Flüchtlingsströme in die Steiermark zu verhindern, und die 1945 gestellten jugoslawischen Gebietsforderungen, auch rund um Radkersburg, sind ebenso noch nicht gelöst. Das wird erst der Staatsvertrag im Jahr 1955 bereinigen.

Eine Brücke verbindet, was Menschen zuvor getrennt haben

Auf lokaler Ebene wird an diesem 10. Dezember des Jahres 1952 aber alles aufgeboten, was Rang und Namen hat, und so betonen der Bürgermeister von Oberradkersburg, Stranjschak, und Bezirkshauptmann Dr. Hans Sedlmayer den symbolischen Wert dieser Brückeneröffnung, die die freundschaftlichen Beziehungen zwischen Österreich und Jugoslawien vertiefen soll. Aus wirtschaftlicher Sicht sei die Bücke ohnedies eine Frage der Vernunft. Die Festgäste können anschließend einen Freundschaftsbesuch in Oberradkersburg unternehmen. Die neue Grenzbrücke steht ab dem 10. Dezember für Reisende ohne Handelswaren ständig offen, die Zollabfertigung von Handelswaren erfolgt täglich außer sonntags von 8 bis 12 Uhr und von 14 bis 18 Uhr.

Die Murgrenzbrücke zwischen Bad Radkersburg und Gornja Radgona, 2014

Nach mehrjähriger Bauzeit wird am 14. Dezember 1911 der erste Abschnitt der sogenannten „Feistritztalbahn" eröffnet, die auf zunächst 23,9 Kilometern Länge die Bezirkshauptstadt Weiz mit dem oststeirischen Markt Birkfeld verbindet. Von Weiz gelangt man mit der Bahn inzwischen nach Gleisdorf und nach Graz, sodass das Feistritztal durch diese neue Bahnlinie der Landeshauptstadt Graz sehr nahe rückt. Das ist gut so, denn um Birkfeld befinden sich nicht nur große Waldungen und Holzvorräte, nördlich in Ratten wird auch ein bedeutender Kohlebergbau betrieben. Am 14. Dezember 1911 findet in Weiz in den Morgenstunden die eigentliche Eröffnungsfeier statt, an der sich unter anderem Statthalter Graf Clary und Landeshauptmann Graf Attems, die Vertreter der Handels- und Gewerbekammer sowie zahlreiche Honoratioren des Landes beteiligen. Nach dem Frühstück schreitet man zum Bahnhof, wo dann unter Böllerschüssen und dem Jubel der Festgäste die Fahrt des ersten Sonderzuges von Weiz nach Birkfeld stattfindet. An jeder Station der neuen Bahnverbindung wird haltgemacht, in Anger und Birkfeld ist der Empfang besonders herzlich, und bei einem gemeinsamen Festmahl im Birkfelder Gasthof „Zur Post" werden viele Dankesreden geschwungen. Dem um das Zustandekommen des Bahnbaues besonders verdienten Abgeordneten Einspinner werden bei dieser Gelegenheit die Ehrenbürgerurkunden von Weiz und Birkfeld überreicht. Unter den Kunstbauten der neuen Bahnstrecke sind insbesondere der Grub-Via-

Die verkehrstechnische Erschließung des oberen Feistritztals beginnt

dukt mit 275 Metern Länge zu nennen, in der noch sehr jungen Technologie des Eisenbetonbaus hergestellt, der Tunnel von Hart-Puch mit 223 Metern Länge und der etwa 200 Meter lange Viadukt über die Feistritz bei Oberfeistritz. Die neue Bahnlinie, die im oberen Feistritztal einen wirtschaftlichen Aufschwung nach sich zieht, wird sofort in den Dienst des Posttransports gestellt. Der Fortsetzungsbau bis Ratten findet dann, nicht zuletzt aus kriegswirtschaftlichen Erwägungen, während des Ersten Weltkriegs statt, muss aber mangels Arbeitskräften eingestellt werden und wird erst 1922 fertiggestellt. Ein ursprünglich geplanter Weiterbau nach Rettenegg unterbleibt völlig.

Auch heute noch als „Bummelzug" in Betrieb: die 1911 eröffnete Feistritztalbahn

Zu einer folgenschweren Auseinandersetzung kommt es in der Nacht vom 16. auf den 17. Dezember 1931 in Voitsberg, gerade in jenem Moment, als der Hochverratsprozess gegen den steirischen „Heimatschutz"-Führer Walter Pfrimer sich in Graz seinem Ende zuneigt und die Stimmung insbesondere in der Sozialdemokratie ohnedies geladen ist. Während in der Stadt je eine Versammlung der NSDAP sowie der Sozialdemokraten im Gange ist, erhält der Voitsberger Gendarmerieposten die vertrauliche Anzeige, dass sich im Rathaus der Stadt größere Mengen an Sprengmitteln befänden. Das Rathaus wird in einer Alarmaktion von der Gendarmerie umstellt und im Gebäude werden tatsächlich insgesamt 67 Handgranaten vom Rottenmanner Rohrgranatentyp sowie 5,5 Kilogramm Amonit gefunden. Als die Amtshandlung der Gendarmerie den Sozialdemokraten bekannt wird, erscheinen sofort Gemeindefunktionäre im Rathaus, die gegen diese Vorgangsweise protestieren, während mehrere Hundert Menschen vor dem Rathaus gegen die Gendarmerie Stellung beziehen. Die Beamten sichern das Gebäude gegen die eindringenden Demonstranten.

Der Stellvertreter des Postenkommandanten, Franz Moitzi, wird bei dieser Aktion von mehreren Burschen angegriffen, mit

Tödliche Schießerei in Voitsberg

Fußtritten und Hieben traktiert und durch Messerstiche an der linken Hand sowie an der Schläfe verletzt. Einem weiteren Beamten wird vom 26 Jahre alten Kommunisten Anton Wretschko aus Pichling bei Köflach der Karabiner entrissen und daraus ein Schuss gegen Moitzi abgegeben, der diesen am linken Oberschenkel trifft, an der Schließkette und Säbeltasche abprallt und die 32 Jahre alte Fachlehrerin Lea Koch, Schriftführerin der Voitsberger Lokalorganisation der SDAPÖ, tödlich in den Kopf trifft. Durch einen zweiten Schuss wird dann Gendarm Franz Sand verwundet. Nun greift auch die Exekutive zur Waffe und gibt eine Salve in die Menge ab. Durch diese wird der Obmann der Voitsberger KPÖ-Ortsgruppe, der Bäckergehilfe Paul Großmann, schwer verletzt. Er erliegt seinen Verletzungen wenig später im Landeskrankenhaus Voitsberg. Vier weitere Personen werden schwer, zahlreiche weitere leicht verletzt. Nach dieser Salve kommt die aufgebrachte Menge zur Ruhe. Der „Heimatschutz" verhält sich ruhig, ebenso der alarmierte „Schutzbund". Die Landesregierung versucht, die Situation in Voitsberg zu kalmieren, außerdem werden aus Graz auf raschestem Weg dreißig Gendarmeriebeamte nach Voitsberg entsandt. Und wieder hat die politische Polarisierung im Land mehrere Todesopfer gefordert.

Josef Stammel wird am 5. November 1695 in Graz als Sohn des Bildhauers Johann Georg Stammel getauft. Er erhält seine Ausbildung zunächst in der Werkstatt seines Vaters und anschließend beim bekannten Grazer Bildhauer Johann Jakob Schoy sowie bei Meister Johann Zeilinger. Schon 1718 wird Stammel vom Admonter Abt Anton II. von Mainersberg „entdeckt" und auf Stiftskosten zur Vervollkommnung seiner Ausbildung nach Italien gesandt, wo er sich bis zum Jahr 1726 weiterbildet und neben Rom wohl auch Mailand, Neapel, Padua und Venedig besucht. Jedenfalls saugt er die italienische Bildhauerkunst seiner Zeit stark in sich auf. Zunächst als Steinbildhauer arbeitend, verlegt sich Josef Stammel später ganz auf die Holzbildhauerei und entwickelt sich damit zum Hauptvertreter der spätbarocken Holzplastik in Österreich. Er beherrscht aber die Bearbeitung aller Materialien gleich gut und sorgt durch seine Kunstfertigkeit für höchste emotionelle Ausdruckskraft und pathetische Gebärden seiner Figuren.

Nach seiner Rückkehr aus Italien arbeitet Stammel ab dem Jahr 1726 als Stiftsbildhauer in Admont, wo er unter anderem für die Stiftsbibliothek auch sein Hauptwerk „Die vier letzten Dinge" schafft. In Graz muss unter seinen Werken der Hochaltar der ehemals admontischen Schlosskirche von St. Martin erwähnt werden, der als

Kein anderer Barockbildhauer des Landes schafft Kunstwerke dieser Güte

eines der Hauptwerke der sakralen Barockplastik der Steiermark gilt. Bekannt sind auch seine Krippen, die er für verschiedene Admonter Stiftspfarren in der Obersteiermark schafft. Stammel bleibt zeitlebens dem Stift Admont verbunden und stirbt dort auch am 21. Dezember 1765.

Ehrengalerie in einem Hof der Grazer Burg: Büste von Josef Thaddäus Stammel

Am 9. September 1776 wird das „Grazer Landständische Theater", das heutige Schauspielhaus, eröffnet. Das Theater stellt eine der wichtigsten Kultur- und Vergnügungseinrichtungen der Landeshauptstadt dar. Im Herbst des Jahres 1823 wird das Innere des Hauses nach 47 Jahren grundlegend modernisiert sowie bequem und geschmackvoll adaptiert. Vor der Weihnachtspause wird am 21. Dezember 1823 noch das Stück „Johanna von Montfaucon" von August von Kotzebue gegeben, dann tritt feiertägliche Ruhe im Haus ein. Umso dramatischer ist, dass das Schauspielhaus dann am 24. Dezember 1823 zu brennen beginnt. Der Brand bricht in der Nacht zum 24. Dezember unter nie restlos geklärten Ursachen aus, wobei die Flammen dermaßen schnell um sich greifen, dass in wenigen Stunden alle Teile des Hauses samt

Ein Großbrand vernichtet das Kulturzentrum der Landeshauptstadt

der Redoute, den Logen und Garderoben in Schutt und Asche liegen.

Der herrschende starke Frost und der traditionelle Wassermangel in diesem Teil der Stadt führen dazu, dass nur mit einiger Not ein Übergreifen der Flammen auf die nahe Grazer Burg mit den Gubernialgebäuden, den Grazer Dom, die vis-à-vis gelegene Universität mit ihrer namhaften Bibliothek und ein nahe gelegenes Artilleriedepot verhindert werden kann. An den Rettungsmaßnahmen beteiligen sich neben Angehörigen des Militärs auch die Grazer Baugewerbsleute und die Rauchfangkehrer, wobei die Leitung der Rettungsmaßnahmen unter der Oberhoheit der Behörden stattfindet. Auch der Gouverneur der Steiermark, der Grazer Platzkommandant, der Landeshauptmann und mehrere Mitglieder des Ständischen Ausschusses finden sich am Brandort ein. Nach dem Brand beschließen die steirischen Stände sofort den Wiederaufbau des Theaters. Finanziert werden soll er aus den Erträgen des landständischen Sauerbrunnens und Bades Rohitsch in der Untersteiermark und durch den Erlös des Verkaufs von seit den Franzosenkriegen unbenutzt in Triest lagernden landständischen Kanonen. Der amtierende Theaterdirektor Stöger entwirft in der Folge ein biedermeierliches Logentheater, das sich in seinen Grundzügen bis heute erhalten hat. Die Bauausführung liegt bei Hofbaurat Peter Nobile und am 4. Oktober 1825 wird das neue Theater mit dem programmatischen Stück „Styria und die Kunst" des Grazer Dichters Karl Gottfried von Leitner feierlich wiedereröffnet.

In der Nacht vom 23. zum 24. Dezember 1823 wurde das Grazer „Landständische Theater" ein Raub der Flammen.

26. Dezember 1194

Geboren 1157, übernimmt der Babenberger Leopold V. im Jahr 1177 im Herzogtum Österreich die Regierung. Auf dem Reichstag zu Eger 1179 kann er den für ihn äußerst günstigen kaiserlichen Schiedsspruch über die österreichische Nordgrenze erwirken. 1186 vereinbart er in der berühmten „Georgenberger Handfeste" mit dem schwerkranken Herzog Otakar IV. im Fall von dessen kinderlosem Tod die Nachfolge der Babenberger im Herzogtum Steiermark. Im August 1190 schließt Leopold sich mit einem Großteil seiner Ministerialen dem dritten Kreuzzug an und 1191 nimmt er an der erfolgreichen Erstürmung der Seefestung Akkon teil. Dort kommt es auch zur bekannten, später sagenhaft ausgeschmückten Auseinandersetzung mit Richard Löwenherz, in deren Verlauf der Engländer angeblich ein österreichisches Feldzeichen von einem erstürmten Turm herabreißt. Der Babenberger kehrt bereits Ende 1191 nach Österreich zurück, Richard tritt erst im Oktober 1192 die Heimreise an. Nachdem Richard bei Aquileia Schiffbruch erleidet, versucht er als Pilger verkleidet nach England heimzukehren, wird Ende 1192 aber in Erdberg bei Wien erkannt und auf Burg Dürnstein eingekerkert. Obwohl der Kaiser noch Ende 1192 die Auslieferung an ihn befiehlt, wird Richard erst zu Ostern 1193 übergeben. Mit dem Lösegeld, insgesamt 100.000 Mark Silber, das Leopold anteilig erhält, werden die Stadterweite-

Eine versuchte Beinamputation schlägt fehl

rung Wiens, die stärkere Anlage und Befestigung von Enns, Hainburg und Friedberg sowie die planmäßige Gründung von Wiener Neustadt auf dem zur Steiermark gehörenden Steinfeld mitfinanziert. 1194 wird über Leopold – wohl auf Initiative von Richard Löwenherz – die Exkommunikation und über seine Länder das Interdikt als Strafe für die Festsetzung eines Kreuzfahrers verhängt. Bereits zwei Jahre zuvor, am 8. Mai 1192, ist der letzte Traungauer, Herzog Otakar IV., gestorben und nun treten die Abmachungen von Georgenberg in Kraft. Nach Leopolds Herrschaftsantritt über die Steiermark hält der neue Herzog in Graz bald eine große Landesversammlung ab und weilt auch sonst gerne in der Steiermark. Zwei Jahre später, am 26. Dezember 1194, stürzt Leopold in Graz während eines Turniers vom Pferd und bricht sich ein Bein. Dieses muss aufgrund des komplizierten Bruchs amputiert werden. Noch auf dem Krankenbett gelobt der Herzog dem Pfarrer von Hartberg, sich im Fall seiner Genesung dem Urteil und den Forderungen des Papstes zu unterwerfen. Am Silvestertag erliegt Leopold allerdings seiner Verletzung. Er wird zuvor noch vom Salzburger Erzbischof Adalbert vom Kirchenbann losgesprochen. Auf dem Totenbett hinterlässt Leopold V. ungeachtet der Georgenberger Bestimmungen, die eine Personalunion für die Steiermark und die österreichischen Länder vorsehen, seinem Sohn Friedrich Österreich, seinem jüngeren Sohn Leopold VI. die Steiermark.

Der Hexenprozess von Maria Lankowitz

Die Weihnachtsfeiertage des Jahres 1671 erlebt sie noch, die Martha Meßner, am 28. Dezember wird ihr Leichnam verbrannt. Vorausgegangen ist diesem tragischen Ereignis einer der grausamsten Hexenprozesse, die das Land je erlebt hat. Der Prozess findet vor dem Gericht der Stadt Graz statt und ist der einzige in allen Details erhaltene Zaubereiprozess dieses Gerichts. Ausgangspunkt ist der weststeirische Wallfahrtsort Maria Lankowitz. In dessen Umgebung lebt die angeblich 100 Jahre alte Almwirtin Martha Meßnerin mit ihren beiden Töchtern, der 50 Jahre alten Christl, der 40 Jahre alten Maria und ihren beiden Enkelinnen, der zehn Jahre alten Urschel, der Tochter Marias, und der stummen und „blödsinnigen" Christina, Tochter der Christl Meßner. Diese fünf werden genauso verhaftet wie die 13 Jahre alte Ursula Dräxler. Vorgeworfen wird ihnen „Hexerei und Teufelsbuhlschaft", wobei als Schauplätze der Hexerei die Kremser Burg, das Gebiet der Geisthaler Almen und der Kogel bei St. Johann am Kirchberg nahe Maria Lankowitz genannt werden. Alle Verhafteten sind weiblich, arm und müssen ihren Lebensunterhalt größtenteils durch Bettelei bestreiten. Dabei scheint es bereits mehrfach zu Anfeindungen gegen sie gekommen zu sein, da die Franziskaner in Maria Lankowitz aufgefordert werden, diesen Leuten keine Almosen mehr zu geben. Die alte Martha Meßner übersteht

Martha Meßnerin wird verbrannt

die Qualen der Folter schließlich nicht, sie „verschmachtet", ihr Leichnam wird am 28. Dezember 1671 verbrannt.

Ihre beiden Töchter werden während der Folter mit dem „Spanischen Stiefel" gequält, und dabei gibt Maria Meßner zu, eine Flugsalbe aus Hittrauch und „Donnerstrahlen" produziert zu haben. Maria und Christl werden schließlich am 3. Februar 1672 erdrosselt und ihre Leichname anschließend am Scheiterhaufen verbrannt. Urschl Meßnerin und Ursula Dräxlerin werden ebenso zum Tode verurteilt, nur soll den Jugendlichen eine „sanfte" Hinrichtungsvariante zuteil werden. Die Grazer Stadthebamme wird angewiesen, den beiden Mädchen ein warmes Bad einzulassen und ihnen dann die Adern zu öffnen, um sie verbluten zu lassen. Die Körper sollen danach verbrannt werden. Die Hebamme weigert sich aber, dieses Henkersamt auszuführen. Durch die Fürsprache des Beichtvaters Elias Stanislaus werden die beiden Mädchen schließlich begnadigt und zur „Besserung" ins Grazer Bürgerspital gebracht, wo sie aber sehr schlecht behandelt werden und kaum Nahrung bekommen. Die stumme Christina schließlich wird freigesprochen und dem Landgericht Voitsberg als „Hauskretin" zugeteilt. Einer der Denunzianten der Frauen, der „Betenkramer", der Rosenkranzhändler Thomas Sagmeister, wird im Jahr 1673 auf der Tratten unweit des Kremser Schlossberges hingerichtet.

Nach über 300 Jahren wird am 29. Dezember 1978 ein Kapitel steirischer Bergbaugeschichte für immer geschlossen. 1670 beginnt diese Geschichte mit der Entdeckung eines Glanzkohlevorkommens in Dietersdorf bei Fohnsdorf, das in der Folge von Fürst Johann Adolf I. von Schwarzenberg abgebaut wird. Im 19. Jahrhundert entwickelt sich Fohnsdorf dann zur bedeutenden Bergbau- und Industriegemeinde. Hier befindet sich mit 1.130 Metern der tiefste Glanzkohlebergbau der Welt. Zeit seines Bestehens werden aus den Fohnsdorfer Bergbauen geschätzte 50 bis 60 Millionen Tonnen Kohle abgebaut.

Dieser 29. Dezember 1978 ist ein Freitag, um 9 Uhr findet die offizielle Schließung des Bergbaus statt, der letzte Hunt verlässt die Grube. Der Fohnsdorfer Bergbau gehört zur GKB-Gruppe und entwickelt sich finanziell seit geraumer Zeit für den Alpine-Montan-Konzern zum Albtraum. Zu diesem Konzern gehört die GKB ja seit 1973. Zunächst rutscht der Betrieb in Fohnsdorf immer tiefer in die roten Zahlen. Schon 1966 beträgt der Verlust 70 Millionen Schilling. Eine Schließung wird also in ansehbarer Zeit erfolgen müssen. Die Energiekrise des Jahres 1974 tut ein Übriges. 1975 wird für die Bergarbeiter des Gebiets ein Umschulungszentrum errichtet.

Mit der Schließung des Fohnsdorfer Bergbaus Ende Dezember 1978 kommt auf die Alpine-Montan aber die nächste Kostenlawine zu. Die Schließung kostet insgesamt 330 Millionen Schilling, zu denen noch einmal 18 Millionen Schilling für einen

Die tiefste Grube Mitteleuropas hört auf zu bestehen

Sozialplan kommen, um die letzten Beschäftigten ebenso gut zu versorgen. Die Schließungskosten resultieren unter anderem aus dem Fluten und Abmauern von Stollen, wobei die gesamte Anlage binnen ein bis zwei Jahren verschüttet sein wird. Als Ersatz für die verloren gegangenen Arbeitsplätze schafft es die Bundesregierung, ein Werk des Eumig-Konzerns in Fohnsdorf anzusiedeln. 500 Arbeiterinnen und Arbeiter sollen dort Produkte für den Eumig-Eigenbedarf herstellen. Dass die Eumig 1981 in Konkurs gehen wird und in Fohnsdorf nur noch die Leiterplattenproduktion übrig bleibt, die 1985 AT&S übernehmen wird, das weiß an diesem 29. Dezember 1978 noch niemand.

Das Fördergerüst über dem ehemaligen Wodzicki-Schacht steht heute unter Denkmalschutz.

31. Dezember 1164

Otakar III. von Traungau stirbt

Otakar III. wird im Jahr 1125 geboren und ist nach dem frühen Tod seines Vaters Leopold I. „des Starken" schon mit vier Jahren Halbwaise. Seine Mutter, die Markgräfin Sophie, über die er mit den bayrischen Herzögen aus dem Haus der Welfen verwandt ist, übernimmt zunächst die Regentschaft mit fester und umsichtiger Hand. Während dieser Jahre kann der Familienbesitz sogar noch erweitert werden. Otto II. von Cordenons im Friaul vererbt Otakar III. 1136 seinen Besitz im Friaul rund um Cordenons, dazu Besitz und Dienstmannschaften im Kärntner Drautal sowie in Bayern. Bereits 1139 oder 1140 wird Otakar mit erst 14 Jahren für großjährig erklärt.

Er wird zum wichtigsten Traungauer Markgrafen der Steiermark. 1147 fällt Graf Bernhard von Spanheim-Trixen während des Zweiten Kreuzzugs in Kleinasien und macht Otakar damit zum Erben seines Besitzes im Draugebiet: den Herrschaften Marburg/Maribor, Tüffer/Laško und Radkersburg sowie den Gebieten rund um Gonobitz/Slovenske Konjice und Seiz/Žiže und schließlich einer großen Dienstmannschaft in Kärnten. Die Steiermark reicht damit im Süden bis zur Wasserscheide zwischen Sann und Drann.

Als neues Verwaltungszentrum für diesen Raum errichtete Otakar die Burg Marburg. 1158 fällt dann sein Cousin Ekbert II. von Formbach-Pitten im Gefolge Friedrich Barbarossas während der Belagerung von Mailand. Mit mehr oder weniger sanftem Druck setzt sich Otakar in der Folge in den Besitz von dessen Gütern südlich und nördlich des Wechsels, der Grafschaft Pitten. Um dieses neu erworbene Gebiet rasch an das steirische Kernland anzubinden, gründet er 1158 bis 1160 das Hospital im Cerwald, auf der steirischen Seite des Semmerings gelegen, und übergibt dieses einer Priesterbruderschaft. Damit verbunden sind der Ausbau der Semmeringstrecke und die Schaffung des sogenannten „schrägen Durchganges", der wichtigen Handelsverbindung zwischen Wien und Venedig, die über Jahrhunderte die Handels- und Wirtschaftsgeschichte der Steiermark positiv beeinflusst. 1163 gründet Otakar das Chorherrnstift Vorau, um das Formbacher Waldland südlich des Wechsels rascher urbar machen zu können. Den religiösen Reformideen seiner Zeit gegenüber ebenso aufgeschlossen wie sein Vater, holt er die Karthäuser ins Land und gründet 1164 im südlichen Landesteil die Kartause Seiz/Žiže, die erste auf Reichsgebiet.

Kein anderer Landesfürst prägt die Steiermark stärker

Bei der Sicherung der eigenen Machtbasis hilft Otakar III. die gleichzeitige Schwächung des Hochadels im Land. Zwischen 1140 und 1155, im Alter von 14 bis 30 Jahren, schafft er sich parallel zu dieser Entwicklung eine verlässliche Dienstmannschaft, die er sowohl militärisch zur Sicherung der Ostgrenzen als auch für Aufgaben des weiteren Landesausbaus einsetzen kann. Gleichzeitig wird das Land durch starke Burgen gesichert. Otakar errichtet eigene märktische Siedlungen wie Judenburg, Graz oder Hartberg und baut schließlich Graz zu seiner Haupt- und Residenzstadt aus. Insbesondere der wirtschaftliche Aufschwung des Landes kann von ihm vorangetrieben werden, nachdem ihm Kaiser Friedrich Barbarossa noch vor 1160 die Regalien verleiht. Dazu gehörten das Bergregal über Silber, Eisen und Salz, das Münz- und Judenregal, also unter anderem das Recht, eigene Münzen zu prägen und damit eine eigenständige Währungspolitik zu betreiben, das Marktrecht und das Recht, Maut- und Zollstätten zu errichten.

Mit dem Bergregal eng verbunden ist auch der historisch erstmals eindeutig nachgewiesene Eintritt des Erzberges in die steirische Wirtschaftsgeschichte im Jahr 1164. Schon 17 Jahre zuvor, 1147, übergibt Otakar III. dem Stift Rein zwei Salzpfannen im Ennstal bei Mahorn und zwei Güter in Mitterndorf. Die Salzgewinnung im steirischen Salzkammergut ist damals also bereits in Schwung und erfährt noch während der Regierungsjahre Otakars eine bedeutende technische Modernisierung hin zum werkmäßigen bergmännischen Betrieb und zur Anlegung von Schöpf- und Sinkwerken zur Solegewinnung. Diese Glanzleistungen stehen unter der Leitung der technisch versierten Reiner Zisterziensermönche.

Schließlich gelingt es Otakar III. als Erstem, ein steirisches „Landesbewusstsein" zu schaffen. Durch die ihm übertragene Gerichtsbarkeit bildet sich ein eigenes Landrecht aus, also ein Gebiet einheitlichen Rechts. Otakar wird als *princeps*, als „Fürst von Steier", bezeichnet und spricht selbst von *terra nostra*, also „unserem Land". Er selbst wählt um das Jahr 1160 das steirische Pantherwappen, das bis heute das Landeswappen darstellt. Otakar III. unterhält auch enge und gute Beziehungen zum regierenden Kaiser Friedrich Barbarossa. Tatsächlich soll er im Herbst 1164 im

Auftrag Barbarossas in den Thronwirren vermitteln, zieht nach Ungarn und verstirbt während dieser Reise zum Jahresende 1164 völlig unerwartet im Alter von erst 39 Jahren in Fünfkirchen/Pécs. Kein anderer Landesfürst vor ihm prägt und verändert die Steiermark so drastisch wie er, und es wäre reizvoll, sich auszumalen, wo das Land nach weiteren 35 Jahren seiner Regentschaft gestanden wäre. So aber setzt das Schicksal seinem Leben am 31. Dezember 1164 ein jähes Ende.

Otakar III. auf einem Fresko in der Johanneskapelle in Pürgg in der Steiermark, 12. Jahrhundert

Ausgewählte Literatur

Amon, Karl (Hg.): Die Bischöfe von Graz-Seckau 1218–1968, Graz 1969

Amon, Karl und Liebmann, Maximilian: Kirchengeschichte der Steiermark, Graz 1993

Barth, Anna: Agrarpolitik im Vormärz. Die steirische Landwirtschaftsgesellschaft unter Erzherzog Johann (= Grazer rechts- und staatswissenschaftliche Studien, herausgegeben von Hermann Baltl, Band 37), Graz 1980

Beer, Siegfried (Hg.): Die „britische" Steiermark 1945–1955 (= Forschungen zur geschichtlichen Landeskunde der Steiermark, herausgegeben von der Historischen Landeskommission für Steiermark, Band 38), Graz 1995

Bocksbichler, Herbert: Meliorationen im Enns- und Paltental. 25 Jahre Verband der Wassergenossenschaften des Bezirks Liezen, Liezen 1985

Botz, Gerhard: Gewalt in der Politik. Attentate, Zusammenstöße, Putschversuche, Unruhen in Österreich 1918–1938, München 1976

Brunner, Walter: Bomben auf die Steiermark. Ein Beitrag zur Dokumentation des Luftkrieges 1941–1945, nach der Sammlung Weissmann. In: MSTLA 38/1988, S. 69–157

Brunner, Walter: Die Bombentoten von Graz 1941–1945. Aus der Dokumentation Weissmann. In: MSTLA 39/1989, S. 103–239

Brunner, Walter: Martin Zeiller 1589–1661. Ein Gelehrtenleben (= Steiermärkisches Landesarchiv, Styriaca, Neue Reihe, Band 4, herausgegeben von Gerhard Pferschy), Graz 1990

Brunner, Walter: Geschichte der Stadt Graz, 4 Bände, Graz 2003

Brunner, Walter (Hg.): Geschichte und Topographie des Bezirkes Voitsberg (= Große geschichtliche Landeskunde der Steiermark, Band 5/I, II), Graz 2011

Burgstaller, Hans und Lackner, Helmut: Fohnsdorf. Erlebte Geschichte, Judenburg 1984

Hammer-Luza, Elke: „Es lässt sich nicht bald etwas Schöneres finden." Die Besitzungen von Erzherzog Johann in und außerhalb der Steiermark. In: Erzherzog Johann. Mensch und Mythos (= Veröffentlichungen des Steiermärkischen Landesarchivs, Band 37, herausgegeben von Josef Riegler), Graz 2009, S. 55–68

Huber, Elfriede: Ärzte und medizinische Versorgung in Graz um die Jahrhundertwende. In: Graz um 1900. Historisches Jahrbuch der Stadt Graz, herausgegeben von Friedrich Bouvier und Helfried Valentinitsch, Band 27/28, Graz 1998, S. 193–232

Huber-Reismann, Elfriede: Krankheit, Gesundheitswesen und Armenfürsorge. In: Wirtschaft – Gesellschaft – Alltag, herausgegeben von Walter Brunner (= Geschichte der Stadt Graz, Band 2), Graz 2003

Huber-Reismann, Elfriede: Die medizinische Versorgung der Stadt Leoben vom 13. bis zum 20. Jahrhundert, Dissertation, Graz 2009

Janisch, Josef Andreas: Topographisch-statistisches Lexikon von Steiermark, 3 Bände, Graz 1878–1885

Karner, Stefan: Die Steiermark im Dritten Reich 1938–1945, Graz 1986

Karner, Stefan (Hg.): Die Steiermark im 20. Jahrhundert, Graz 2000

Karner, Stefan (Hg.): Die grüne Mark. Steirische Land- und Forstwirtschaft im 20. Jahrhundert, Graz 2004

Kaufmann, Erika (Hg.): 175 Jahre Musikverein für Steiermark, Graz 1815–1990, Bruck an der Mur 1990

Kaufmann, Harald: Eine bürgerliche Musikgesellschaft. 150 Jahre Musikverein für Steiermark, Graz 1965

Klingenstein, Grete und Cordes, Peter (Hg.): Erzherzog Johann von Österreich. Beiträge zur Geschichte seiner Zeit, Graz 1982

Koren, Hanns/Brunner, Walter/Gänser, Gerald (Hg.): Steirischer Geschichtskalender (= Styriaca, Neue Reihe 1), Graz 1982

Kornberger, Monika: STS. In: Österreichisches Musiklexikon, Band 5, Wien 2006

Kunnert, Heinrich: Der Schladminger Bergbrief als europäisches Dokument. In: Der Bergmann – der Hüttenmann. Gestalter der Steiermark (= Katalog zur steirischen Landesausstellung 1968, herausgegeben vom Amt der Steiermärkischen Landesregierung), Graz 1968, S. 272ff.

Lazar, Reinhold und Semmelrock, Gerhard: Witterungsspiegel 1985 für die Steiermark (unter besonderer Berücksichtigung von Graz). In: *Mitteilungen des naturwissenschaftlichen Vereins für Steiermark* 116/1986, S. 127–140

Laukhardt, Peter: Der Grazer Schlossberg. Weltkulturerbe im Sturm der Zeit, Graz 2000

Mader, Bernd E.: Der Höllerhansl. Leben und Wirken des Naturheilers Johann Reinbacher, 2. Auflage, Graz 2011

Neurath, Gertrud: 750 Jahre Arzberg 1242–1992, Arzberg 1992

N.N.: Der Musikverein in der Steyermark. In: *Der Aufmerksame* Nr. 147, 9.12.1819, S. 1ff.

N. N.: Gemeinde-Ordnung und Gemeinde-Wahlordnung für das Herzogthum Steiermark. Gesetz vom 2. Mai 1864

N. N.: Schweres Geschütz. In: *Der Spiegel*, 13.3.1989, S. 187f.

Peinlich, Richard: Geschichte der Pest in der Steiermark, 2 Bände, Graz 1877–1878

Pferschy, Gerhard (Hg.): Das Werden der Steiermark. Die Zeit der Traungauer (= Veröffentlichungen des Steiermärkischen Landesarchivs 10), Wien 1980

Pferschy, Gerhard (Hg.): Evangelisch in der Steiermark. Glaubenskampf – Toleranz – Brüderlichkeit (= Steiermärkisches Landesarchiv, Styriaca, Neue Reihe, Band 2), Graz 1981

Pickl, Othmar (Hg.): Erzherzog Johann von Österreich. Sein Wirken in seiner Zeit. Festschrift zur 200. Wiederkehr seines Geburtstages (= Forschungen zur geschichtlichen Landeskunde der Steiermark 33), Graz 1982

Pickl Othmar und Hausmann, Robert (Hg.): 800 Jahre Steiermark und Österreich 1192–1992. Der Beitrag der Steiermark zu Österreichs Größe (= Forschungen zur geschichtlichen Landeskunde der Steiermark 35), Graz 1992

Pirchegger, Hans: Geschichte der Steiermark, mit besonderer Rücksicht auf das Kulturleben, Graz 1949

Preßlinger, Hubert und Ebner, Clemens: Mittelalterliches Montanwesen im Bezirk Liezen. In: Bergbau und Hüttenwesen im Bezirk Liezen, herausgegeben von Hubert Preßlinger und Hans Jörg Köstler, Trautenfels 1993, S. 37–44

Raffler, Marlies: Bürgerliche Lesekultur. Der Leseverein am Joanneum in Graz 1819–1871 (= Rechts- und sozialwissenschaftliche Studien 6), Frankfurt am Main 1993

Reismann, Bernhard A.: Das Feuerwehrwesen in der österreichischen Reichshälfte der Habsburgermonarchie bis 1918. In: Feuerwehr gestern und heute. Katalog zur Burgenländischen Landessonderausstellung 1988, herausgegeben vom Amt der Burgenländischen Landesregierung, Abteilung 7, Eisenstadt 1988, S. 102–133

Reismann, Bernhard A. und Mittermüller, Franz: Grazer Stadtlexikon, herausgegeben von Walter Brunner (= Geschichte der Stadt Graz, Band 4), Graz 2003

Riegler, Josef (Hg.): Die neue Steiermark. Unser Weg 1945–2005, Graz 2005

Riegler, Josef (Hg.): Erzherzog Johann. Mensch und Mythos (= Veröffentlichungen des Steiermärkischen Landesarchivs 37), Graz 2009

Röschel, Dieter (Hg.): Peter Rosegger und die Heilandskirche. 100 Jahre Evangelische Pfarrgemeinde Mürzzuschlag, Kindberg – Krieglach 2000

Schacherl, Michael: 30 Jahre steirische Arbeiterbewegung, Graz 1920

Schleich, Johann: Hexen, Zauberer und Teufelskult in Österreich, Wolfsberg 1999

Schreiner, Gustav: Grätz. Ein naturhistorisch-statistisch-topographisches Gemählde dieser Stadt und ihrer Umgebungen, Graz 1843

Spreitzhofer, Karl: Die Georgenberger Handfeste. Entstehung und Folgen der ersten Verfassungsurkunde der Steiermark (= Styriaca, Neue Reihe 2), Graz 1986

Steiermärkische Landesregierung (Hg.): Literatur in der Steiermark. Katalog zur Landesausstellung 1976, Graz 1976

Sturm, Friedwin (Hg.): 150 Jahre Montanuniversität Leoben 1840–1990, Graz 1990

Tomek, Ernst: Geschichte der Steiermark, Band I, Graz 1917

Tremel, Ferdinand (Hg.): Steirische Unternehmer des 19. und 20. Jahrhunderts (= *Zeitschrift des Historischen Vereins für Steiermark,* Sonderband 9), Graz 1965

Tremel, Ferdinand: Land an der Grenze. Eine Geschichte der Steiermark, Graz 1966

Trobas, Karl: Der Schöckl. Geschichte und Geschichten vom Grazer Hausberg von der Vorzeit bis 1995. Graz 1998

Waid, Immaculata: Mariazell und das Zellertal. Aus Geschichte und Chronik, St. Pölten 1982

Wamprechtsamer, Franz S.: Kurze Geschichte der steirischen Landwirtschaft, Graz 1929

Werthan, Elfriede, Thaler, Heribert: Spuren, die kein Wind verweht. 100 Jahre steirische Skigeschichte, Schladming 1990

Zahn, Joseph von: Urkundenbuch des Herzogthums Steiermark, Band 1, Graz 1875

Zahn, Joseph von: Urkundenbuch des Herzogthums Steiermark, Band 2, Graz 1879

Zitzenbacher, Walter (Hg.): Landeschronik Steiermark, Graz 1988

Bildnachweis

ANNO/Österreichische Nationalbibliothek (gemeinfrei): Cover unten, 27, 93, 100, 130, 143, 175

Archiv *Kleine Zeitung* (gemeinfrei): 92, 102

Archiv Technische Universität Graz: 18, 22, 42, 110

Archiv Verlagsgruppe Styria: 193

Austria-Forum/privat: 209

Die Österreichisch-ungarische Monarchie in Wort und Bild. Auf Anregung und unter Mitwirkung Seiner kaiserlichen und Königlichen Hoheit des durchlauchtigsten Kronprinzen Erzherzog Rudolf, Wien 1888–1896 („Kronprinzenwerk"): 16, 103, 106, 119, 131

Diözesanarchiv Graz: 37, 38

GrazMuseum: Cover oben/12, 105, 214

Karl-Franzens-Universität Graz/Mediathek (gemeinfrei): 24, 149

Ursula Kothgasser: 62, 223

Pfarrchronik St. Radegund (gemeinfrei): 64

photocase/50Centimos: 2

Otto Reich von Rohrwig: „Der Freiheitskampf der Ostmark-Deutschen. Von St. Germain bis Adolf Hitler." Graz–Wien–Leipzig 1942: 43

Fotos Bernhard Reismann: 23, 52, 71, 73, 74, 78, 81, 104 o., 118, 122, 131, 141, 155, 156, 170, 174, 195, 207

Sammlung Bernhard Reismann: 26, 32, 33, 35, 41, 44, 55, 58, 59, 65, 68, 87, 90, 91, 94, 99, 104 u., 107, 111, 125, 134, 137, 144, 158, 159, 163, 166, 168, 178, 179, 181, 184, 187, 188, 196, 201, 204

Steiermärkisches Landesarchiv: 57

Steiermärkische Landesbibliothek: 115

Johann Weichard von Valvasor. „Die Ehre dess Hertzogthums Crain, Band IV", Laybach 1689: 1, 80

Elin Weiz: 96

Wikimedia Commons: 4/5 (Tamirhassan), 28 (Hans Bezard), 47 (Anton Kurt), 51, 61, 77, 82, 83, 86, 89 (P. Gabriel Reiterer), 97 (Obersteirer), 98 (David Bauer), 109, 121, 126 (Prowenn), 127, 128 (Zeitblick), 133 (Sebastian Pfeifer), 146, 147 (DerBasti), 153, 154 (Zairon), 160 (Andrew Bossi), 172 (Philipp Strahl), 173, 176, 180 (Liuthalas), 183 (Dt. Bundesarchiv, Bild 183-2010-0420-501/o. Ang.), 186, 189 (Andi oisn), 190, 197 (Luca Borghi), 200, 208 (Martin Geisler), 210 (Karl Gruber/K@rl), 211, 213, 217 (Brezocnik Michael), 219 (Jörg Walther)

Gegenüberliegende Seite: Blick vom Erzberg auf Eisenerz, 2013

ISBN 978-3-7012-0174-7

sty̱ria

© 2014 by Styria regional
in der Verlagsgruppe Styria GmbH & Co KG
Wien–Graz–Klagenfurt
Alle Rechte vorbehalten

Bücher aus der Verlagsgruppe Styria gibt es in
jeder Buchhandlung oder im Online-Shop.

Buch- und Umschlaggestaltung: Bruno Wegscheider
Layout/Satz/Bildbearbeitung: Ursula Kothgasser, www.koco.at
Coverbilder: GrazMuseum (oben); Ausschnitt aus *Das interessante Blatt*,
Nr. 38/17.9.1931 (unten)
Druck und Bindung: Druckerei Theiss GmbH, St. Stefan im Lavanttal
8 7 6 5 4 3 2 1
Printed in Austria